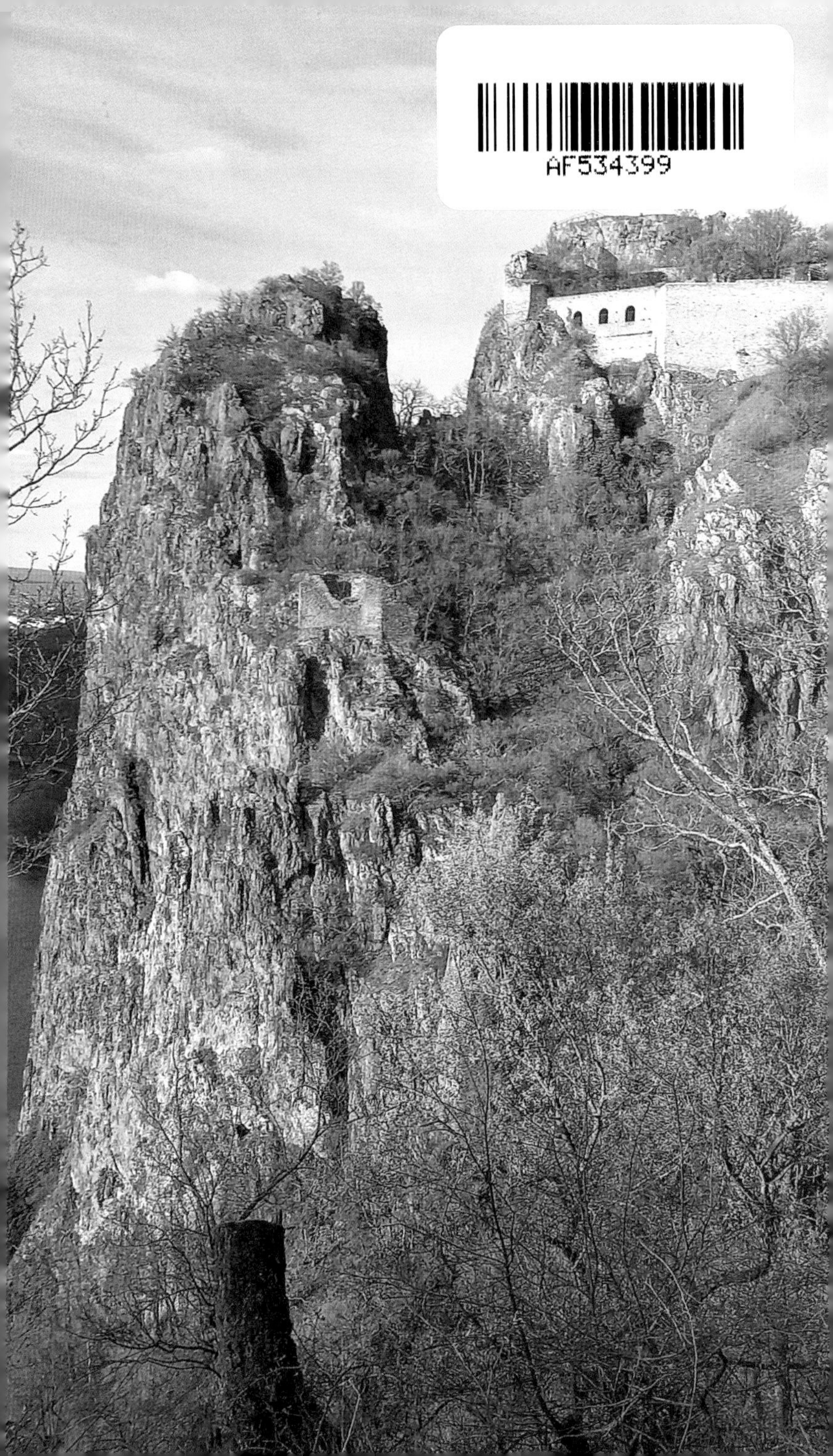

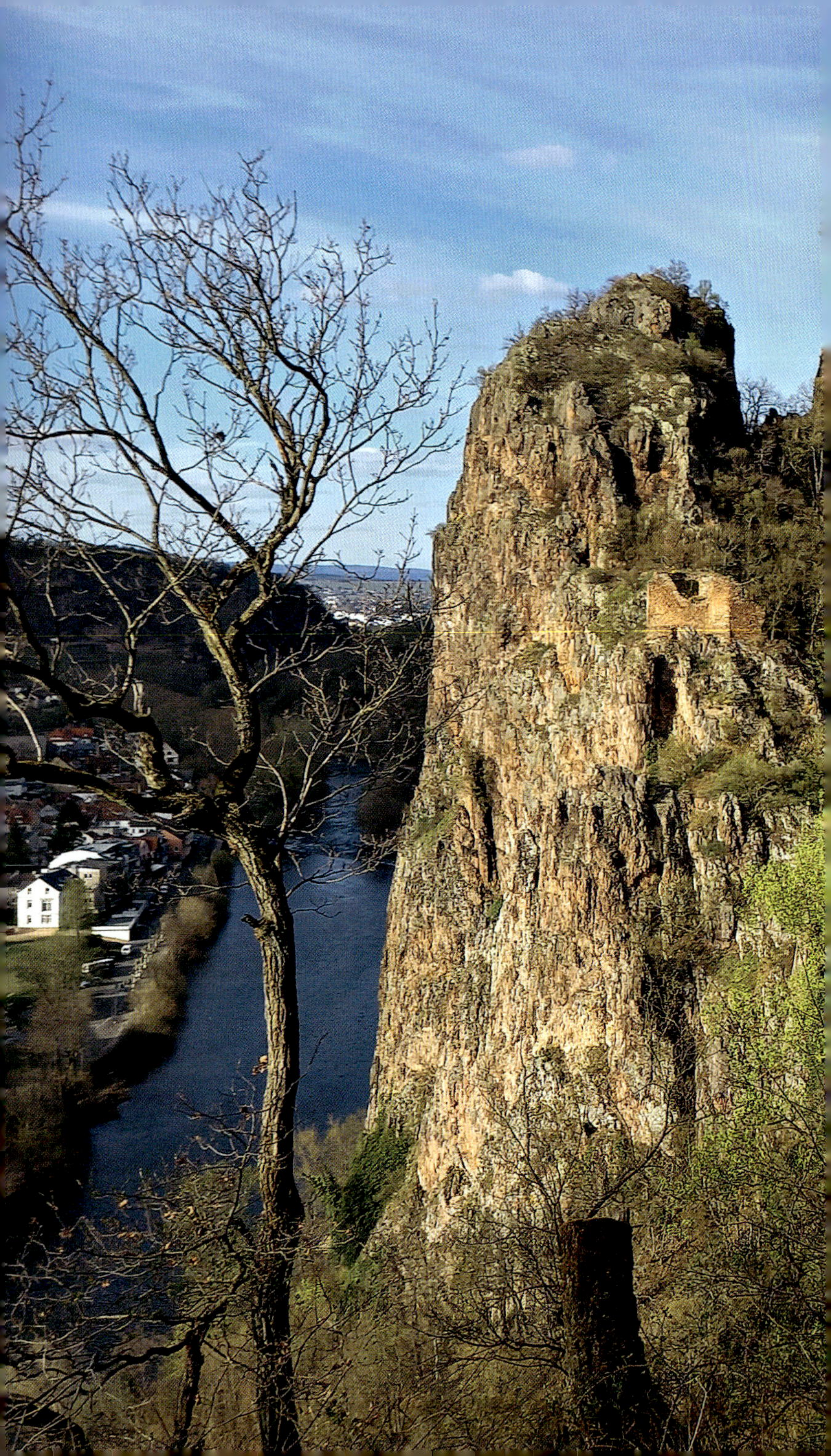

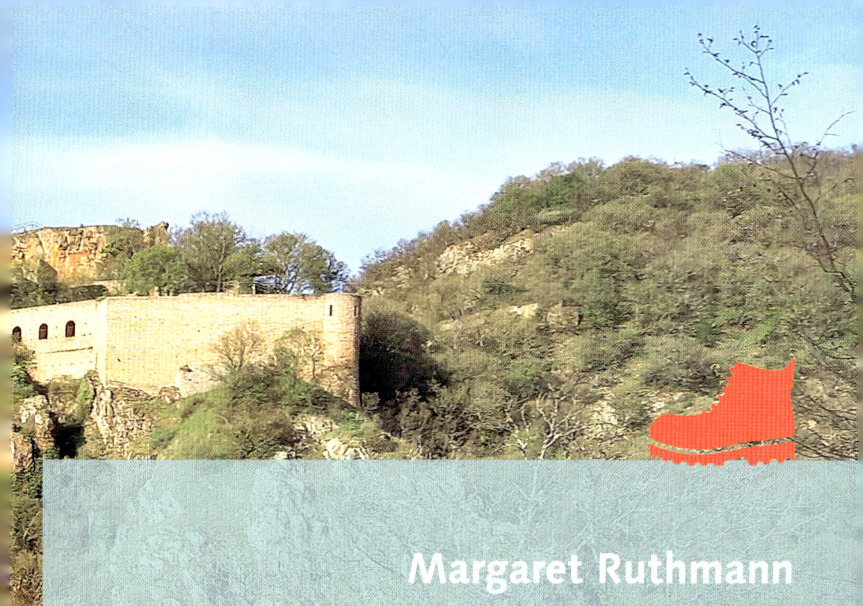

Margaret Ruthmann

Burgenwandern

an Nahe, Glan und Alsenz, im Pfälzer Bergland und im Hunsrück

22 Rundwege zu Ruinen und historischen Sehenswürdigkeiten

verlag regionalkultur

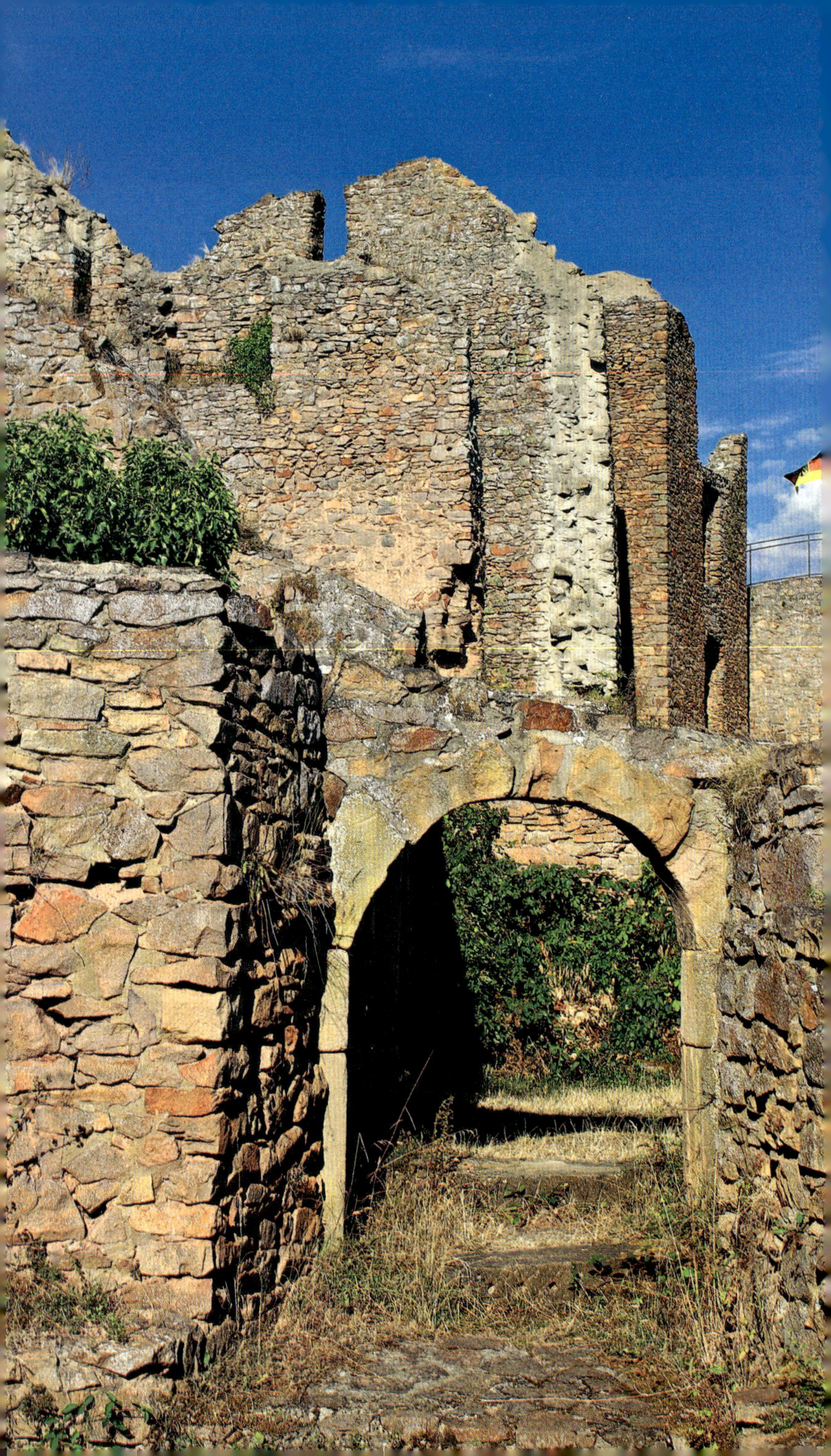

Die Touren

◄ *Eintritt in die Burgenwelt, hier die Ruine von Montfort*

Vorwort

Es sind die Rhein-, die Wild- und die Raugrafen, die Grafen von Veldenz und die von Sponheim, die auf den Burgen rechts und links der Nahe residierten, intrigierten, Fehden austrugen, sich um Burgen, Land und Besitztümer stritten. Sie ließen diese Landschaft bewirtschaften und erweiterten ihren Besitz durch Heiraten, Erbschaften, Verkauf und Kauf sowie viele Kämpfe. Sie stritten sich mit den Kurfürsten von Mainz und Trier und drückten diesem Landstrich ihren Stempel auf. Aber schon viel früher wurden der Hunsrück und das Nahetal von Kelten und Römern besiedelt. Auch sie haben hier ihre Spuren hinterlassen – eine Vergangenheit, die entdeckt werden kann.

Es gibt in dieser Gegend aber noch eine andere Berühmtheit, deren Name wohl bekannter sein dürfte als die der Grafen: Es ist der Schinderhannes. Deshalb wird dieser Landstrich bisweilen auch »Schinderhannes-Land« genannt. Denn Johannes Bückler, so sein bürgerlicher Name, ist mittlerweile der wohl berühmteste Hunsrücker. Noch immer wird die Geschichte dieses Räubers und seiner Gesellen in Büchern, Filmen und Dokumentationen erzählt, Gaststätten und Produkte werden nach ihm benannt. Es gibt auch einen Schinderhannespfad.

Blick von der Altenbaumburg in die nebelverhangene Landschaft an der Nahe

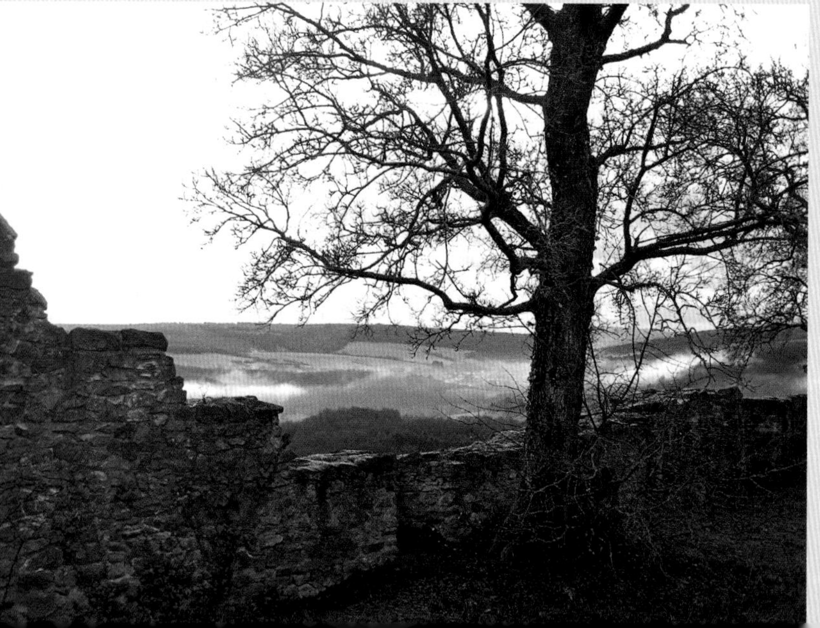

Und: Das Nahetal ist eine wunderschöne Landschaft, links der Hunsrück, rechts die Nordpfalz. Die Wanderungen führen über Höhen, der Blick schweift weit bis zum Horizont, bisweilen in einem Radius von 360 Grad. Es ist eine zum Teil bewaldete Gegend und an den sonnigen und bisweilen sehr steilen Hängen zu den Flüssen wächst der Wein. Mehr als 4200 Hektar umfasst das Anbaugebiet, das von rund 350 Weinbauern bewirtschaftet wird. Ihre Produkte vermarkten sie häufig direkt an den Verbraucher. In einem Satz: Es lohnt sich, das Land rechts und links der Nahe, des Glans und der Alsenz zu entdecken und zu erkunden. Es ist eine Landschaft zum Wohlfühlen, ganz nach dem örtlichen Wahlspruch: »Nahe am Leben«.

Dies ist nun das fünfte Burgenwanderbuch dieser Reihe. In allen Bänden wurden die Strecken der Wanderungen nach dem gleichen Prinzip ausgewählt: vom Parkplatz in einer Stunde zu einer Burg oder einer Sehenswürdigkeit – in diesem Buch sind neben den Burgen auch das Kloster auf dem Disibodenberg und die Eremitage eines Einsiedlers beschrieben – danach in einer Stunde zu einer Einkehrmöglichkeit am Wegesrand, dann in einer Stunde wieder zurück zum Parkplatz. Das bedeutet meist eine reine Wanderzeit von drei Stunden. Mit einer Einkehr und dem Besuch einer Burg, plus An- und Abfahrt, ergibt das einen Tagesausflug. Bei diesem Buch gab es aber Probleme mit den Gaststätten »am Wegesrand«. Hütten wie im Pfälzerwald gibt es an der Nahe kaum. Und nicht immer lassen sich spontane Einkehrmöglichkeiten finden. Die Angaben zu den Gaststätten, die in diesem Buch aufgelistet sind, wurden in der Zeit von 2021 bis 2022 gemacht. Aufgrund der pandemischen Situation kann es deshalb sein, dass die Öffnungszeiten der Gaststätten nicht mehr korrekt sind oder gar fehlen. Deshalb: Prüfen Sie vor Ihrer Tour die Daten der angegebenen Gaststätten.

Manchmal gibt es eine Gastwirtschaft am Weg, ansonsten müssen Sie sich selbst versorgen. Auf vielen Strecken stehen Bänke und Tische für eine Pause bereit.

Zur Übersicht: Die Wanderungen zu den Burgen in diesem Band sind von Ost nach West aufgelistet.

Noch eine Anmerkung: In den letzten Jahren sind viele neue Wege kreiert worden: Mittlerweile gibt es zahlreiche Premiumwege, Vitaltouren, Traumschleifen etc. Das sind aber Wege, die nicht unbedingt zu Burgen führen. Und es sind Wege, die mancher Wanderer nicht unbedingt bevorzugt: über asphaltierte Wirtschaftswege. Trotzdem sind auch solche Strecken in dieses Buch mit aufgenommen worden. Aber es gibt viele Wald- und Wiesenpfade, die den Füßen guttun. Einige der neuen Wege in dieser Gegend sind ausgesprochen schön und konnten zum Teil in die Burgenwanderungen und seine Wanderkarten integriert werden.

Die alten Markierungen, die sich auf den Topographischen Karten 1:25000 des Landesamts für Vermessung und Geobasisinformation Rheinland-Pfalz finden lassen, fehlen zum Teil vor Ort. Trotzdem sind die Karten hilfreich, um einen Überblick über die Wandergebiete zu bekommen, und sind deshalb in diesem Buch aufgeführt. Wegen dieser Diskrepanzen werden zunächst die Topografischen Karten nicht neu aufgelegt. Aber es wird nach einer Lösung für dieses Problem gesucht. Halten Sie sich an die detailgenaue Wegbeschreibung. Die Wege zu den Burgen wurden alle erlaufen, nach der Beschreibung in diesem Buch dürfte es nicht schwierig sein, den richtigen Weg zu finden.

Noch ein Wort zu den Burgen: Es gibt wirklich wunderschöne Anlagen, wie zum Beispiel die Schmidtburg bei Bundenbach, nordöstlich von Kirn. Aber es gibt auch Burgen, die für den Wanderer nicht erreichbar sind, weil sie sich in Privatbesitz befinden oder weil sie bereits so verfallen sind, dass Einsturzgefahr besteht und sie deshalb nicht besichtigt werden können. Andererseits sind sich Gastwirte der Anziehungskraft einer Burg bewusst und haben dort Restaurants eröffnet. Auf diese Idee kam nicht nur Johann Lafer auf der Stromburg. Diese Neubauten und Umgestaltungen haben natürlich das Aussehen von Burgen stark verändert.

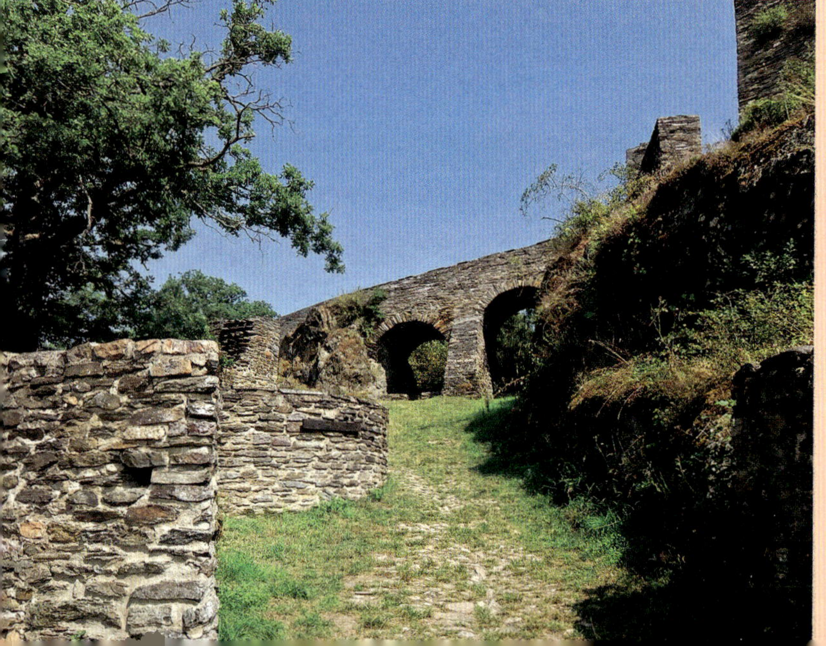

Eine Brücke verbindet die verschiedenen Gebäude der Schmidtburg

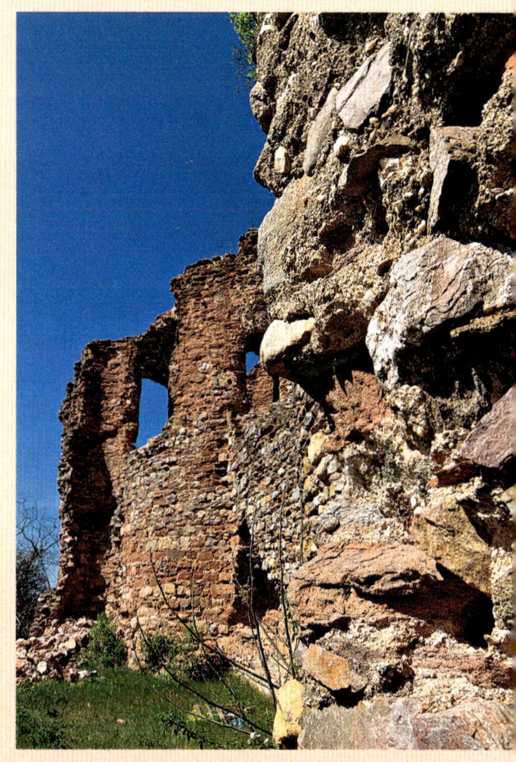

Zum Teil ist nur noch der nackte Felsen von der Burg Gutenberg zu sehen.

Auch solche Burgen sind in den Wanderungen aufgenommen. Diejenigen, die wegen Gefahr oder Privatbesitz nicht aufgesucht werden können, sind nur beschrieben, wenn sich der Anblick »von außen« lohnt.

Hilfreich beim Aufschreiben der Geschichte von all den Grafen und ihren Besitztümern, den Burgen, waren neben den Informationen aus dem Internet vor allem die Publikationen von Alexander Thon, Hans Reither und Peter Pohlit mit ihrem Buch »Wie Schwalben Nester an den Felsen geklebt…« und die Veröffentlichung »Burgen im Hunsrück und an der Nahe« von Alexander Thon, Stefan Ulrich und Achim Wendt. Informativ waren auch das Werk »Burgen und Schlösser im Hunsrück, Nahe- und Moselland« von Gustav Schellack und Willi Wagner, der DuMont-Reiseführer »Hunsrück und Naheland« von Uwe Anhäuser und das »Pfälzische Burgenlexikon« des Instituts für pfälzische Geschichte und Volkskunde in Kaiserslautern.

Hilfreich waren auch die Mitwanderer, allen voran Bernd Dillmann und Andreas Heil, Gerhard Metzing, sowie die Mitwanderinnen Uta Metzing, Tuschi Schurren und Karin Leiner.

Also, wandern Sie und erfreuen Sie sich an der Hunsrücker Landschaft, besuchen Sie die Nahe und die Flüsse Alsenz und Glan und entdecken Sie die vielen Sehenswürdigkeiten!

Viel Spaß dabei wünscht
Margaret Ruthmann

Neu Baumburg (auch Neuenbaumburg)

1

Es ist schwer zu sagen, was schöner ist: die Burg auf dem Gipfel des Berges oder der historische Ort Neu-Bamberg. Auf jeden Fall ist der Ort – auf dem Weg zur Burg – es wert, besucht zu werden. Er strahlt ein südländisches Flair aus. Spannend ist es auch, zu sehen, wo zum Beispiel überall Garagen und Privatparkplätze gebaut wurden in einem Ort, der für Autos so gar nicht angelegt war. Es gibt auf dem Weg zum Gipfel des Berges viel zu entdecken: alte Türeingänge, zugemauerte Bögen aus Bauten längst vergangener Zeit, das Bürgerhaus und das Tor am Eingang zur Altstadt, dessen Uhr auch heute noch einmal am Tag von Hand aufgezogen werden muss.

Etwas ganz Besonderes ist zudem die Heidelandschaft, durch die Sie wandern. Sie kann glatt mit der Lüneburger Heide verglichen werden. Der August wäre der ideale Monat, um diese Tour zu unternehmen. Aber denken Sie daran: Der August kann auch heiß sein und der Weg ist sehr sonnig. Eine Einkehrmöglichkeit besteht unterhalb der Burg, etwas außerhalb des Ortes gelegen, bei der großen Runde nach etwa drei Stunden, bei der kürzeren nach etwa einer Stunde Wanderzeit.

Wanderdauer

Große Runde: gut 3 bis 4 Stunden für 10 km,
kurze Strecke: 2 bis knapp 3 Stunden für 6 km

Höchster Punkt

248 m ü. N. N.

Etappen

Große Runde: Vom Parkplatz zum Denkmal: knapp 30 Minuten
Vom Parkplatz zum Ajaxturm: 1 Stunde 30 Minuten
Vom Turm zur Neuenbaumburg: knapp 1 Stunde
Nehmen Sie sich Zeit für den Besuch von Neu-Bamberg
Von dort zurück zum Parkplatz: etwa 45 Minuten.

Kurze Runde: Vom Parkplatz bis zur Burg: 45 Minuten
Von Neu-Bamberg zum Denkmal: 1 Stunde
Vom Denkmal zurück: 45 Minuten

Einkehren

Gaststätte Zur Junkermühle, An der Junkermühle 30, 55546 Neu-Bamberg, Tel.: (06 70 3) 10 37, Öffnungszeiten: Im Sommer Mo–Fr ab 17 Uhr, Sa und So ab 11 Uhr, Di Ruhetag. Im Winter Fr und Mo ab 17 Uhr, Wochenende ab 11 Uhr

Wanderkarte

Mittlere Nahe mit Rheinhessischer Schweiz, 1:25 000 des Landesamtes für Vermessung Rheinland-Pfalz

Anfahrt

Die längere Variante: Sie fahren von Frei-Laubersheim, östlich von Bad Münster am Stein und südlich von Bad Kreuznach gelegen, von Norden kommend nach Neu-Bamberg auf der Landstraße 428 oder von Süden aus auf der B 420. Sie durchqueren Neu-Bamberg, fahren die Straße »Am Burggraben« und dann die Wöllsteiner Straße entlang Richtung Wöllstein und kommen an der Junkermühle vorbei, die am Rande des Ortes liegt. Dann erreichen Sie über eine Brücke auf der rechten Seite (mit dem Schild »Zum Weiher« ausgewiesen) einen Parkplatz, ausgestattet mit Hinweistafeln und einer Hütte. Der Weg dorthin ist sehr schlecht, viele Schlaglöcher sind in dem sandigen Weg. Hinter der Hütte blühen im Frühjahr am Berg Küchenschellen. Von hier aus starten Sie die Tour für die längere Wanderung.

Die kürzere Variante: Sie fahren mit dem Auto noch ein Stück weiter die Straße Richtung Wöllstein entlang und sehen auf der rechten Seite einen weiteren kleinen Parkplatz. Hier beginnt der Vogellehrpfad. Stellen Sie – vor der Mittelmühle, die Sie vor sich sehen – das Auto ab.

Wegbeschreibung (längere Variante)

Vom Parkplatz aus geht es mit dem Zeichen der **Hiwweltour** nach rechts, der Weg gabelt sich, Sie verlassen den Wirtschaftsweg nach links mit dem Hinweisschild »Zum Ajaxturm« und laufen den Berg hinauf. Folgen Sie dem Zeichen der **Hiwweltour Heideblick**, das sehr häufig den Weg weist. Allerdings ist die angegebene Karte nicht so genau, da das neue Zeichen noch nicht eingezeichnet ist. Sie wandern also den Berg hoch, der Weg gabelt sich, Sie steigen nun links steil den Berg hinauf, aber nur ein kurzes Stück. Dann erreichen Sie wieder einen breiteren Waldweg, den Sie nach links gehen. Dann führt das Zeichen Sie erneut zu einem steilen Weg hinauf zum Denkmal und zu einem großen Heidefeld. Es ist wunderschön hier. Auf der Höhe des Denkmals und der Bänke geht es dann weiter nach links in die Weinberge. Dann stoßen Sie auf einen weiteren Weg, der **Hiwweltour** biegt nach rechts ab. Immer, wenn Sie auf einem breiteren Wirtschaftsweg sind, geht es bald, in diesem Fall nach links, weg von dem bequemeren Weg in einen kleinen Wald. Dann erreichen Sie die Winzeralm. Wenn dort eine Fahne weht, wird Wein ausgeschenkt. Von dort aus geht es nach rechts zum Ajaxturm. Sie laufen geradeaus und meist an Weinbergen vorbei. Mal geht es ein bisschen hoch, dann wieder ein bisschen runter. Immer wieder stehen Bänke am Weg. An diesen Plätzen haben Sie meist schöne Rundblicke Richtung

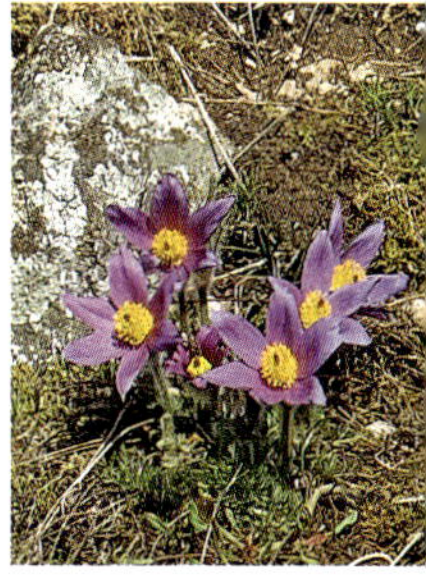

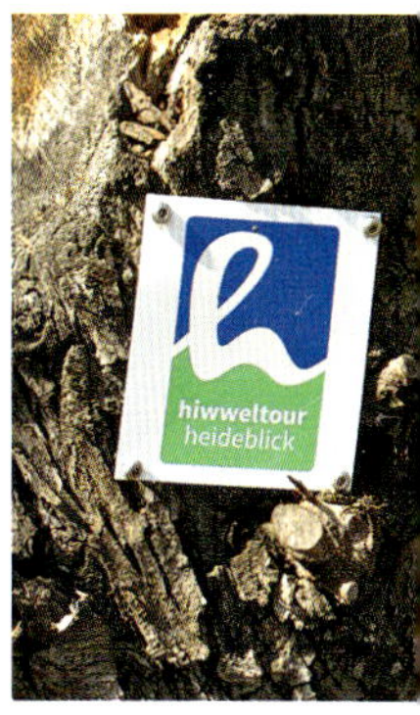

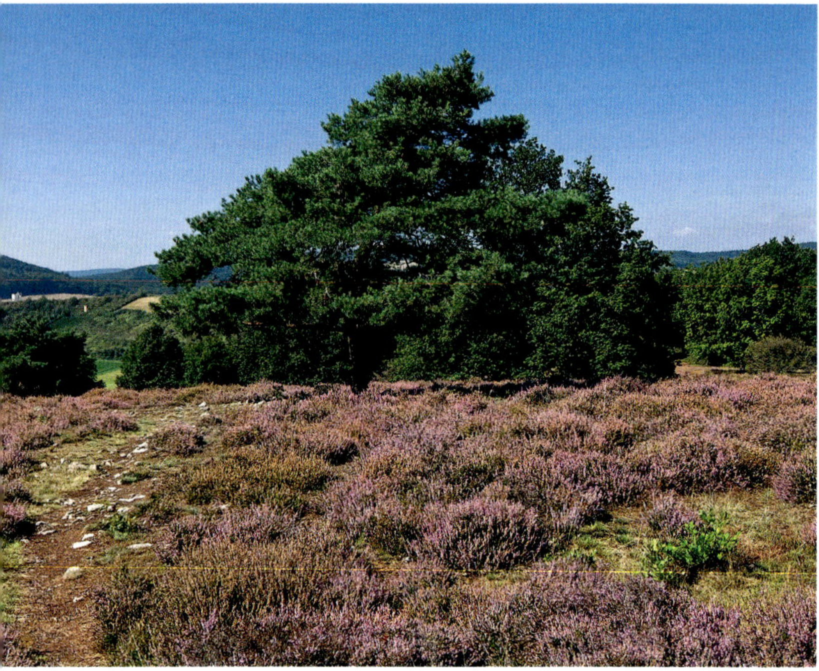

Im August blüht die Heide.

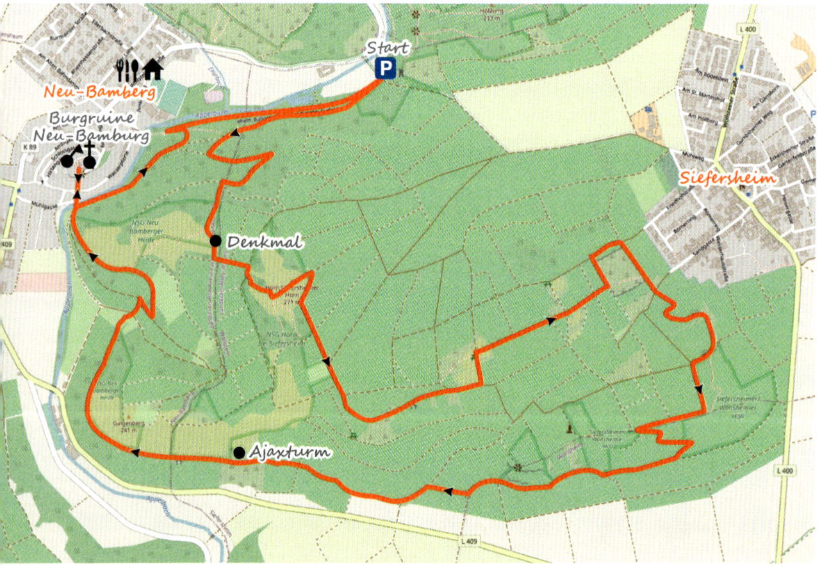

Rhein und Rheingau. Mal laufen Sie über asphaltierte Wege, die die Weinbauern befahren, dann wieder auf Feldwegen an Weinbergen entlang, immer dem Zeichen der **Hiwweltour** nach. Auf diesem Weg ist sogar ein Toilettenhäuschen aufgestellt, genau dort geht es nach links zum Ajaxturm. Dann wandern Sie über Kopfsteinpflaster in die entgegengesetzte Richtung zu der, aus der Sie gekommen sind. Aber bald biegt die Straße wieder nach links Richtung Neu-Bamberg ab. Diese Strecke ist sehr schön, überall blüht Erika, wenn Sie im August hier unterwegs sind. Dann geht es recht unbequem den Berg hinunter nach Neu-Bamberg. Sie überqueren dort den kleinen Bach, gehen im Dorf zunächst nach links und dann nach rechts den Berg hoch bis zur Kirche und zur Burg (Beschreibung durch den Ort siehe die kürzere Variante). Danach kommen Sie wieder zu dem kleinen Bach zurück, von dem aus Sie zur Burg gestartet sind. Sie gehen nach links in den Wald, zunächst wieder nach oben. Bäume sind zum Teil entfernt worden, damit Burg und Kirche gut zu sehen sind. Sie kommen nach oben, nach links laufen Sie nun wieder den Berg hinunter. Dann geht es wieder nach links und auf schmalem, steilen Pfad nach unten, es ist dasselbe Stück, das Sie zu Beginn der Wanderung nach oben gewandert sind. Wieder erreichen Sie einen bequemeren Wanderweg, den Sie nach links gehen. Sie sehen eine Treppe auf der rechten Seite, gehen dort auf einen anderen Waldweg nach rechts im Tal entlang und nun immer geradeaus bis zum Parkplatz.

Wegbeschreibung (kürzere Variante)

Bei dieser kürzeren Strecke halten Sie sich jetzt am besten an diese Beschreibung, die Karte ist nicht sonderlich präzise. Von dem Parkplatz aus (dort steht auch eine Bank) gehen Sie über den Appelbach und laufen auf dem Weg an vielen Märchengestalten vorbei bis zum nächsten Parkplatz nahe der Katzensteigermühle. Nun folgen Sie dem Zeichen der **Hiwweltour** im Tal. Nach etwa 800 Metern (dort steht auch wieder eine Bank) geht es über eine Treppe nach links etwas steiler den Berg hoch. Der Aufstieg ist recht kurz, dann geht es nach rechts auf einen noch schmaleren Pfad. Sie stoßen dann wieder auf einen breiteren Weg, den Sie nach rechts gehen. Nun geht es wieder den Berg hinunter. Auf der Strecke haben Sie einen schönen Blick auf die Ruine Neu-Bamburg. Sie erreichen das Tal und gehen dort über die Brücke auf den Ort und die Burg zu.

Zunächst geht es im Ort nach links, hier laufen Sie dem **K** für Küstenweg nach. Sie gehen an der Straße Wasserpforte entlang bis zu einem Kreuz. Dort steigen Sie über die Schlossgasse und die Amtsgasse nach oben. Sie erreichen den Burgweg und gehen nach rechts zur Kirche. Der Aufstieg zur Burg dauert etwa zehn Minuten. An der Kirche macht ein Schild auf Abdrücke von Austern in einem Stein aufmerksam. Denn vor drei Millionen Jahren war hier ein Meer, das Mainzer Becken. Ein weiteres Schild erklärt die Geschichte der Burg.

Unterhalb der Burg ist eine Wiese mit Tisch und Bänken. Den Weg zurück gehen Sie – nachdem Sie die Burg umrundet haben – nach rechts bis zum Burgweg und dann wieder so den Weg zurück, wie Sie ihn hochgegangen sind, eben an dem ehemaligen rosa angestrichenen Pfarrhaus vorbei. Sie können aber hin und wieder zur unteren, parallel verlaufenden Straße wechseln, zum Beispiel dort, wo eine Durchfahrt nicht möglich ist, und kommen durch die Amtsgasse zu dem Toreingang. Dort gehen Sie nach links wieder an dem Kreuz, dann nach rechts an der Hesselborner Mühle vorbei. Achten Sie auf das Schild mit Erklärungen zu der Mühle. Sie gehen über den Bach und dann gegenüber ziemlich steil den Berg hoch mit dem Zeichen der **Hiwweltour** und dem Hinweisschild »Zum Ajaxturm«. Sie erreichen ein Naturschutzgebiet, dort steht auch eine Liege, die zum Sonnen einlädt. Es geht nun weiter nach links. Oben sehen Sie eine Schranke und gehen dort nach links durch die Schranke in eine wunderschöne Heidelandschaft. Sie gehen bis zum Wald, dort nach rechts durch die Heide und den Wald. Sie haben zunächst keine Wegmarkierung. Dann stoßen Sie aber wieder auf Hinweisschilder, nach rechts geht es zum Adler-

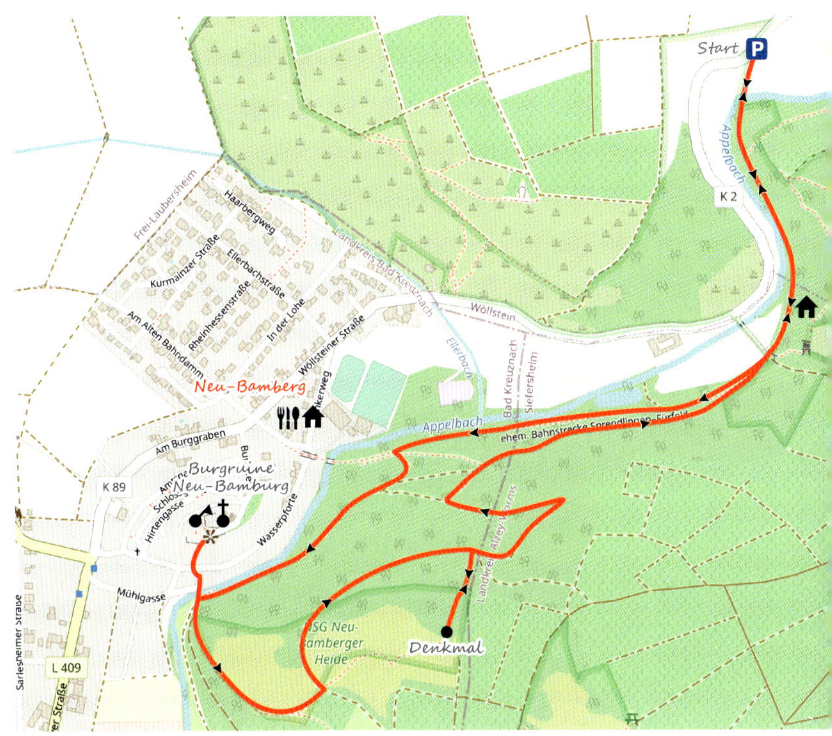

denkmal. Machen Sie den kleinen Aufstieg, Sie erreichen eine wunderschöne Wiese, im August blüht hier die Heide, eine Bank lädt zum Ausruhen ein. Sie gehen denselben Weg wieder zurück, nun mit der Markierung der **Hiwweltour**. Es geht auf schmalem Pfad rechts hinunter. Sie laufen den Weg durch den Wald – wie zuvor wieder zurück – nur eine Etage höher. Sie kommen dann zu dem Parkplatz mit der Hütte gegenüber der Katzensteigermühle und gehen wieder den Weg mit den Märchengestalten zu Ihrem Auto zurück.

Die Geschichte der Burg Neu Baumburg

Mitten im Burggelände von Neu Baumburg steht eine neugotische Kirche. Auch die nach 1970 durchgeführten Aufmauerungen und Renovierungsarbeiten lassen die ursprüngliche Burg kaum mehr erkennen. Trotzdem ist die Anlage einen Besuch wert und ihre Geschichte liegt nicht so tief im Dunkeln wie bei so manch anderer Burg. Ziemlich sicher ist, dass die Burg 1253 wohl von Raugraf Heinrich I. erbaut wurde und seit diesem Zeitpunkt Sitz dieser neuen raugräflichen Linie war.

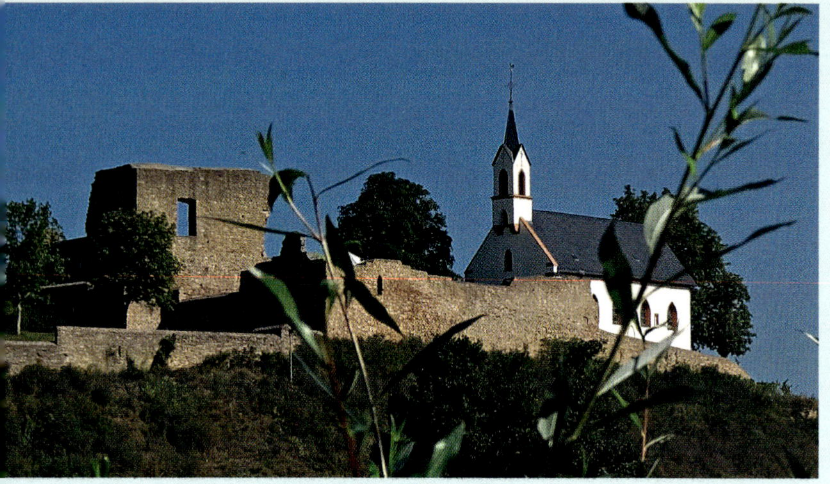

Mitten im Burggelände steht die Dionysius-Kirche.

Die Geschichte der Burgen an der Nahe ist verknüpft mit vielen Adelsgeschlechtern, die sich Rheingrafen, Wildgrafen und Raugrafen nannten, miteinander verwandt und verschwägert waren, ein Geschlecht ging in das andere über. Die Wildgrafen, wie auch die Rheingrafen, stammten von den Emichonen ab. Das war ein Adelsgeschlecht im nicht weit entfernten Rheingau, also auf der anderen Seite. Durch Heirat wurde der Name der Emichonen in »Rheingrafen« geändert. Aus den Rheingrafen wurden wiederum – durch Erbteilung und auch durch Aussterben der Linien – die Wild- und Raugrafen.

Erster Raugraf war Emich I. (1128–1172) aus dem Geschlecht der Wildgrafen. Die Stammburg der Raugrafen war, so wird angenommen, die Baumburg oder Altenbaumburg (→ Tour 3).

Die Söhne von Raugraf Emich II., also die Enkel von Raugraf Emich I., teilten ihren Besitz in eine Stolzenberger und Baumburger Linie. Aber bereits 1358 starb die Stolzenberger Linie aus. Ihre Burg lag in der Nordpfalz bei der Gemeinde Bayerfeld-Steckweiler im Donnersbergkreis. Neuenbaumburg und Altenbaumburg waren die Stammburgen der Raugrafen.

Wohl einer der bekanntesten Raugrafen war Heinrich I. (geb. im 13. Jahrhundert, das genaue Datum ist nicht bekannt, gest. 1261). Er war der Begründer der Neuenbaumburger Linie der Raugrafen und mit Agnes von Saarbrücken, der Tochter des Grafen Simon II. von Saarbrücken, verheiratet. Er erbaute die Neuenbaumburg und erlebte ein Eifersuchtsdrama, das mit Mord endete.

Der bayerische Herzog, Ludwig II. (1229–1294) aus dem Geschlecht der Wittelsbacher war sowohl Herzog von Bayern als auch Pfalzgraf bei Rhein mit Sitz in Heidelberg und mit Maria von Brabant verheiratet. Seit 1255 teilte er sich das Land mit seinem Bruder Heinrich XIII. Heinrich XIII. residierte in Niederbayern, Ludwig II. in Oberbayern und der Pfalz. Es gab immer wieder Streitigkeiten zwischen den Brüdern.

Nun kommt die Geschichte mit dem Raugrafen Heinrich I. ins Spiel. Der pfalz-bayerische Herzog war 1255/56 auf Kriegszug in der Rheinpfalz. Er wurde von dem Raugrafen Heinrich I. begleitet.

Zur Tragödie: Maria von Brabant (sie war mit dem deutschen König Wilhelm von Holland verwandt) schrieb einen Brief an ihren Gatten, aber auch an den Raugrafen, und bat den Grafen darin, auf den Herzog aufzupassen, dass ihm nichts zustößt. Dann würde sie ihm auch eine besondere Gunst erweisen. Sie wollte ihm das »Du« anbieten, das sich der Raugraf wünschte. Die Briefe wurden verwechselt. Der gekränkte Herzog glaubte an den Ehebruch seiner Frau und ließ sie 1256 enthaupten, Durch dieses Urteil wurde aus Ludwig II. nun Ludwig der Strenge. Ob das Eifersuchtsdrama wirklich die Ursache für die Hinrichtung von Maria von Brabant war, ist fraglich. Es könnten auch politische Motive aufgrund ihrer Herkunft gewesen sein.

Wie der Raugraf nach dem Tod der Herzogin weiterlebte, darin unterscheiden sich die Überlieferungen. Einerseits soll Raugraf Heinrich I. – auf Befehl von Ludwig II. – ebenfalls gewaltsam zu Tode gekommen sein, andere Geschichten sprechen davon, er sei Mönch geworden und später am Grab Marias von Brabant tot aufgefunden worden. 1261 wurde er im Kloster Rosenthal bei Stauf in der Pfalz beigesetzt. Seine Grabplatte ist dort noch vorhanden.

Sein Nachfolger auf der Neuenbaumburg war sein Sohn Heinrich II., der sie 1285 für seine Ehefrau, Gräfin von Sayn, als Witwensitz, damals »Wittum« genannt, bestimmte.

Das nächste bekannte Datum ist 1338. Die Raugrafen waren hoch verschuldet. Raugraf Heinrich IV. von Neuenbaumburg und sein Sohn Philipp verpfändeten in diesem Jahr einen großen Anteil an Neuenbaumburg (Burg und Dorf) für 1300 Pfund Heller an den Erzbischof Heinrich III. von Mainz. Das Hin und Her von Verpfändungen und Teilungen ging weiter. Meist war auch das Erzbistum von Mainz mit Anteilen an der Burg beteiligt. 1668 zerstörten Soldaten des Kurfürsten Karl Ludwig von der Pfalz die Burg.

Viel ist von der ursprünglichen Burg nicht erhalten geblieben. Die Kernburg besteht aus einem unregelmäßigen Rechteck und einer tiefer liegenden Vorburg. Die Restaurierung der Burg fand in den 1970er Jahren statt. Im Osten der Burg wurde 1881/82 die katholische Kirche St. Dionysius im neugotischen Stil, wohl über einer mittelalterlichen Burgkapelle, errichtet.

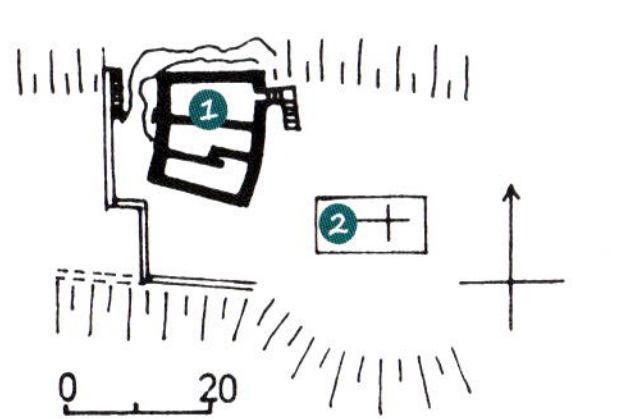

NEU BAUMBURG

1 Wohnturm

2 Neugotische Kirche St. Dionysius

Burg Rheingrafenstein 2

Um es vorweg zu sagen: Die Wanderkarten 1:25 000 des Landesamtes für Vermessung helfen im Gebiet von Bad Münster am Stein recht wenig. Die alten Markierungen, wie sie auf den Wanderkarten angegeben sind, fehlen. Dafür gibt es neue Zeichen, etwa für Vitaltouren etc. Aber Sie haben dieses Buch zur Hand. Die Wegbeschreibung ist genau und erlaufen, in der Karte ist der Weg nicht so gut zu erkennen, bisweilen sind in der Originalkarte auch die Angaben ungenau. Noch ein Hinweis: Diese Wanderung ist wirklich wunderschön, aber es gibt Wegstrecken, die über Felsen und Geröll führen. Auch der Abstieg von der Burg Rheingrafenstein über eine Treppe hinunter ist beschwerlich. Feste Schuhe sind hier angebracht, eventuell sind auch Stöcke sinnvoll. Eine Einkehrmöglichkeit besteht gegen Ende der Wanderung.

Wanderdauer	3 Stunden 30 Minuten für knapp 11 km
Höchster Punkt	Rheingrafenstein 245 m, Gans 321 m ü. N. N.
Etappen	Vom Parkplatz bis zur Gans: 1 Stunde 30 Minuten Von der Gans zur Burg: 1 Stunde Von der Burg zurück zum Parkplatz: 1 Stunde
Einkehren	**Forsthaus Spreitel**, Auf dem Spreitel 1, 55543 Bad Kreuznach, Tel.: (06 71) 79 67 21 50, Öffnungszeiten: Mi–So ab 17 Uhr, Sa und So ab 11 Uhr, Mo und Di Ruhetage
Wanderkarte	Naturpark Soonwald-Nahe, Blatt 4, 1:25 000 des Landesamtes für Vermessung Rheinland-Pfalz. Diese Karte ist nicht zu 100 % genau. Wegbeschreibung ist besser.
Anfahrt	Parken am Kuhberg, großer Wanderparkplatz am Kletterpark. Diesen Platz erreichen Sie über die Rheingrafenstraße, die südlich von Bad Kreuznach von Hackenheim aus über die L 412 und die Panzerstraße zu erreichen ist. Abfahrt von Hackenheim aus nach links, Sie fahren die Straße entlang, dann biegen Sie in die Rheingrafenstraße nach links ab. Kurz darauf sehen Sie auf der linken Seite den großen Parkplatz in der Rheingrafenstraße 157.

Wegbeschreibung

Von dem Parkplatz aus überqueren Sie die Rheingrafenstraße, das orangene Zeichen für die **Classic Tour** ist angebracht. Sie gehen über den nächsten großen Platz und dort geradeaus. Dieser Wanderweg ist mit dem Zeichen der **Classic Tour** sehr gut markiert. Sie laufen in Richtung »Porta Nava« und »Zwei-Bäder-Blick« zunächst an dem Zaun einer Pferdekoppel vorbei und kommen auf eine Straße, die Sie nach links gehen. Sie sehen bereits das Schloss Rheingrafenstein. Kurz davor geht

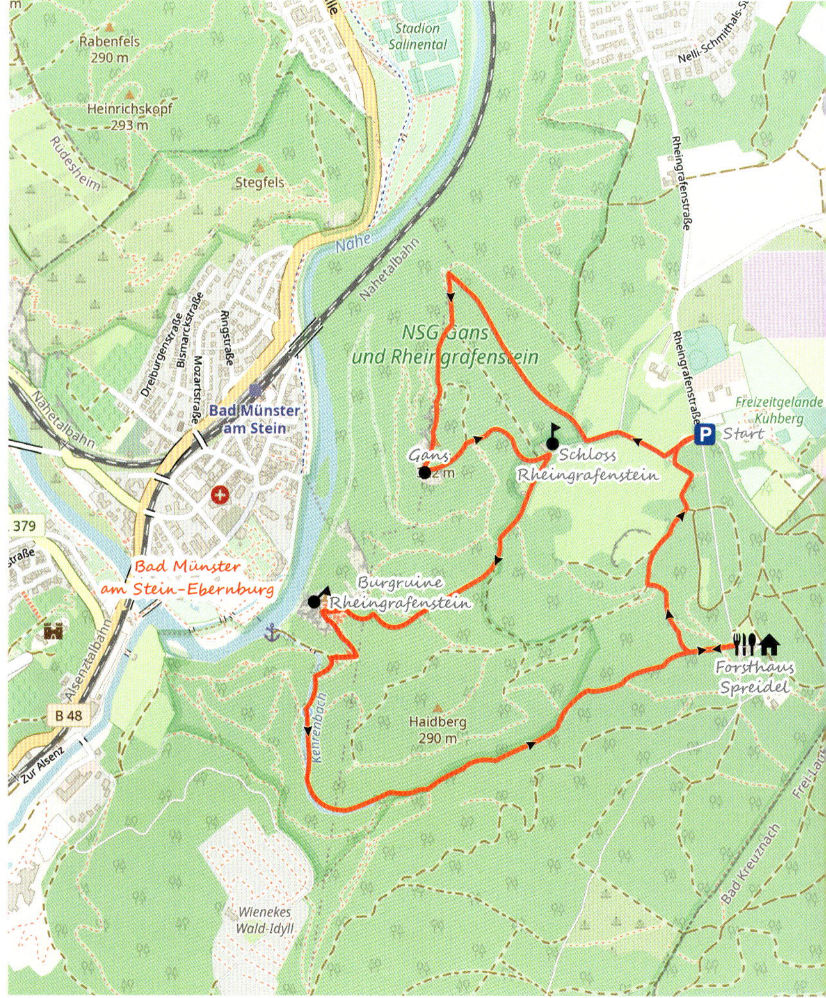

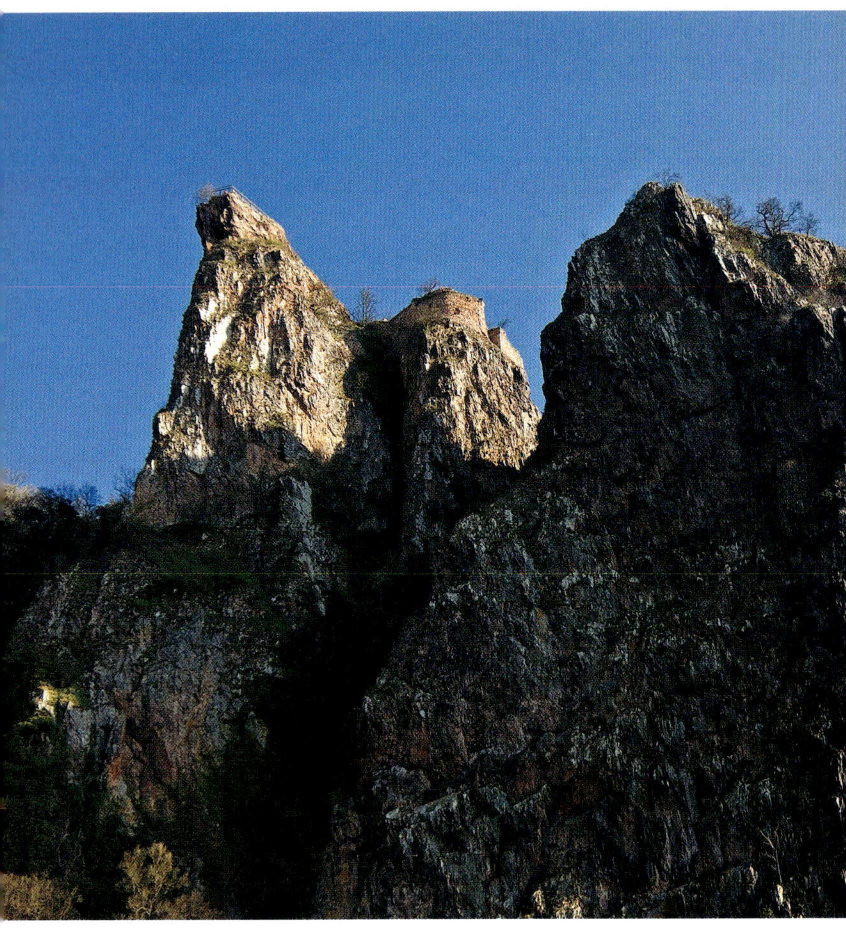

Blick auf die Burgruine Rheingrafenstein

es auf schmalem Pfad nun im Wald den Berg hinunter. Sie erreichen nach etwa 20 Minuten einen Waldspielplatz und gehen dort nach links, weiter mit den orangenen Zeichen der **Classic Tour**. Dann kommen Sie an schön gelegenen Häusern auf der rechten Seite vorbei, dort geht es nach links weiter den Berg hinunter. Sie befinden sich ziemlich weit unten, dann führt der Weg nach links zur Burg Rheingrafenstein und zur Gans. Nun geht es wieder den Berg hoch, und wenn Sie fast oben sind, führt der Weg nach rechts zur Gans. Bis dahin sind Sie wohl gut 1 Stunde und 30 Minuten unterwegs. Der Platz »Gans« befindet sich kurz hinter dem Sendemast mit einem wunderschönen Blick nach Bad Münster am Stein und weit darüber hinaus.

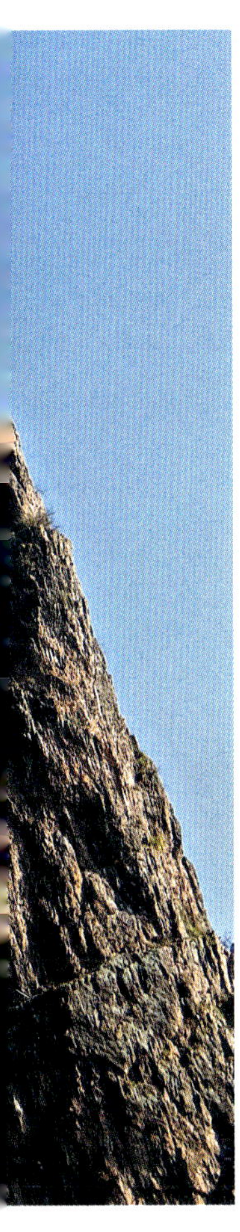

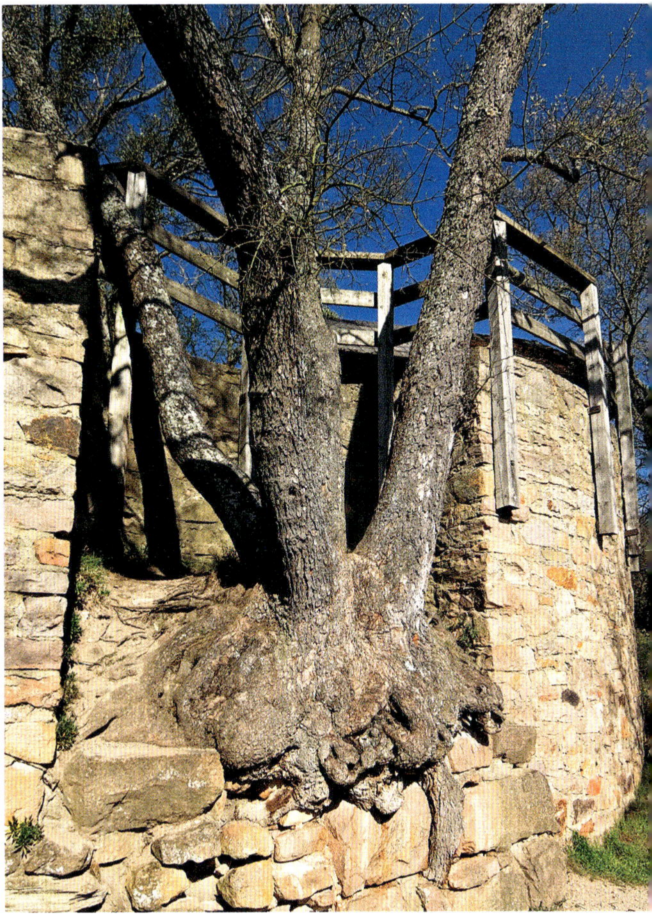

Die Gans ist die höchste Erhebung des Salinentales, 321 m ü. N. N. Der Name soll von dem keltischen Wort »Gata« herrühren. In der Nähe war wohl eine Keltensiedlung. Weiter geht es an spannenden Felsen vorbei und Sie erreichen das Rheingrafenschloss. Die Strecke dorthin ist sehr schön, mit vielen Ausblicken von dem bisweilen nah am Felsen vorbeilaufenden Weg. Am Rheingrafenschloss – dort ist auch der Anfahrtspunkt für Rettungsfahrzeuge 6113-012 angebracht – gehen Sie Richtung Sternwarte, immer geradeaus in den Wald hinein zur Burg Rheingrafenstein. Das letzte Stück des Weges ist etwas unangenehm, es geht über felsigen Boden. Die Burg ist in Sichtweite, dort müssen Sie nochmal in den Halsgraben hinunter und wieder hoch zur Burg. Über viele Treppen und durch

Bäume erobern das Mauerwerk der ehemaligen Burg.

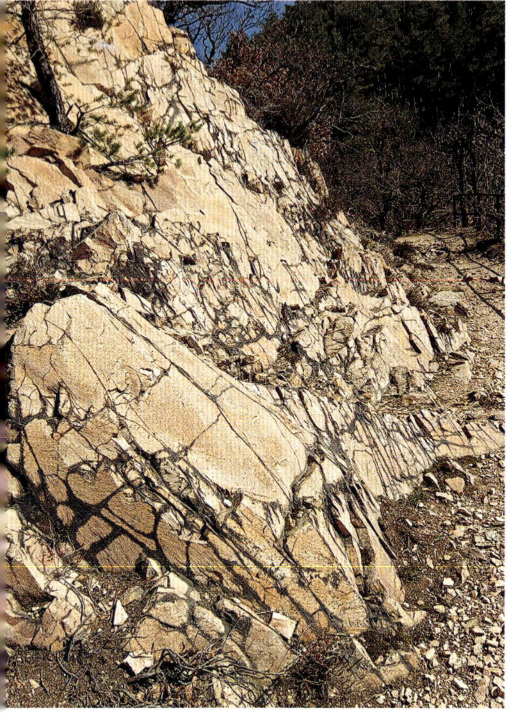

Dicht an Felsen vorbei führt der Weg zur Burg Rheingrafenstein.

einen Tunnel erreichen Sie das Plateau der Burg. Ein schöner Rundumblick entschädigt für diesen beschwerlichen Aufstieg. Eine weitere Anstrengung bedeutet auch der Abstieg von der Burg. Sie verlassen die Höhe an einem Turm und gehen nun viele Stufen hinunter ins Kehrenbachtal. Nicht vollends unten angekommen geht es nach links auf einem bequemen breiten Wirtschaftsweg recht geruhsam den Berg wieder hoch. Nur das letzte Stück ist etwas steiler, aber gut begehbar. Das Restaurant »Forsthaus Spreitel« ist in Sichtweite, dann führt der Weg der **Classic Tour** nach links auf schmalem Pfad in den Wald hinein. Wenn Sie im ehemaligen Forsthaus einkehren möchten, gehen Sie geradeaus und kommen dann wieder zu dieser Stelle zurück, um nicht auf der Straße entlanglaufen zu müssen. Es ist ein schöner Pfad. Dann erreichen Sie einen quer laufenden Weg, den Sie nach rechts gehen. Sie folgen dem Zeichen der **Classic Tour** und kommen wieder an den großen Platz, überqueren die Rheingrafenstraße und erreichen Ihr Auto.

Die Geschichte der Burg Rheingrafenstein

Wer den schroffen Felsen bei Bad Münster am Stein von unten betrachtet, ein paar Mauern an seiner Spitze entdeckt, dem kann bei dem Anblick schon schwindlig werden. Waghalsiger kann eine Burg wohl kaum gebaut werden. Wer diese so hoch oben gelegene Burg errichten ließ, weiß niemand.

Auch hier liegen – wie bei so vielen Burgen – die Ursprünge im Dunkeln.

Aber es gibt Vermutungen. Denn an der Nahe gibt es weitere Burgen mit dem Namen »Stein«, wie zum Beispiel Steinkallenfels und Oberstein. In der Vorzeit hießen sie wohl alle nur »Stein«, deshalb tun sich die Historiker bisweilen schwer, die Burgen, ihre Besitzer und ihre Geschichten auseinanderzuhalten.

Erst im 12. Jahrhundert wird die Geschichte der Burg Rheingrafenstein konkreter. Siegfried von Stein (gest. um 1194/98) heiratete um 1160 Lukardis (gest. 1194), die Tochter des Rheingauer Grafen Embricho I. Durch diese Verbindung mit den Emichonen im Rheingau ging der Rheingrafentitel auf die Herren von Stein an der Nahe über.

Der Sohn von Siegfried und Lukardis, Wolfram, war der erste Rheingraf vom Stein und nannte seine Burg »Rheingrafenstein«. Dieser Name ist allerdings erst ein Jahrhundert später belegt, bis ins 13. Jahrhundert wurde die Burg weiter als »Stein« bezeichnet. Sowohl die Emichonen als auch die Rheingrafen von Stein unterstanden als Lehensnehmer dem Erzbistum Mainz. Das passte den Grafen nicht. Sie wollten sich aus der Lehnsherrschaft befreien. Eine passende Gelegenheit erkannten sie beim Streit der Brüder Johann und Heinrich aus dem Geschlecht der Sponheimer mit dem Mainzer Erzbischof Werner von Eppstein. Es ging dabei um den Verkauf von Anteilen an der Burg Böckelheim. Siegfried I. (gest. 1305/06, aus der Linie der Rheinberger, er besaß einen Anteil an Rheingrafenstein) kämpfte an der Seite von Johann von Sponheim gegen den Lehnsgeber, den Mainzer Erzbischof.

Zu Hilfe kam Johann in der Schlacht von Sprendlingen im Jahr 1279 der unerschrockene Kreuznacher Metzger Michel Mort. Der Sage nach stellte er sich in einer sehr gefährlichen Situation vor den Grafen, rettete ihm somit das Leben und ermöglichte ihm die Flucht. Im weiteren Verlauf des Kampfes allerdings fiel der tapfere Held. Die Grafen von Sponheim erinnerten bereits im 13. Jahrhundert mit einem Denkmal an seine Heldentat. Die Skulptur verfiel und war bald ganz verschwunden. Erst im 19. Jahrhundert wurde das Denkmal beim Bau einer Straße wiederentdeckt und 1979 in der Graf-Johann-Straße in Sprendlingen neu errichtet.

Trotz der heldenhaften Hilfe des Kreuznacher Metzgers unterlag Siegfried in diesem Kampf gegen den Mainzer Erzbischof und verlor seine Besitztümer im Rheingau.

Doch damit nicht genug: Nun forderte der Erzbischof auch noch die Öffnung der Burg Rheingrafenstein. Das bedeutete, dass die Burgherren

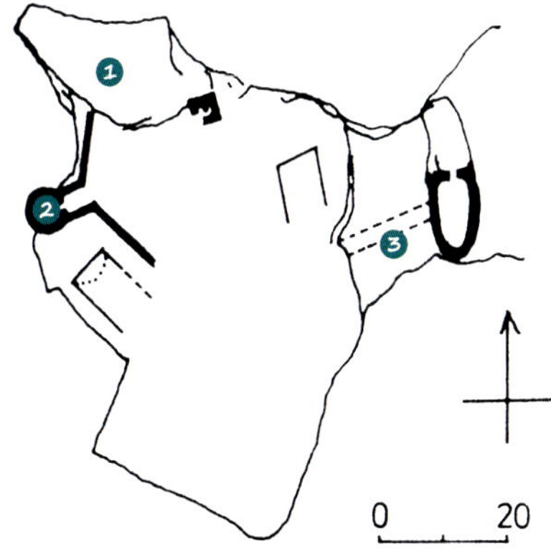

RHEINGRAFENSTEIN
1 Wohnturm
2 Reste Treppenturm
3 Graben

jederzeit den Erzbischof willkommen heißen mussten, dass ihm im Kriegs- oder Fehdefall die unentgeltliche Nutzung der Burg erlaubt war und der Erzbischof so einen militärischen Stützpunkt besaß. Dies allerdings wussten der Rheingraf Siegfried und sein Sohn Werner – wohl durch Verhandlungen – zu verhindern. Aber die Rheingrafen lagen weiter im Streit mit den Städten Mainz, Oppenheim, Worms, Speyer und ihrer Umgebung.

1355 war Karl IV. Kaiser des Römischen Reiches. Er setzte mit der Goldenen Bulle ein kaiserliches Gesetzbuch durch. Darin wurden die Modalitäten der Wahl und der Krönung der römisch-deutschen Könige und Kaiser durch die Kurfürsten bis zum Ende des Alten Reiches 1806 geregelt. Dieser Kaiser mischte sich auch in den Konflikt der Rheingrafen ein. 1356 öffnete Rheingraf Johann seine Burg Rheingrafenstein für den Pfalzgrafen Ruprecht vom Rhein und wurde dessen Lehensnehmer. Aber der Kaiser entschied, dass Graf Walram von Zweibrücken nun die Gegner der Rheingrafen, die Sponheimer Grafen, unterstützen sollte. In Bezug auf die Herrschaftsverhältnisse der Burg gab es ein wahres Durcheinander. Erst nach 1359 wurde es ruhiger, die Landfriedensverträge wurden eingehalten und auch immer wieder erneuert. Der damalige langanhaltende Streit zwischen den Rheingrafen und den Sponheimer Grafen wurde beigelegt. 1350 erbten die Rheingrafen die Besitzungen der zuvor ausgestorbenen Wildgrafen und nannten sich in der Folgezeit »Wild- und Rheingrafen«. Die Burg Rheingrafenstein wurde im Spätmittelalter in das sogenannte »Steiner« oder Amt der »Kreuznacher« der Rheingrafschaft umfunktioniert. Vermutlich bestand das Steiner Amt in der Burg bis zu Beginn des 15. Jahrhunderts. Danach wurde das Amt verlegt, die Burg aber weiter bewohnt.

Im Rahmen einer Teilung fiel Rheingrafenstein 1515 an die Wild- und Rheingrafen von Dhaun und dann 1521, ging sie – nach einer Besetzung durch Kurfürst Ludwig von der Pfalz, diesmal auf Befehl Kaiser Karls V. – wieder an den Wild- und Rheingrafen Philipp

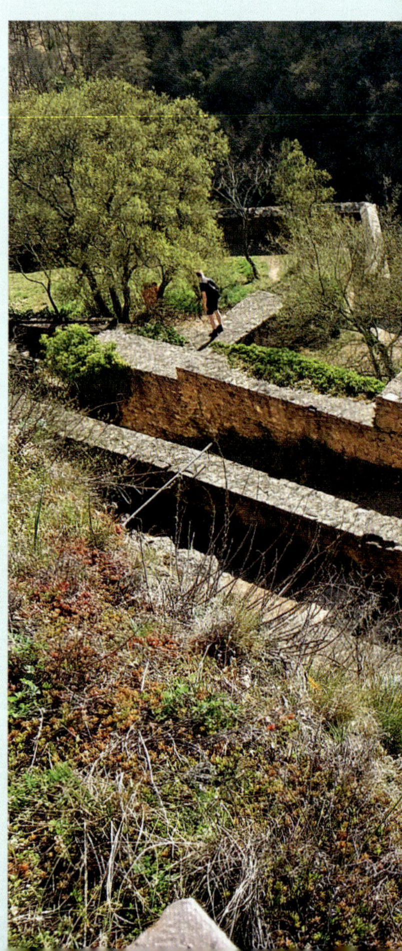

Blick auf restaurierte Mauern von Rheingrafenstein.

zurück. Bis ins 17. Jahrhundert wurde die Burg immer wieder durch Neubauten erweitert. Im Dreißigjährigen Krieg eroberten spanische und schwedische Truppen die Burg. Was damals genau zerstört wurde, ist nicht dokumentiert. 1688 bzw. 1689 sprengten letztendlich die Franzosen die Burg, wie so viele Burgen im Land. 1978–82 wurden die Mauerreste der Burg gesichert.

Von Rheingrafenstein selbst ist nur noch wenig übriggeblieben. Besucher erreichen die Ruine über eine (auf noch erhaltenen Pfeilerresten) neu gebaute Brücke. Der tonnengewölbte Keller unter einem nicht mehr erhaltenen Gebäude ist ebenfalls übriggeblieben. Auf dem Weg zum Hauptfelsen sind der stark zerfallene Treppenturm und die im Boden eingelassenen Steinrillen zur Versorgung der kleinen Zisterne zu sehen. Die eindrucksvollen Mauern unterhalb der Burg, wohl eine wie ein Vogelnest angeklebte Vorburg, sind nicht erreichbar. Auch wenn wirklich nicht mehr viel von der einst so umkämpften Burg zu sehen ist, so ist der Ausblick von dort hinunter auf die Nahe und die gegenüberliegende Ebernburg einfach großartig.

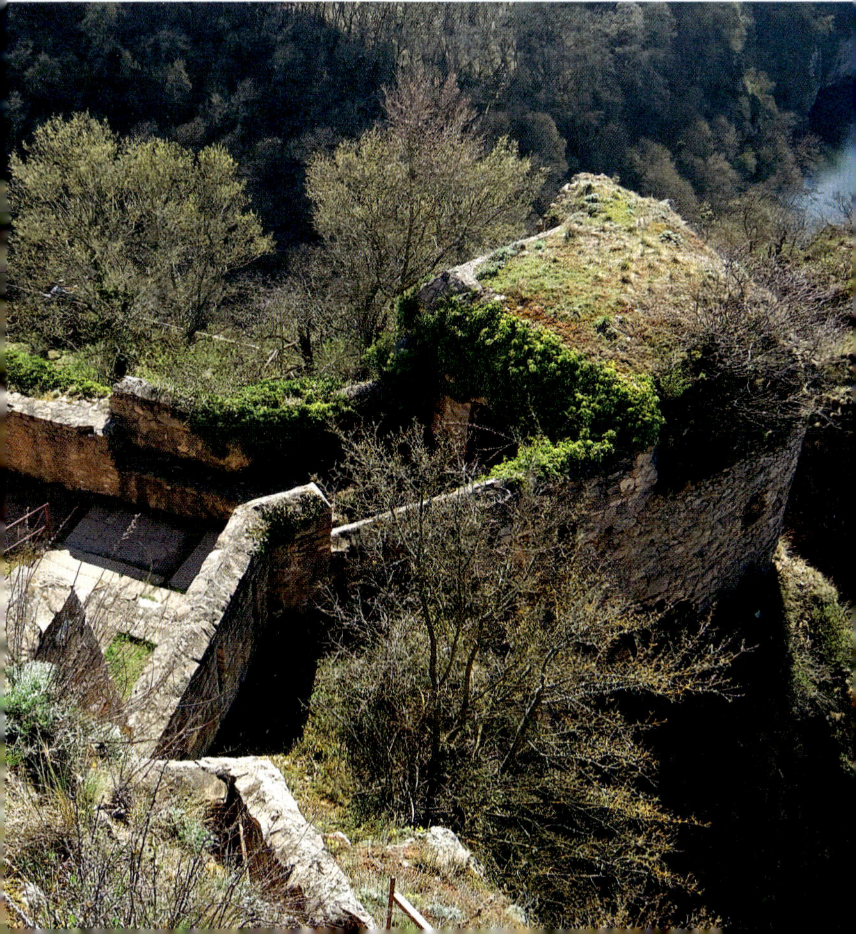

Altenbaumburg und Burg Treuenfels

3

Dies ist eine schöne, aber bisweilen anstrengende Wanderung zur Ruine Altenbaumburg, wo sich auch ein Restaurant befindet. Es geht meist den Berg hinauf und hinunter, manchmal auf bequemen, manchmal auf unbequemen Wegen. Häufig können Sie sich aber auf einer Bank ausruhen, allerdings seltener auf dem Rückweg von der Burg. Da wandern Sie bisweilen auch ohne Markierungen, aber der Weg ist exakt und ausführlich beschrieben. Halten Sie sich deshalb an die Beschreibung, um sich nicht zu verlaufen. Die angegebene Originalkarte ist nicht sonderlich genau. Ein besonderes Highlight ist der Blick auf die Ruine Rheingrafenstein gegen Ende der Wanderung. Eine Einkehrmöglichkeit besteht auf der Altenbaumburg, also nach einer Stunde der Wanderung.

Wanderdauer	Gut 4 Stunden für 10–12 km
Höchster Punkt	266 m ü. N. N.
Etappen	Vom Parkplatz: gut 1 Stunde zur Burg Von der Altenbaumburg zur Bismarckhütte: etwa 2 Stunden Von der Bismarckhütte zurück zum Parkplatz: etwa 1 Stunde
Einkehren	**Burgrestaurant Altenbaumburg**, Altenbaumburg 1, Jolanta, 55585 Altenbamberg, Tel.: (0 67 08) 35 51, Öffnungszeiten: Fr–So 11–20 Uhr, Küche 12–20 Uhr, Mi und Do sind Ruhetage
Wanderkarte	Naturpark Soonwald-Nahe, Blatt 4, 1:25 000 des Landesamtes für Vermessung Rheinland-Pfalz
Anfahrt	Sie fahren die B 48, von Rockenhausen Richtung Bad Kreuznach entlang, von Süden und Norden aus in Richtung Ebernburg. In Ebernburg kommen Sie in die Berliner Straße und Sie biegen am Ortsanfang (von Norden am Ende des Ortes, dann nach links) von Süden nach rechts in die Alsenzstraße ein. Das Schild »Drei-Burgen-Klinik« ist angebracht. Sie fahren über den Bahnübergang, an Lidl vorbei, der Parkplatz dahinter ist auf der linken Seite und ausgeschildert.

Wegbeschreibung

Sie gehen vom Parkplatz aus nach rechts, an Lidl wieder vorbei, dort links über die Uckerbrücke geradeaus den Berg hoch. Hier gibt es die Zeichen **1** und **6**. Es kommen der **rote** und **blaue Balken** und das **blaue Dreieck** dazu. An dem Anfahrtspunkt für Rettungsfahrzeuge 6113-009 sehen Sie das **Vitalzeichen in lila**. Nun geht es auf schmalem Pfad den Berg hoch. Sie überqueren eine Autostraße und gehen auf der anderen Seite weiter auf schmalem Pfad nach oben. Der Weg gabelt sich, Sie nehmen den unteren Weg, Hinweisschilder sind angebracht. Sie erreichen auf der Höhe den Uhufelsen, dort stehen eine Bank und ein Tisch, ein paar Schritte weiter eine weitere Bank, von der Sie einen schönen Blick in die Landschaft haben. Bis dahin waren Sie gut 30 Minuten unterwegs. Sie laufen weiter der Ausschilderung nach. Ziemlich auf der Höhe des Berges, sehen Sie viele – wohl wegen der Trockenheit – entwurzelte Bäume, Sie gehen weiter durch einen lichten Wald, mal den Berg hinunter, dann wieder hinauf, erreichen eine Kreuzung, gehen über einen Wirtschaftsweg weiter geradeaus. Jetzt sagt das Schild, dass Sie noch 600 Meter zur Burg laufen müssen. Sie stoßen auf einen etwas breiteren Weg und gehen nach rechts. Jetzt sind das noch 100 Meter zur Altenbaumburg. Hier können Sie in dem Restaurant einkehren.

Nun kommt es darauf an, ob Sie der Ruine Treuenfels noch einen Besuch abstatten wollen oder zurückwandern. Wenn Sie nicht zur Ruine Treuenfels wollen, folgen Sie dem **Vitalzeichen** von der Altenbaumburg zur Bismarckhütte. Von dort aus geht es mit der späteren hier aufgeschriebenen Wegbeschreibung weiter.

<u>Zunächst aber der Weg zur Burgruine Treuenfels.</u> Sie können einerseits der Autostraße nach Altenbaumburg folgen, wer es aber beschwerlicher mag, der verlässt die Burg und nimmt dann gleich den schmalen Pfad nach links, der zunächst an den Mauern der Burg vorbeiführt, und dann ziemlich steil über einen steinigen Serpentinenweg nach unten führt. Das dauert etwa 15 Minuten. Dann geht es bequem weiter. Kurz bevor Sie fast im Tal die Tannenbäume

Auf dem Weg zur Altenbaumburg

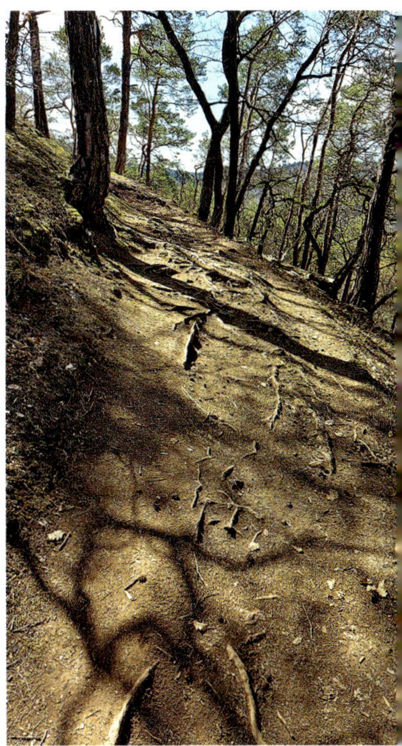

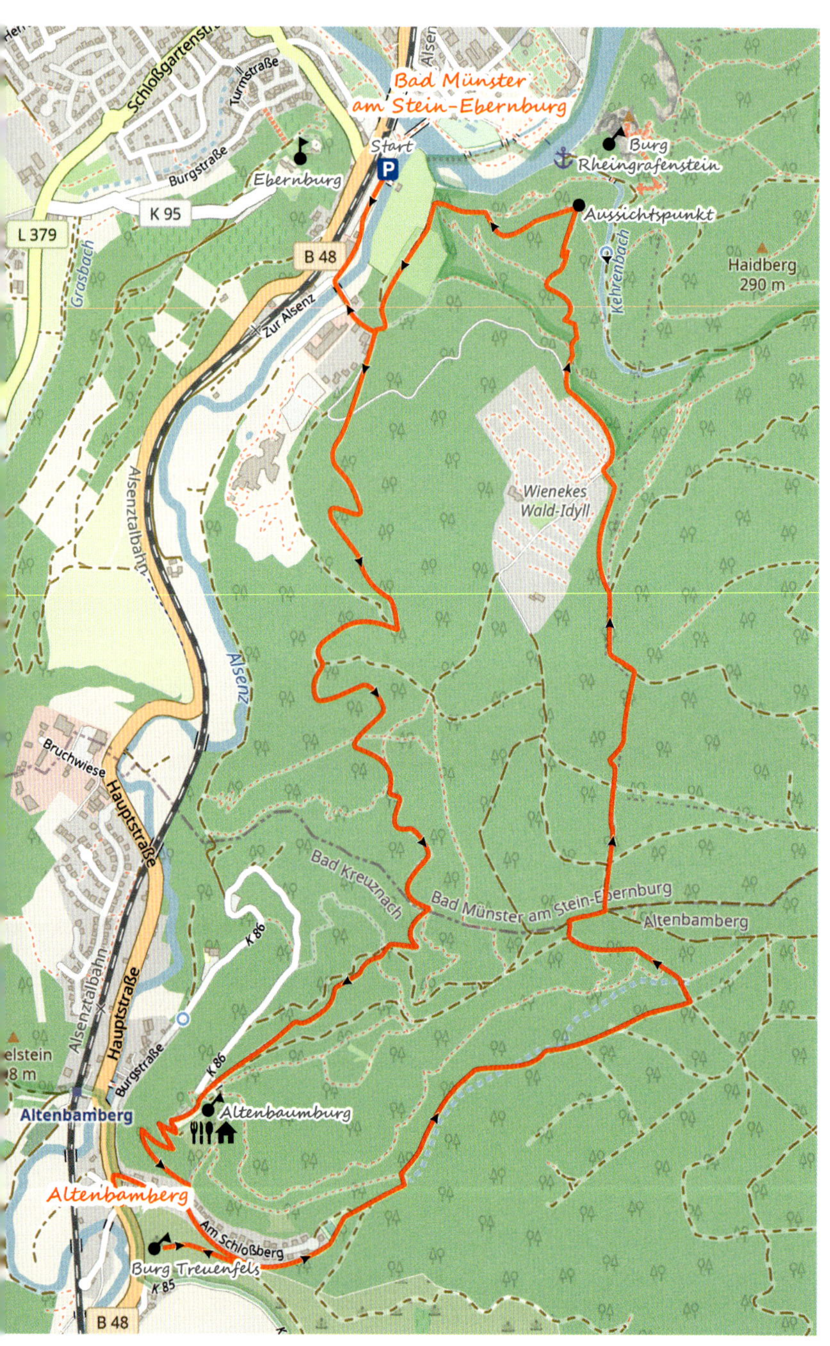

Bad Münster am Stein-Ebernburg
Start
Ebernburg
Burg Rheingrafenstein
Aussichtspunkt
Haidberg 290 m
Schloßgartenstraße
Turmstraße
Burgstraße
K 95
L 379
B 48
Grasbach
Zur Alsenz
Kehrenbach
Wienekes Wald-Idyll
Alsenztalbahn
Alsenz
Bruchwiese
Hauptstraße
Bad Kreuznach
Bad Münster am Stein-Ebernburg
Altenbamberg
K 86
Burgstraße
Altenbaumburg
Altenbamberg
Am Schloßberg
Burg Treuenfels
K 85
B 48

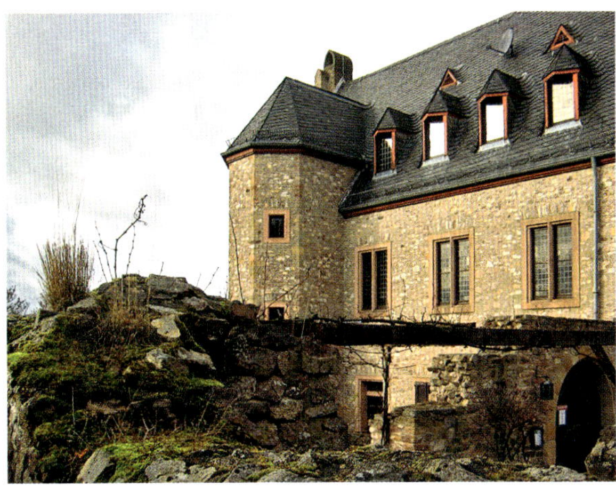

Ein Restaurant ist in der Altenbaumburg.

erreichen, sehen Sie auf der linken Seite einen jüdischen Grabstein im Buschwerk versteckt. Er ist wohl der letzte sichtbare Rest eines ehemaligen jüdischen Friedhofes. Dann kommen Sie auf die Straße, gehen dort nach links, nicht in die Spielstraße, sondern nehmen den rechten Weg, der Sie nach oben zur Burg Treuenfels führt.

Wenn Sie die Autostraße nach Altenbaumburg hinuntergegangen sind, kommen Sie auf die Hauptstraße, gehen dort nach links und dann den Schlossberg links hoch. Sie sehen vor sich eine Spielstraße und nehmen den rechten Weg (Durchfahrt verboten) nach oben. Auf der Höhe angekommen, geht es nach rechts zur Burg. Sie gehen auf die Burg zu, kommen an einem eingezäunten Wasserreservoir vorbei und gehen dort links weiter. Sie sehen vor sich den Berg, von dem Sie einen schönen Blick in die Landschaft haben. Kurz davor führt eine Mauertreppe auf der rechten Seite zu einem schmalen, steilen Pfad, der zur Burg führt. Abgesehen von der Mauer, die Sie auch von unten sehen, gibt es dort nicht viel zu erkunden. Bei dem Aufstieg zur Burgruine ist Vorsicht geboten.

Ihre Wanderung führt nun wieder zu dem Punkt zurück, an dem Sie nach rechts zur Burg abgebogen sind. Jetzt geht es ohne Wanderzeichen weiter. Ein Weg führt nach rechts, ein weiterer nach links, den linken nehmen Sie und gehen an Wiesen vorbei in das Tal. Am Ende der Bebauung – also am Waldrand – sehen Sie auf der linken Seite den Anfahrtspunkt für Rettungsfahrzeuge 6213-302. Sie gehen nun geradeaus den Weg entlang, bis Sie an zwei mit Erde aufgeschütteten Staubecken vorbeikommen. Dann führt der Weg immer mal wieder über Erdhügel, die bei viel Regen wohl das Wasser aus-

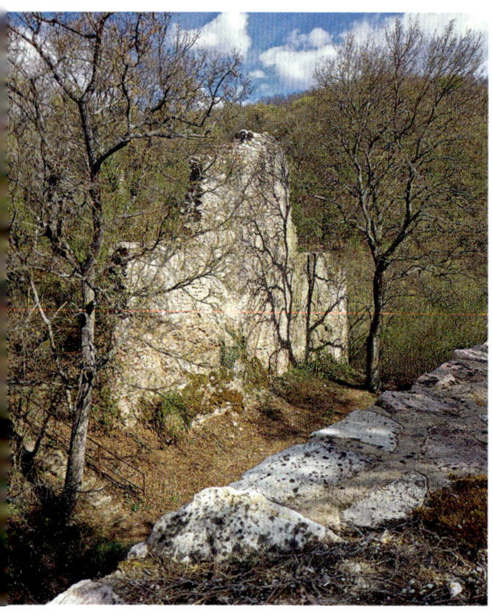

Blick auf den ältesten Teil der Altenbaumburg

bremsen sollen. Das Tal geht weiter, aber Sie nehmen bei der Weggabelung den rechten Pfad, der etwas steiler nach oben führt. Wenn Sie oben angekommen sind, gabelt sich wieder der Weg. Hier gehen Sie nach links, auch bei weiteren Gabelungen geht es immer nach links. Dann erreichen Sie eine Kreuzung und steigen dort erneut nach links einen schmalen Pfad in das Tal hinunter und auf der anderen Seite wieder hoch. Zunächst geht die Kurve nach rechts, dann wieder nach links. Weit oben an einem Baum angebracht sehen Sie ein Schild, das Sie darauf hinweist, dass Sie nun den **Bäder-Höhen-Weg** entlangwandern. Sie kommen auf die Höhe, vor Ihnen ist ein Stück Wald eingezäunt, Sie gehen nach rechts, gleich wieder nach rechts und befinden sich nun wieder auf dem **Vitalweg in lila**. Bald erreichen Sie die Bismarckhütte, ein Steinbau mit Sitzplätzen darin. Dort ist auch der Anfahrtspunkt für Rettungsfahrzeuge 6213-304. Hier geht es nach links, immer geradeaus den Berg nun wieder hinunter. Ab und zu können Sie auch das Zeichen des **Bäder-Höhen-Weges** sehen. Sie erreichen einen Wirtschaftsweg und gehen dort nach links, dort steht auch ein Schild mit der Aufschrift »Zur Altenbaumburg«. Der Weg gabelt sich wieder, Sie verlassen den Bäder-Höhenweg und gehen nach links weiter das Tal hinunter. Der Weg gabelt sich wieder, links sind ein **blauer Pfeil** und die **Q 3** und **4** angebracht, hier folgen Sie dem Pfeil. Sie erreichen eine Autostraße und das Ferienzentrum Wieneke und laufen nun ein Stück eine Straße entlang. Am Ende der Siedlung steht rechterhand ein großes Schild: »Wienecke-Wald-Idyll«, dort geht es rechts über einen Pfad von der Straße weg. Der Weg gabelt sich wieder, Sie gehen nach rechts, wieder ein Stück den Berg hinauf. Aber der Aufstieg lohnt sich wegen des Blicks auf die Burg Rheingrafenstein. Es ist ein schöner Weg, der Sie zunächst über die Höhe führt – und dann geht es in Serpentinen den Berg wieder ganz hinunter ins Tal. Sie kommen wieder zu dem Punkt, an dem die Wanderung begonnen hat, dem Anfahrtspunkt für Rettungsfahrzeuge 6113-009. Sie laufen die Straße hinunter, über die Brücke, nach rechts die Straße entlang und dann nach links zum Parkplatz.

Die Geschichte der Altenbaumburg

Die Altenbaumburg ist eine der größten Burgen im Naheland und zieht sich mit ihrer Länge von 200 Metern und ihrer Breite von 40 Metern über den Bergrücken oberhalb des Ortes Altenbamberg. Um die Geschichte dieser Burg zu erzählen, mussten Historiker auf Urkunden zurückgreifen, die lediglich Verkäufe dieser Immobilie dokumentierten. Das macht es nicht gerade einfach, darüber zu berichten, wer wann dort lebte, zumal auf den Burgen oftmals mehrere Herren lebten, die sich die Anteile teilten. Die Anfänge der Altenbaumburg sind unklar, wie die Autoren des Pfälzer Burgenlexikons feststellten, ist sie erst 1276 mit Sicherheit belegt. Es existiert ein früherer Beleg aus dem Jahr 1129, der sich aber als Fälschung herausstellte.

König Rudolf von Habsburg (1218–1291) übergab dem Raugrafen Ruprecht II. wegen seiner Verdienste für den König die Altenbaumburg zu Lehen, allerdings mit der Auflage, dass dort auch fünf Juden wohnen sollten. Nähere Angaben zu dieser Anweisung gibt es wohl nicht, denn es ist schon ungewöhnlich, dass zu der damaligen Zeit Juden so privilegiert behandelt wurden.

In einem späteren Dokument ist davon die Rede, dass Raugraf Heinrich III. 1317 ein Viertel der Burg seiner Ehefrau Katharina vermachte. Raugraf. Heinrich III. und seine Ehefrau Katharina sorgten sich um ihre Tochter Elisabeth, deshalb achteten sie auf ihren Besitz, den sie vererben wollten: Elisabeth war mit dem Grafen Philipp von Sponheim-Dannenfels verheiratet. Dem Schwiegersohn wurde die Hälfte der Burg zugesprochen, der andere Teil sollte der Witwensitz (damals Wittum genannt) von Katharina sein. Nach ihrem Tod sollte der Schwiegersohn auch ihre Burganteile erben.

Katharina überlebte ihren Gatten um 25 Jahre und ihre Besitzrechte wurden von mehreren Mitgliedern der weit verzweigten Familie angezweifelt.

Sowohl die Raugrafen wie auch die Sponheimer beanspruchten die Burg für sich. Altenbaumburg wurde verpfändet, Teile verkauft, neue Besitzer kamen hinzu. Belehnt wurde die Burg auch von König Ruprecht (1352–1410) aus der Dynastie der Wittelsbacher an die Grafen von Nassau-Saarbrücken. Ruprecht war von 1398 bis 1410 als Ruprecht III. Pfalzgraf bei Rhein mit Sitz in Heidelberg und von 1400 bis 1410

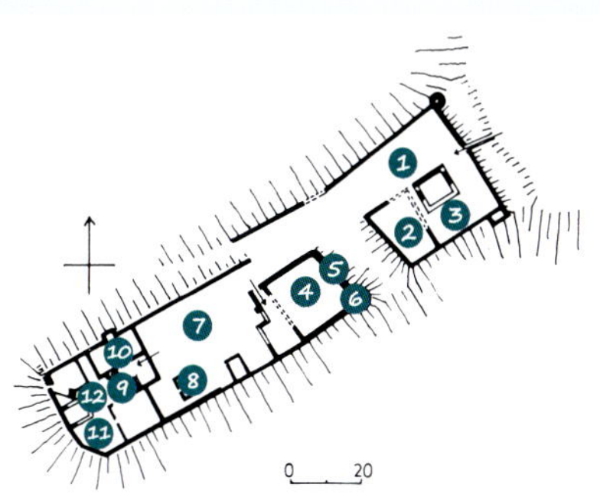

ALTENBAUMBURG

1 Oberburg
2 Palas
3 Hof
4 Mittelburg
5 Schildmauer
6 Turm
7 Vorburg
8 Kapelle
9 Unterburg
10 Palas
11 Bergfried
12 Brunnen

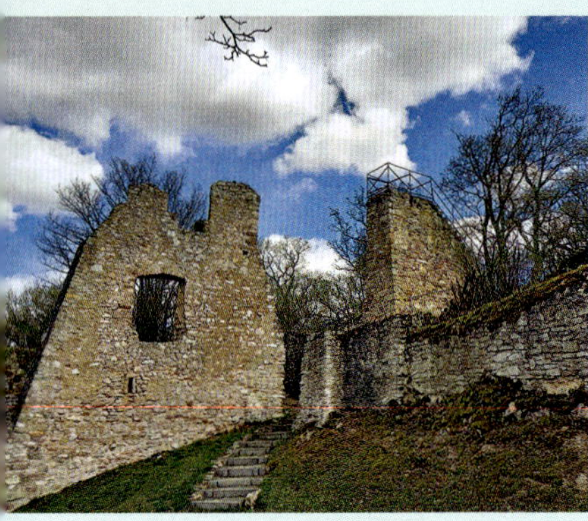

Eingang zur Altenbaumburg

Römisch-Deutscher König. Das Hin und Her von Verkäufen ging weiter, aber niemand kümmerte sich dabei um den Erhalt der Burg. Das führte letztlich schon Ende des 15. Jahrhunderts zu ihrem Verfall. So kam es, dass Schweickert VIII. von Sickingen, der Vater des bekannten Franz von Sickingen, bereits 1482 Steine von der Altenbaumburg für einen weiteren Ausbau der Ebernburg mit Erlaubnis des Pfalzgrafen Philipp I. abtransportieren durfte.

Im Dreißigjährigen Krieg wurden die Teile der Burg, die noch einigermaßen erhalten geblieben waren, als Unterkunft von spanischen und schwedischen Truppen genutzt. Ein Wiederaufbau der Burg war anscheinend nicht geplant. Bereits 1681 wurde Altenbaumburg als Ruine beschrieben und letztlich 1689 von französischen Truppen restlos zerstört.

Was heute noch von der Burg, die aus drei Einzelburgen bestand, zu sehen ist, sind die Schildmauer (die stärkste Mauer zur Abwehr von Angriffen), die einst 15 Meter hoch war, im Nordosten ein Eckturm und im Südosten ein 18 Meter hoher Turm mit Resten einer Abortanlage und eines Schornsteinschachtes im Innern. Im Burghof ist noch der Stumpf des Bergfrieds aus dem 13. Jahrhundert zu erkennen. Er soll 40 Meter hoch gewesen sein.

Die Oberburg ist über eine Brücke über den Halsgraben zu erreichen. Der dortige Mauerrest ist wohl der älteste Teil der Burg. Die Mittelburg ist die kleinste Anlage. Von ihr sind noch Reste der Schildmauer und Reste eines zweistöckigen Hauses zu sehen. Die größte Burg war die Unterburg, die von 1981 bis 1983 zu einem Burgrestaurant umgebaut wurde.

Die Geschichte der Burg Treuenfels

So unbedeutend die Burg heute erscheint, so wenig bedeutend ist auch ihre Geschichte. Die Burg befindet sich in Privatbesitz. Hecken und Sträucher haben sie seit langem erobert. Sie ist nur über einen schmalen, steilen Pfad erreichbar. Zu sehen gibt es außer der südwestlich gelegenen Mauer eigentlich nichts mehr. Das Innere der Ruine ist völlig zugewachsen.

Anders als bei sonstigen Burgen, deren Erbauungszeit oft völlig im Dunkeln liegt, ist die Entstehungszeit der Burg Treuenfels genau datiert. Am 14. April 1357 vergab Philipp von Bolanden, der Nachfolger des letzten Raugrafen der Altenbaumburger Linie und zugleich Herr von Altenbaumburg, dem Ritter

Von der Treuenburg ist nur wenig noch zu sehen ▶

Dietz von Wachenheim, den Brüdern Philipp und Heinrich von Montfort und zwei weiteren Herren den Berg als Lehen, auf dem sie die Burg Treuenfels errichten wollten. Voraussetzung dafür war, dass auf die unterhalb der Altenbaumburg gelegene Anlage keine weiteren Befestigungen gebaut werden sollten. Dies war die Absprache mit den Herren von Altenbaumburg, aber auch mit dem Erzbischof Gerlach von Mainz und den Pfalzgrafen Ruprecht I. d. Ä. und Ruprecht II. d. J., damit es keinen Streit gebe. Auch nachfolgende Bewohner der Burg Treuenfels sollten sich an diese Abmachungen halten und niemandem Schaden zufügen. Zudem wurde vereinbart, dass nicht mehr als fünf Gemeiner, also Bewohner, auf der Burg sein durften.

Zurück zum Bau der Burg: Da schaltete sich der Pfalzgraf ein. Es kam zum Streit, der in der Gefangennahme eines Johann Schweifkrusel von Partenheim, wohl einem Gemeiner der Burg durch den Pfalzgrafen Ruprecht I., gipfelte. Dieser Herr von Partenheim musste seinen Teil der Burg den Pfalzgrafen öffnen. 1357 kam es zu einer Einigung mit den übrigen beiden Gemeinern der Burg, Dietz von Wachenheim und Berthold von Neuenbaumburg, und dem durch Erbe hinzugekommenen Rudolf von Montfort. Die Herren von Treuenfels versprachen nun in Zukunft friedlich zu sein. Ein Versprechen, das sicher nicht eingehalten wurde. Durch Heirat und Erbe gingen die Auseinandersetzungen weiter. Daran beteiligt waren Graf Heinrich von Sponheim-Dannenfels, Raugraf Philipp II. von Bolanden, Graf Friedrich II. von Sponheim-Dannenfels, eben die Herren an der Nahe. Ein Treffen auf der Burg Altenbaumburg sollte die Streitigkeiten beenden. Ob es dazu kam, ist ungewiss. Bekannt dagegen ist, dass die Ganerben der Treuenfels, Eberhard von Scharfenstein, Hermann und Heinrich Vetzer von Gabsheim und Dietz von Wachenheim, in Briefen Pfalzgraf Ruprecht II. gegenüber Wohlverhalten ausdrückten.

Im 16. Jahrhundert ist die Anlage ein kurpfälzisches Lehen, das an verschiedene Mitglieder einer Familie Sturmfeder bis ins 17. Jahrhundert vergeben wurde. Danach gibt es keine weiteren Informationen mehr zu dieser Burg, weder wann sie zerstört wurde, noch durch wen.

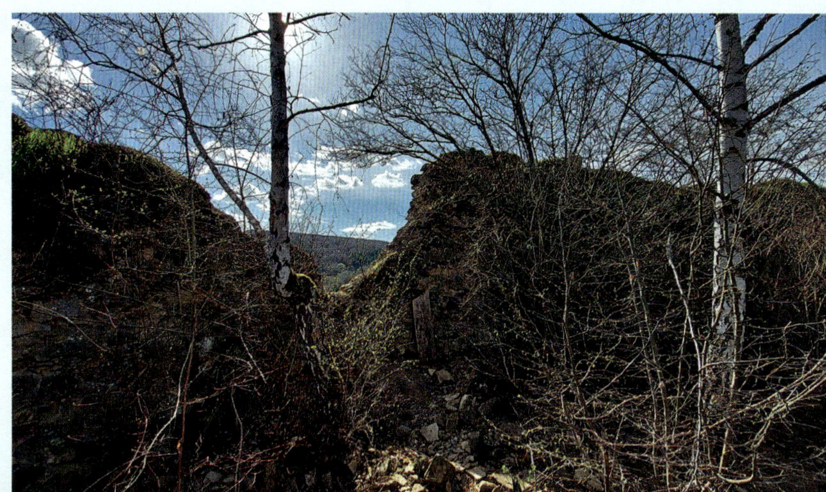

Die Eremitage 4

Bei dieser Wanderung lernen Sie etwas ganz Besonderes kennen: Zunächst war die Felseneremitage eine heidnische Kultstätte, später wurde die Anlage christianisiert. Im Jahr 1043 ist erstmals eine Kirche erwähnt, später wurde die Eremitage unter anderem als Kloster genutzt. Es ist einfach schön, durch die Weinberge dorthin zu laufen. Das bedeutet aber auch, sich der Sonne auszusetzen. An heißen Tagen ist diese Tour deshalb nicht so empfehlenswert.

Auf dem Weg zu dieser einzigartigen Anlage wandern Sie über die Höhe, durchqueren Wälder, spazieren an dem Guldenbach entlang, sehen bemerkenswerte Felswände und können immer wieder schöne Ausblicke in die weite Landschaft genießen. Alles in allem ist die Wanderung auf dem Eremitenpfad der Vitaltour wirklich empfehlenswert. Der Weg wurde 2020 neu angelegt und ist sehr gut beschildert. Mit vielen Hinweisschildern wird zudem auf Besonderheiten am Wegesrand aufmerksam gemacht. Eine Einkehrmöglichkeit besteht nach etwa 1 Stunde und 30 Minuten nach Beginn der Wanderung.

Wanderdauer	Gut 3 Stunden für 9–10 km
Höchster Punkt	215 m ü. N. N.
Etappen	Vom Ausgangspunkt in Bretzenheim bis zur Felseneremitage: 1 Stunde 30 Minuten Von der Eremitage zur Einkehrmöglichkeit auf dem Campingplatz: 30 Minuten Vom Campingplatz zurück zum Parkplatz: 1 Stunde
Einkehren	Gaststätte am Campingplatz Feldbahndepot, Im Lindelgrund 1, 55452 Guldental, Tel.: (01 76) 24 79 11 06, Öffnungszeiten: Mo–Fr von 17–22 Uhr, Sa–So und an Feiertagen von 12–22 Uhr. Der Kiosk nebenan ist weitgehend den ganzen Tag geöffnet und bietet auch Kleinigkeiten zum Essen und Trinken, wie Kaffee und Kuchen an.
Wanderkarte	Naturpark Soonwald-Nahe, Blatt 4 . In dieser Karte ist allerdings der Weg der Vitaltour nicht verzeichnet. Aber in diesem Buch ist eine Karte und die ausführliche Wegbeschreibung zu finden.

Anfahrt

Bretzenheim liegt wenige Kilometer nördlich von Bad Kreuznach an der B 48. Von dieser Bundesstraße biegen Sie im Ort Bretzenheim von Süden, also von Bad Kreuznach, kommend, nach links in die Winzenheimer Straße ein, durchfahren die Straße und parken an ihrem Ende auf der linken Seite nahe der Kronenberghalle. Der Parkplatz ist ausgeschildert.

Wegbeschreibung

Von dem Parkplatz laufen Sie auf die Weinberge zu, der Weg mit dem **Mönch** ist vom Parkplatz aus gut markiert. Also: zunächst laufen Sie durch die Weinberge auf die Höhe. Den gleichen Weg werden Sie am Ende der Wanderung wieder nutzen. Es handelt sich um den sogenannten »Zuweg« zum eigentlichen Rundweg. Ein Schild weist auf einen Sandsteinbruch hin, zur Felseneremitage sind es 2,9 Kilometer. Zunächst laufen Sie über einen geschotterten Weg, kommen auf eine asphaltierte »Weinbergstraße«, gehen dort ein paar Meter nach rechts und dann gleich nach links. Sie sind nun auf dem Rundweg der Vitaltour. Zur Felseneremitage sind es 2,2 Kilometer. Sie laufen in einer Schleife, mal geht es auch über Treppen den Berg hinunter. Im Guldental angekommen, gehen Sie auf einem asphaltierten Weg Richtung Eremitage. Sie erreichen ein paar Häuser, das Haus mit der Nummer 221 B ist besonders schön und dort geht es nach links, dann rechts an einer Informationstafel ein kurzes Stück den Berg hoch zur Felseneremitage. Bänke laden

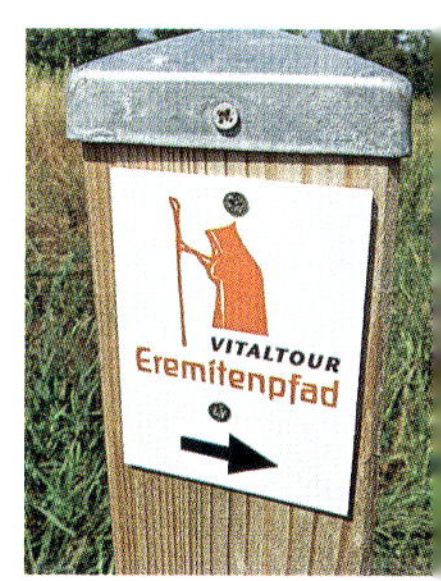

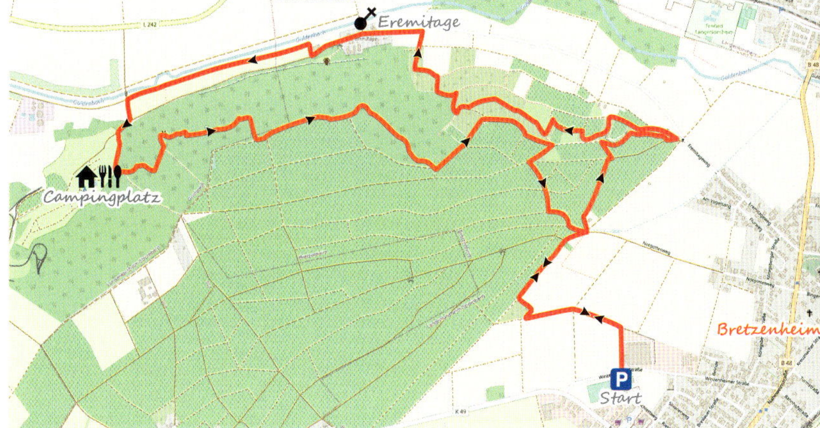

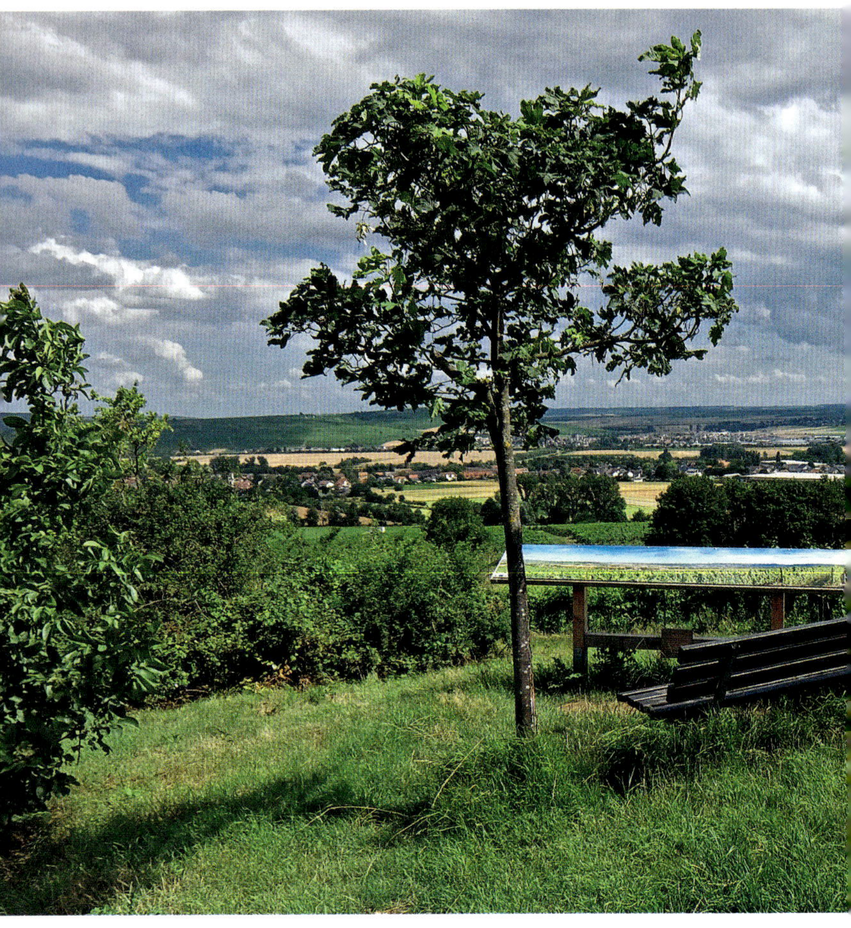

zum Betrachten der Felsen mit ihren einstigen Wohnungen und zum Ausruhen ein. Es ist wirklich ein besinnlicher Ort. Sie gehen von der Eremitage denselben Weg zurück zu der asphaltierten Straße und dort nach links. Sie kommen an einer großen Scheune vorbei, dort geht es nach rechts – ein Hinweisschild ist angebracht – zum Guldenbach. Dann halten Sie sich links Richtung Westen. Bis auf eine von Bäumen freigeschnittene Stelle ist nur das Geplätscher des Baches zu hören, aber nicht zu sehen, Sie biegen – rechts ist die Lindelgrund-Brücke – nach links ab und gehen die Straße an einem Tiergehege vorbei. Wenn Sie nun einkehren möchten, bleiben Sie auf dieser Straße, kommen durch die Schranke auf den Campingplatz und besuchen die Gaststätte »Feldbahndepot« oder den Kiosk, Tische sind

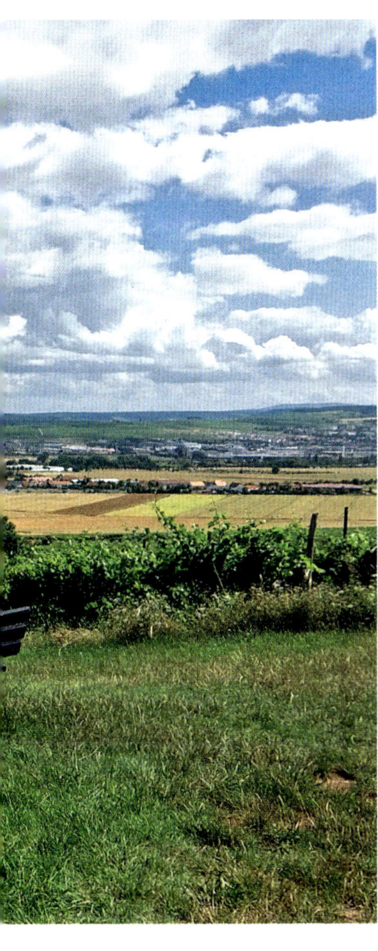

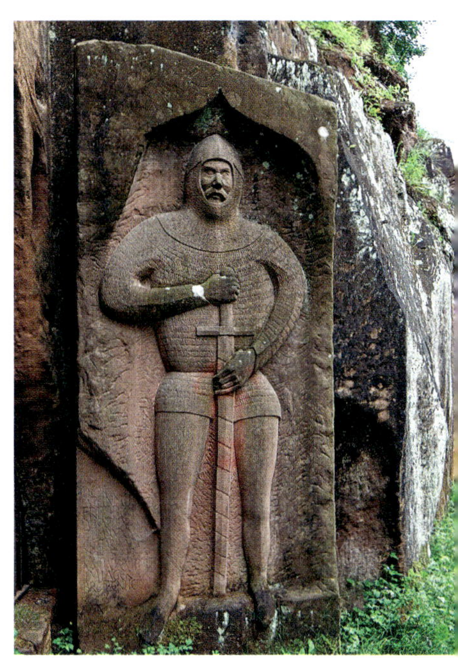

Wohl ein Grabdenkmal eines Adeligen in der Eremitage

Eine Panoramatafel informiert über die Aussicht.

im Freien aufgestellt. Sie gehen die Straße wieder zurück und dann nach rechts, dem Schild **Mönch** folgend nun durch den Wald den Berg hoch. Bisweilen ist es auch recht steil. Oben auf dem Naumburg angekommen, können Sie auf einer Bank wieder den Blick über die Weinberge in die schöne Landschaft genießen. Auf diesem Wegabschnitt sind immer wieder Bänke aufgestellt und hier sogar ein halbrunder Tisch mit einer großen Panoramakarte, die Sie über die Gegend informiert. Nun geht es weiter den Berg hinunter, bis Sie in Talnähe wieder an eine Bank neben einer asphaltierten Straße gelangen. Dort sind Hinweisschilder angebracht, eines führt zu dem Parkplatz an der Kronenberghalle. Sie nehmen den Weg rechts von der Bank und folgen dem Zeichen des Mönches bis zu Ihrem Parkplatz.

Die Geschichte der Felseneremitage

Bei dem Wort »Eremitage« denken viele wohl als erstes an das große Museum nahe des Winterpalasts in St. Petersburg. Als Eremitage werden an fürstlichen Höfen Gebäude bezeichnet, in denen sich die vornehmen Herrschaften vom weltlichen Geschehen zurückzogen und sich der Muse und der Kunst widmen konnten. Solche Eremitagen haben wenig mit den christlichen Einsiedeleien zu tun, in die sich Menschen aus der Welt zurückzogen, um ihr Leben allein Gott zu weihen.

Die ersten Eremiten, die in der ägyptischen Wüste lebten, sind in das 3. Jahrhundert zurückzudatieren. Einer von ihnen soll Paulus von Theben (wohl 228–341) gewesen sein. Über sein Leben hat Hieronymus (wohl 347–420), ein Gelehrter und Theologe der Spätantike geschrieben.

Aus manchen der Einsiedeleien wurden später Klöster. Mönche lebten in Askese, Armut und Bescheidenheit in der Gemeinschaft Gleichgesinnter. Diese Entwicklung ist auch bei der Felseneremitage bei Bretzenheim nachzuverfolgen. Sie soll das einzige Felsenkloster nördlich der Alpen gewesen sein und war bis 1827 bewohnt.

Felsenklöster gibt es viele in Europa, so die berühmten Meteoraklöster, die hoch in den Bergen Griechenlands liegen, außerdem gibt es welche in der Türkei, in Spanien und in Georgien.

Die Felseneremitage bei Bretzenheim soll auf eine ältere Vergangenheit zurückgehen. So wird angenommen, dass dort in vorchristlicher Zeit zunächst eine heidnische Kultstätte war, bis in der Römerzeit ein Mithräum daraus wurde. Dies bezeichnet einen unterirdischen oder in Felsen gehauenen Raum, in dem der Gott Mithras verehrt wurde. Es gibt viele solcher kleinen Mithras-Tempel, Genaueres ist über den Mithras-Kult jedoch nicht bekannt. Die einen meinen, der Mithras-Kult sei aus dem Persischen Reich und Indien, wo Mithras als Licht- und Sonnengott verehrt wurde, von Seefahrern ins Römische Reich gebracht worden. Andere wiederum gehen davon aus, dass der Mithras-Kult, der nur Männer zulässt, eine römische »Neuschöpfung« ge-

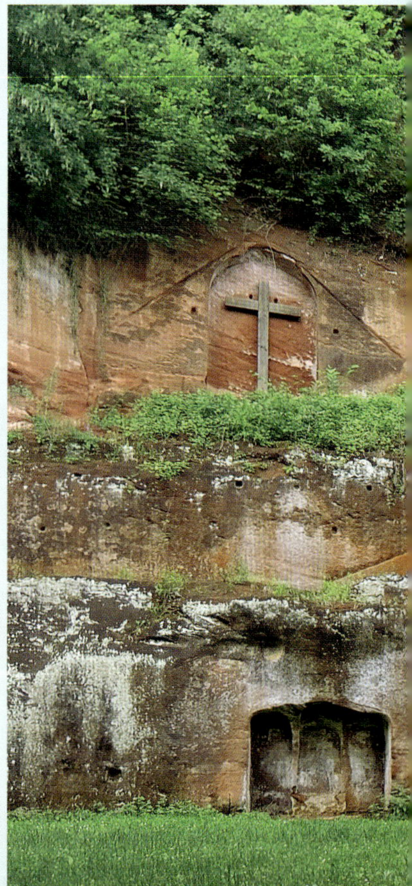

Die Eremitage bei Bretzenheim

wesen sei. In der Mythologie jedenfalls soll Mithras von seinem Gottvater in die Welt geschickt worden sein, um sie zu retten. Er wurde aus einem Stein in einer Felsenhöhle geboren. Das würde zur These passen, dass diese Eremitage, diese Felsenhöhle bis ins 5. Jahrhundert ein Mithräum gewesen sein könnte. Dann wurden solche Höhlen wohl im 6. bis 8. Jahrhundert christianisiert. Die Höhle bei Bretzenheim wurde urkundlich zum ersten Mal 1043 erwähnt. Die Einsiedelei entwickelte sich zu einem Wallfahrtsort. Es wurde eine Kirche erbaut, die allerdings 1567 durch einen Erdrutsch zerstört wurde. In der Zeit von 1710 bis 1827 lebten insgesamt 23 Eremiten dort. Der letzte Eremit, Andreas Zahn, alias Bruder Abraham, starb 1827 nach 51 Jahren in diesem Kloster im Alter von 82 Jahren. Eine noch existierende Felsenwohnung hat eine Größe von 90 Quadratmetern. Die Bretzenheimer Eremitage ist nur von außen zu betrachten. Bei den beiden Rittern, die in den Felsen gehauen sind, handelt es sich wohl um Gräber von Adeligen aus der Umgebung.

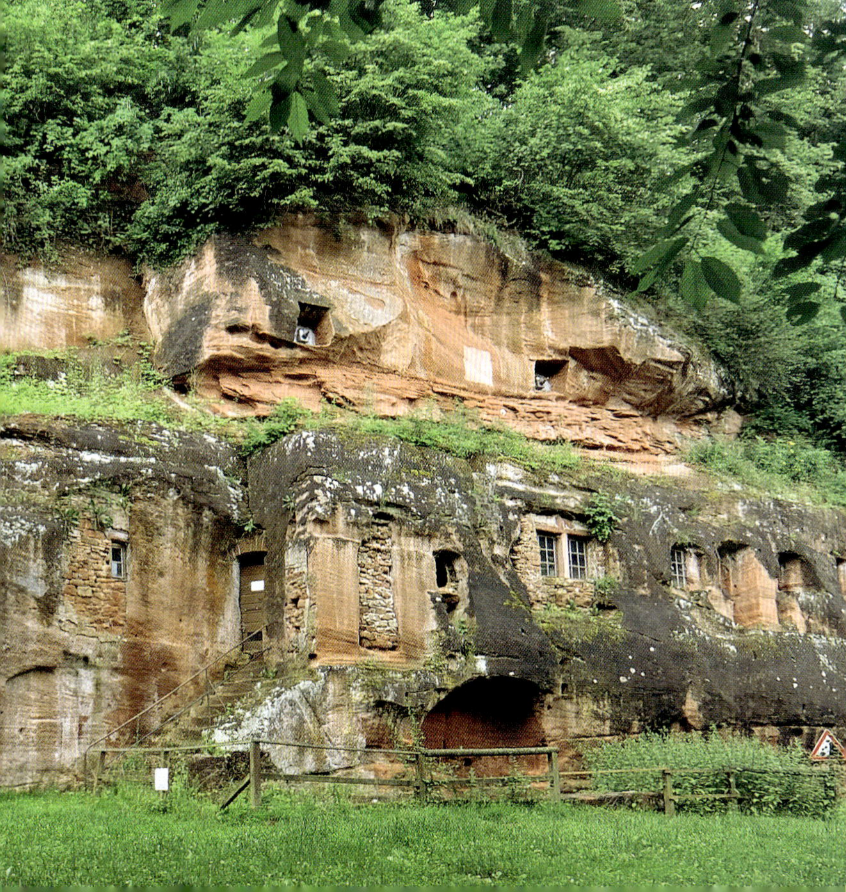

Burg Gutenberg 5

Fast während der ganzen Wanderung sehen Sie die Burg Gutenberg auf dem Hügel über dem gleichnamigen Ort. Es ist eine schöne Wanderung, die meist durch Weinberge führt. Das bedeutet auch, dass dieser Weg für die Fahrzeuge der Weinbauern geeignet ist, also asphaltiert. Um die Burg herum laufen Sie allerdings auf Feld- und Wiesenwegen. Noch ein Hinweis: die Burg ist in Privatbesitz, für Besucher wegen Einsturzgefahr gesperrt. Halten Sie sich deshalb bitte von den Mauern fern. Eine Einkehrmöglichkeit besteht im Ort Gutenberg, etwa 1 Stunde und 20 Minuten nach Beginn der Wanderung.

Wanderdauer	Knapp 3 Stunden für 10 km
Höchster Punkt	223 m ü. N. N. (Burg)
Etappen	Bis »An der unteren Hart 1« etwa 40 Minuten Bis zum Ort Gutenberg: etwa 45 Minuten Bis zur Burg: 15 Minuten Von der Burg bis in den Ort zur Gutenburghalle: etwa 45 Minuten Von dort bis zum Parkplatz: etwa 40 Minuten
Einkehren	**Italienische Gaststätte Friuli**, Hauptstraße 7c, 55595 Gutenberg, in der Hauptstraße von der Kirche aus Richtung Hergesheim und ziemlich am Ortsende gelegen, Tel.: (0 67 06) 91 54 30, Öffnungszeiten: Mi–So ab 18 Uhr, Mo–Di geschlossen
Wanderkarte	Naturpark Soonwald-Nahe, Blatt 4, 1:25 000 des Landesamtes für Vermessung Rheinland-Pfalz
Anfahrt	Der Parkplatz liegt nördlich der B 41, Bad Kreuznach – Bad Sobernheim. Sie kommen von der Hauptstraße in Wallhausen und biegen in der Ortsmitte (nahe der Kirche) in Richtung Sommerloch ab. Sie parken direkt am Gräfenbach, gegenüber der Geschwister-Scholl-Schule.

Wegbeschreibung

Vom Parkplatz aus gehen Sie nach links Richtung Sommerloch, dann führt die Bahnhofstraße nach links, gekennzeichnet mit dem **gelben Punkt** und dem **blauen Dreieck**. Als nächstes führt nach links der Fahrradweg, Sie aber gehen weiter geradeaus. Sie kommen an der Mozart- und der Beethovenstraße vorbei, gehen weiter geradeaus, bis zum Ende der Bebauung. Dann geht es nach links in die Weinberge an einem Kreuz vorbei, das an die Gefallenen der letzten Kriege erinnert. Schilder weisen auf den Ort Roxheim hin. Dann erreichen Sie ein weiteres Hinweisschild – es gibt viele auf dem Weg – das nach links in Richtung Burg Gutenberg weist: 1,6 km. Hier, an der unteren Hart 1, wandern Sie nun nach links Richtung Burg Gutenberg. Sie haben einen schönen Blick auf die Burg. Sie laufen den Berg hinunter, dann sehen Sie auf der linken Seite ein Schild, das auf den Rundwanderweg **Burg Gutenberg** hinweist. Sie folgen diesem Schild nach rechts, jetzt geht es auch mal über einen Wiesenweg. Sie bleiben auf dem Wiesenweg, wandern geradeaus und nicht den Weg recht steil nach links den Berg hinunter. Dann sehen Sie ein weiteres Schild, das nach links zum Ort Gutenberg führt: 0,9 km. Sie kommen die Kirchstraße hinunter, gehen nach rechts 0,2 Kilometer zur Ortsmitte. Hier ist auch eine große Wandertafel angebracht. Sie laufen nach links in die Gräfenbachstraße und über den gleichnamigen Bach geradeaus auf die Kirche zu. An der Kirche gehen Sie rechts vorbei in der Straße am Schlossberg leicht den Berg hoch. Oben liegt die Burg. Sie gehen diese Straße entlang, ein Schild weist wieder auf den **Burgrundweg** hin, ein anderes direkt zur Burg. Sie bleiben auf der Straße bis zu einer Haarnadelkurve, die nach rechts führt. Dort ist wieder ein Schild: »Zur Burg« auf der linken Seite. Sie gehen nach links einen befestigen Weg entlang bis zur Burg. Kurz davor ist auf der rechten Seite eine Bank, von der Sie einen schönen Ausblick in die Gegend haben, rechts liegt die Burg.

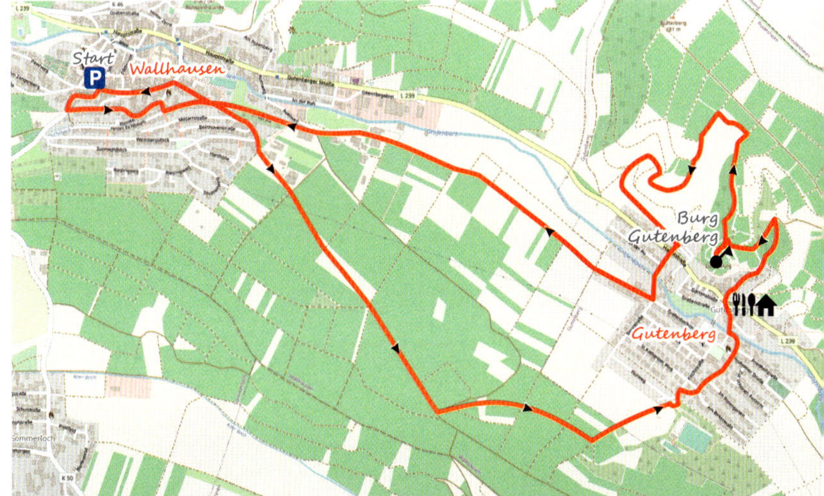

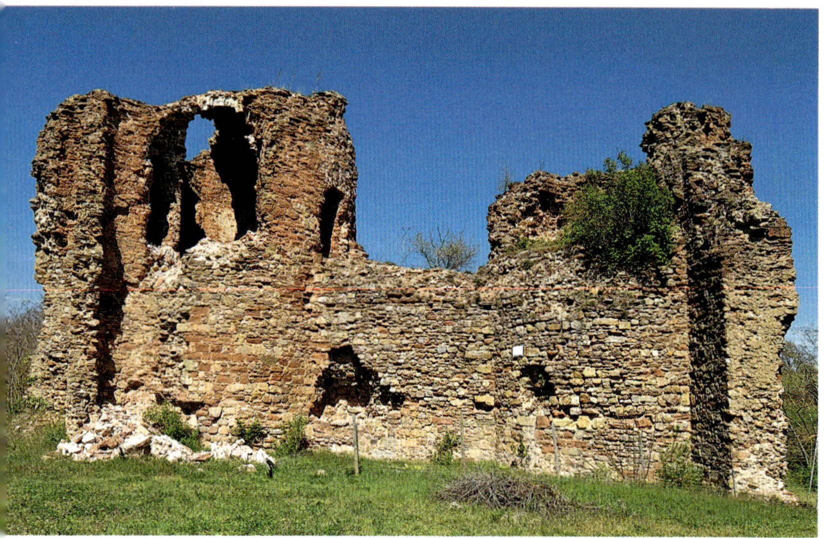

Stark zerfallen ist die Burg Gutenberg.

Die Burg ist eingezäunt, sie soll wegen Einsturzgefahr und Steinschlag nicht betreten werden. An dieser Stelle ist es Ihnen überlassen, ob Sie durch den Zaun schlüpfen und Ihren Weg in sicherem Abstand um die Burg herum nehmen. Auch andere Wanderer sind bisweilen dort anzutreffen. Dennoch ist das Betreten hier nicht als Empfehlung zu verstehen. Aber abgesehen von den Außenmauern und dem Bergfried gibt es nicht viel zu sehen. Sie gehen, wenn Sie das Burggelände betreten haben, entweder wieder zurück zu dem Wanderweg, auf dem Rundwanderweg geradeaus oder von der Burg aus gesehen nach links weiter. Sie folgen nun dem **Burgrundweg**. Es geht den Berg hinunter. Dann sehen Sie zwei Schilder, rechts und links, die wieder auf den Burgrundweg hinweisen. Hier gehen Sie aber weiter den Berg hinunter, erst einmal ohne weitere Kennzeichen. Dann sehen Sie wieder ein Zeichen und gehen dort nach links in den Ort: 0,7 km. Sie erreichen die Straße Zum Vogelsang, gehen geradeaus, dann nach rechts und an der Hauptstraße nach links auf die Kirche zu. Dann laufen Sie vor der Kirche, vor dem Busbahnhof nach rechts den Steinenweg entlang, überqueren wieder den Gräfenbach, gehen geradeaus, kommen dort an der Gutenburghalle vorbei. Sie laufen nun den Fahrradweg entlang bis nach Wallhausen. Dort angekommen, sehen Sie ein bemaltes Haus und laufen weiter auf dem Fahrradweg links an diesem Haus vorbei. Dann erreichen Sie wieder die Bahnhofstraße und gehen nach rechts zum Parkplatz gegenüber der Geschwister-Scholl-Schule.

Die Geschichte der Burg Gutenberg

Sowohl die Anfänge als auch die Zerstörung dieser so schön auf einem kegelartigen Bergsporn gelegenen Burg liegen im Dunkeln. Fest steht, dass 1318 Eberhard Kämmerer von Gutenberg und ein Johann Buser die Burg Gutenberg und das darunter liegende Dorf, das damals Weitersheim hieß, dem Grafen Johann II. von Sponheim zu Lehen übergaben. Durch den Verkauf der Burg von Eberhard Kämmerer von Gutenberg an den Grafen Johann II. von Sponheim wurde die Burg Gutenberg nun Eigentum der Sponheimer. Für die kommenden Jahrzehnte blieb sie Eigentum der Grafen von Sponheim, der bekannten und einflussreichen Familie an der Nahe und im Hunsrück. Im Jahr 1416 änderten sich die Besitzverhältnisse. Gräfin Elisabeth von Sponheim übertrug ein Fünftel der Burg ihrem Schwager, Pfalzgraf Ludwig III. der Bärtige aus dem Geschlecht der Wittelsbacher. Aus dieser Zeit wird die Burg so beschrieben: Sie besteht aus einem Turm und einem Treppenturm (Schnecke), einem landwirtschaftlich genutzten Gebäude, einem Backhaus, der Ringmauer und einem weiteren Turm. Im Bereich der Vorburg, heute wohl der Turm, der Richtung Dorf gelegen ist, waren ein Stall, ein Kelter- und Torhaus. Bewohnt wurde die Burg, da ihre Besitzer ja woanders ansässig waren, von Turmknechten, einem Torwärter, zwei Wächtern und einem Knecht aus dem Dorf. So die Angaben von Stefan Ulrich, Alexander Thon und Achim Wendt in ihrem Buch »Burgen im Hunsrück und an der Nahe«. Nach dem Aussterben der Grafen von Sponheim 1437 gibt es keine weiteren Urkunden oder Schriften zu der Burg. So ist eben auch nicht bekannt, wann sie zerstört wurde. Die Annahmen, dass dies im Dreißigjährigen Krieg geschah, sind nicht belegt. Es wird aber vermutet, dass sie bereits im 17. Jahrhundert verfiel. Denn Daniel Meisner stellte in seinen Kupferstichen die Burg bereits 1623 als Ruine dar. Heute befindet sich die Ruine in Privatbesitz und die Besucher sollten die Ruine wegen Einsturzgefahr nicht betreten. Das Besondere an dieser Burg sind neben ihrer äußerst eindrucksvollen Lage in den Weinbergen der regelmäßige Grundriss mit den bedeutenden Ecktürmen, die für eine Höhenburg recht selten sind.

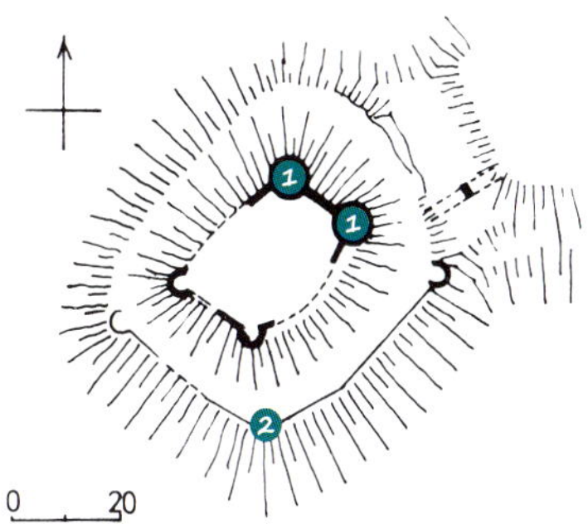

BURG GUTENBERG
1 Türme
2 Turm eines Wirtschaftsgebäudes

Stromburg und Burg auf dem Pfarrköpfchen

6

Eine Burg im Wandel der Zeit. In Stromberg war bereits im 13. Jahrhundert die alte Burg aufgegeben worden, die neue Stromburg unweit davon entfernt in der Mitte des 14. Jahrhunderts erbaut. Von 1977 bis 1981 kam es erneut zu einer radikalen Änderung. In die Burg wurde ein Restaurant mit Hotel gebaut, dann kam ein Feinschmeckerlokal des bekannten Fernsehkochs Johann Lafer hinzu, der es lange Zeit führte. Heute wird das stattliche Anwesen, besonders schön ist auch der bewirtschaftete Garten, von einem anderen Gastronomen betrieben.

Wirklich ungewöhnlich ist bei dieser Wanderung der Parkplatz. Es handelt sich um den Rastplatz »Hunsrück« an der A 61, die von Bingen nach Koblenz führt. Aber nur von diesem Startplatz aus ist ein Rundweg zu den Burgen möglich. Es bestehen Einkehrmöglichkeiten in Stromberg nach etwa 2 Stunden.

Wanderdauer	Gut 3 Stunden für etwa 11 km
Höchster Punkt	290 m ü. N. N. (Burg)
Etappen	Von der Raststätte bis zur Burg auf dem Pfarrköpfchen: 1 Stunde Von der alten Burg über Stromberg zur Stromburg: 45 Minuten Von der Stromburg zum Marktplatz in Stromberg: 20 Minuten Vom Marktplatz zurück zur Autobahnraststätte: 1 Stunde
Einkehren	Am Marktplatz in Stromberg befinden sich eine Eisdiele und ein Bistro; nebenan in der Gerbereistraße 4 ist die **Pizzeria Neo Evo di Francesco**, 55442 Stromberg, Tel.: (0 67 24) 6 05 92 59, Öffnungszeiten: müssen erfragt werden
Wanderkarte	Naturpark Soonwald-Nahe, Blatt 3, Binger Wald, Stromberg, Rheinböllen, 1:25000 des Landesamtes für Vermessung Rheinland-Pfalz
Anfahrt	Dieser ungewöhnliche Wanderparkplatz ist die Tank- und Raststätte »Hunsrück« an der Autobahn, die von Bingen nach Koblenz linksrheinisch führt. Von Bad Kreuznach aus fahren Sie auf die A 61 (E 42) Richtung Koblenz. Sie fahren an der Ausfahrt »Stromberg« vorbei bis zu der Autobahnraststätte »Hunsrück«. Dort suchen Sie sich einen Parkplatz, am besten hinter der Tank- und Raststätte. Auf der rechten Seite stehen Tische und Bänke auf einer Wiese. Dort sehen Sie auch eine Straße, die mit einem gelben Schild versehen ist, das nach rechts weist: LP 1. Darunter ist ein weißes Schild mit einem nach rechts zeigenden Pfeil. Dahinter sehen Sie ein grau-weißes Gebäude.

Wegbeschreibung

Von diesem grau-weißen Gebäude aus gehen Sie nach rechts die asphaltierte Straße hinunter. Ein eindeutiges Kennzeichen gibt es nicht, nur ab und zu ist ein Schild für Wanderer und Radfahrer mit einem Pfeil in beide Richtungen angebracht. Der Weg führt durch den Wald den Berg hinunter und gabelt sich anschließend. Dort gehen Sie nach links weiter. Ein kurzes Stück ist die Asphaltierung unterbrochen, es geht nun den Berg hinauf. Erneut gabelt sich der Weg, Sie gehen nicht bergaufwärts, sondern geradeaus. Bald müssten Sie das Schild für den Wander- und Radweg sehen. Die Geräusche der nahen Autobahn begleiten Sie. Der asphaltierte Weg hört schließlich auf und Sie laufen den Waldweg entlang, die Geräusche der Autos werden leiser. Wenn Sie den Wald verlassen, finden Sie auf der linken Seite den neu angelegten Friedhof von Warmsroth.

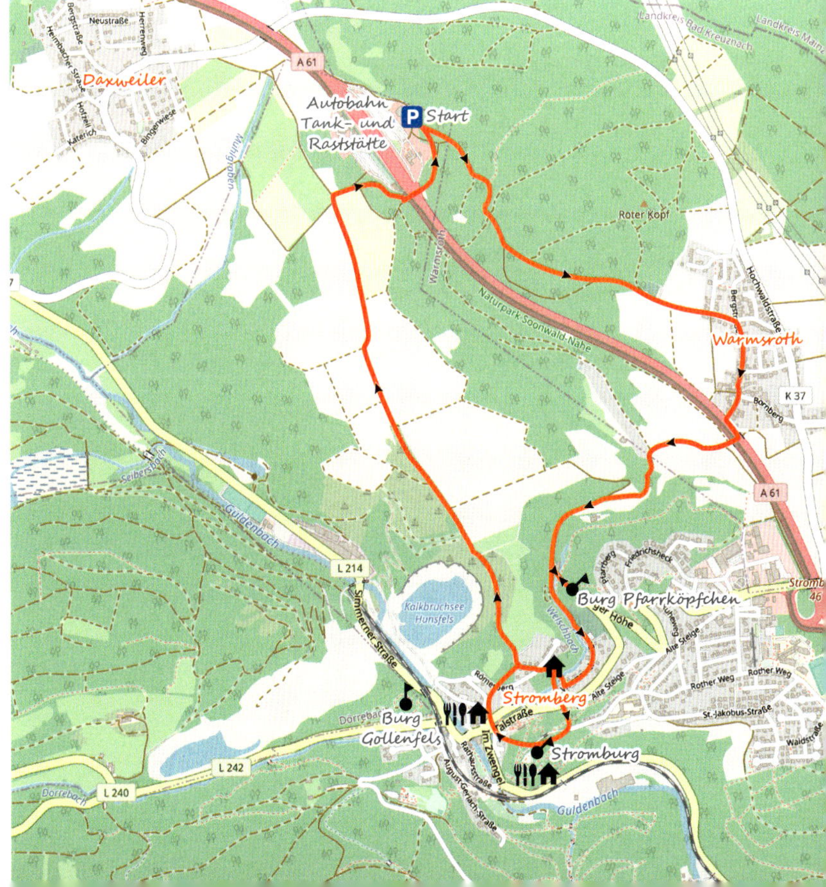

Bänke laden zum Ausruhen ein. Sie haben einen schönen Blick über die Landschaft. Von hier aus sehen Sie auch den Turm der Stromburg. Sie kommen die Daxweiler Straße hinunter und gehen dann die zweite Straße nach rechts in die Bergstraße. Diese laufen Sie immer weiter hinunter, kommen dabei an dem ehemaligen renovierten Kirchturm von 1754 vorbei. Das Kirchenschiff musste abgerissen werden, so steht es auf einer Tafel. Sie gehen weiter die Straße hinunter, hören die Geräusche von der Autobahn und gehen nach links, dann gleich wieder nach rechts unter der Autobahn hindurch. Folgen Sie dem Zeichen des Radweges. Hier haben Sie zusätzlich die Zeichen **N** für den Nahe-Höhenweg, aber auch die **stilisierte Nonne** für den Hildegardis-Weg. Sie gehen neben einer Wiese den Berg hinunter, dann durch den Wald an einem Bach entlang ins Tal. Der Radweg führt über eine Brücke nach links, Sie gehen nun auf Stromberg zu. Nach kurzer Zeit sehen Sie auf der linken Seite ein Schild, das auf den Weg zur Burg auf dem Pfarrköpfchen hinweist. Bäume mussten wegen des Borkenkäfers gefällt werden und liegen so, wie sie gefallen sind, auf dem Pfad. Der schmale Weg ist trotzdem begehbar und mit Treppen, die sich über 150 Meter erstrecken, passierbar. Sie kommen nach oben, auf der rechten Seite führt in einer Haarnadelkurve die Landstraße 214 nach Stromberg, die Ruinen der ehemaligen Burg sind auf der linken Seite.

Die Ruine »Auf dem Pfarrköpfchen« wurde erst 1984 ausgegraben.

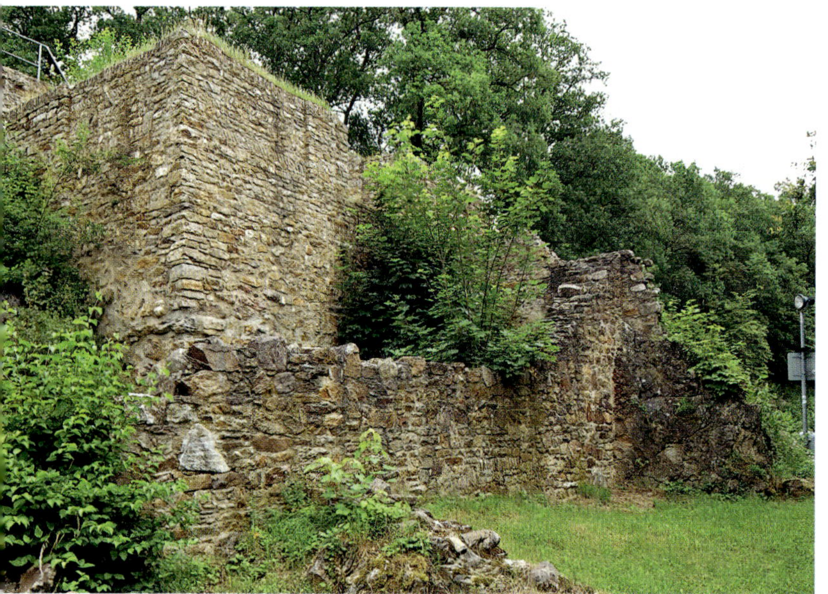

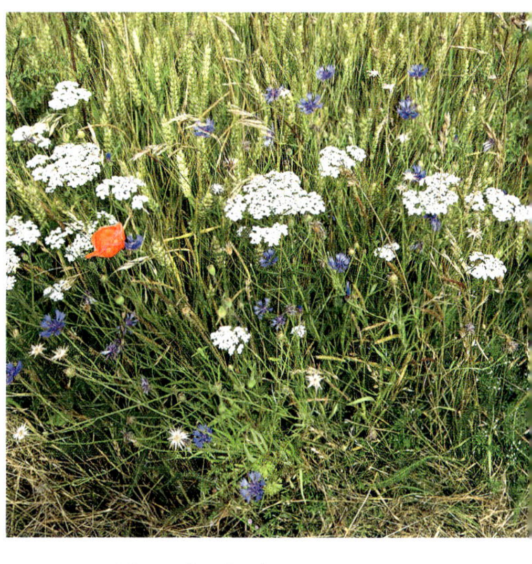

Viele Blumen blühen am Rande der Felder.

Nach Besichtigung der Burg – über einen schmalen Pfad mit Geländer gelangen Sie zu den höher gelegenen Ruinen – geht es über dieselben Treppen, über die Sie aufgestiegen sind, wieder nach unten und dort nach links in den Ort. Sie stoßen auf die Hauptstraße, die L 214, und gehen nach rechts, danach biegt die Straße nach rechts ab, aber Sie gehen gegen eine Einbahnstraße, die Talstraße, geradeaus. Linkerhand sehen Sie nun die oberhalb gelegene Kirche. Gegenüber der Hausnummer 15 gehen Sie über Treppen zur Kirche hinauf. Dann halten Sie sich links, um den Skulpturenweg zu erreichen, der durch den Wald zur Stromburg den Berg hinaufführt. Dabei sehen Sie auf der rechten Seite die alte Befestigungsmauer der Burg. Sie wandern den Weg weiter in Serpentinen hoch, sehen vor sich die Brücke, gehen vor der Brücke nach rechts und kommen auf den Parkplatz vor der Stromburg. Durch ein nachgebautes Tor erreichen Sie das Restaurant und rechts den einladenden Garten.

Sie verlassen die Anlage wieder durch das Tor und gehen dann nach links auf einem schmalen Pfad den Berg hinunter. Bei der Kreuzung halten Sie sich rechts, sodass Sie auf Stromberg zulaufen. Unten angekommen, erreichen Sie die Kreuznacher Straße und gehen dort nach rechts. Sie kommen an einer Tafel vorbei, die an den »Deutschen Michel« erinnert:

An Hans Michael Elias von Obentraut, der 1574 auf der Stromburg geboren wurde. Er war ein deutscher Reitergeneral, der im Dreißigjährigen Krieg auf Seiten der Protestanten kämpfte. Es wird kolportiert, dass der tapfere Kavallerie-Offizier von den spanischen Kriegern fast ehrfurchtsvoll als »der deutsche Michel« bezeichnet wurde. Von Obentraut starb bei dem Kampf 1625 bei Seelze, heute in Niedersachsen.

Wieso von Obentraut zum deutschen Michel gemacht wurde, ist unklar. Denn von Obentraut war doch ein tapferer Soldat, der deutsche Michel ist doch hauptsächlich eine belächelte Karikatur des Deutschen.

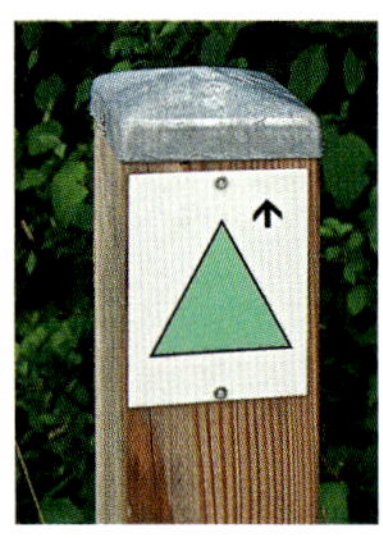

Wegweiser

Sie stoßen auf den Marktplatz mit einem Kastanienbaum in der Mitte. Um ihn herum stehen Bänke, auch ein Eiscafé und ein Bistro laden ein. Von hier aus geht der Weg zurück zur Raststätte. Sie gehen die Marktstraße zum Römerberg hoch, an dem Heimatmuseum vorbei, das 1789 als Forsthaus erbaut wurde, immer die Straße entlang. Nach Daxweiler sind es 4 Kilometer. Ab hier folgen Sie dem **grünen Dreieck**, das wirklich häufig angebracht ist. Sie laufen über eine asphaltierte Straße mit vielen Haarnadelkurven. Danach geht es etwa 20 Minuten den Berg hoch und immer geradeaus. Wanderzeichen: das **grüne Dreieck**. Wenn Sie den Anfahrtspunkt für Rettungsfahrzeuge 6012-499 sehen, geht es nach rechts an Feldern vorbei weiter Richtung Daxweiler. Bald sehen Sie den Ort vor sich. Sie laufen den Weg entlang, einmal führt ein Feldweg nach rechts, dann kommt ein asphaltierter Weg, der auch nach rechts führt. An dieser Stelle steht eine Bank unter einer Eiche. Nach Daxweiler sind es dem Hinweisschild zufolge noch 1,1 Kilometer. Sie verlassen hier den Weg mit dem grünen Dreieck und gehen nach rechts in den Wald hinein. Der Weg führt wieder nach rechts, Sie aber gehen geradeaus weiter durch den Wald. Sie stoßen auf einen weiteren Weg, dort geht es nach links in einen Tunnel hinein, der unter der Autobahn hindurchführt. Achtung, beleuchten Sie den Weg mit Ihrem Handy. Nach dieser schmalen Unterführung laufen Sie weiter durch den Wald, bis Sie wieder auf eine asphaltierte Straße stoßen, auf der Sie zu Beginn der Wanderung den Berg hinuntergelaufen sind. Hier gehen Sie nach links, kommen zu dem Gebäude LP 1 und gehen nach links auf den Parkplatz der Raststätte »Hunsrück«. Von hier aus fahren Sie Richtung Koblenz, die nächste Ausfahrt ist Rheinböllen. Nun können Sie wieder die Autobahn Richtung Bad Kreuznach und Bingen benutzen, je nachdem aus welcher Richtung Sie angefahren sind.

Die Geschichte der Stromburg und der Burg auf dem Pfarrköpfchen

Welches ist nun welche Burg? Die Geschichte der Stromburg und der Burg auf dem Pfarrköpfchen ist nicht einfach auseinander zu halten und wird bisweilen auch verwechselt. Welche Burg ist eigentlich gemeint, von der in einem Brief 1116 geschrieben wurde, dass »unsere Burg Stromberg völlig zerstört« sei? Verfasst hat das Dokument Kaiser Heinrich V. an die Mainzer Bürger und an seinen einst langjährigen Vertrauten und späteren Gegner Erzbischof Adalbert I. von Mainz. Es ging um Besitzstreitigkeiten der Mainzer

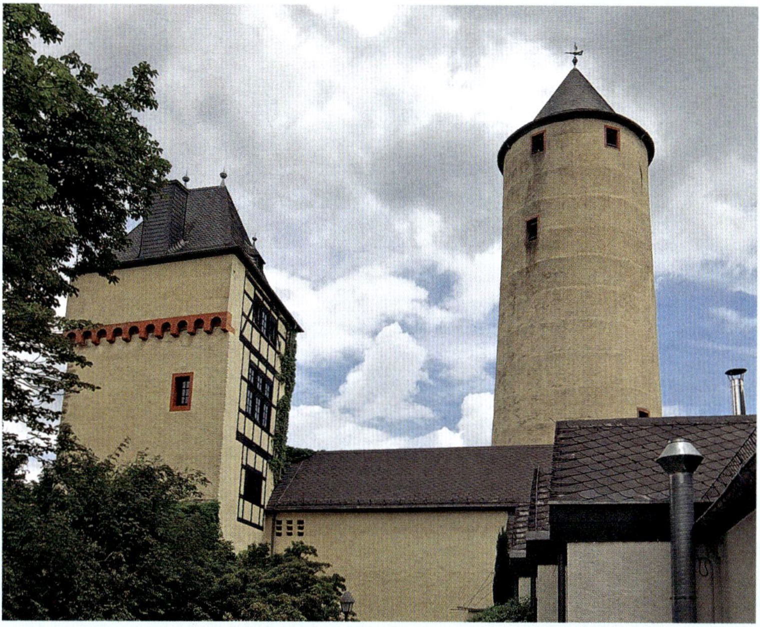

Viele Neubauten gibt es auf der Stromburg.

Kirche und der salischen Herrschaft am Mittelrhein. Der Bischof wurde deshalb gefangenen genommen und auf der Burg Trifels eingekerkert.

Erst im November 1115 gelang es den Mainzer Bürgern und Vasallen mit massiver Gewaltandrohung, die Freilassung des Erzbischofs zu erzwingen. Aber der Streit ging weiter. In dieser Auseinandersetzung wurde auch die Stromburg oder doch die Burg auf dem Pfarrköpfchen zerstört, deren Anfänge – wie bei so vielen Burgen – im Dunkeln liegen.

Eine erste gesicherte Erwähnung der Stromburg auf dem Schlossberg geht auf das Jahr 1242 zurück. Ein Marschall Pfalzgraf Ottos II. stellte auf der Burg Stromberg eine Urkunde aus. Daraus geht hervor, dass die Pfalzgrafen Eigentümer der Burg waren.

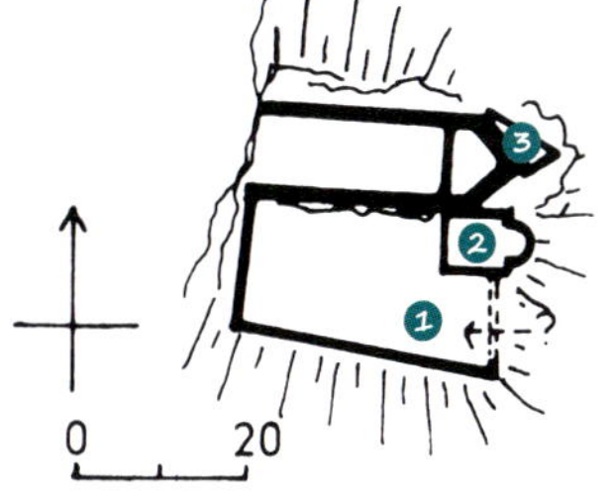

BURG AUF DEM PFARRKÖPFCHEN

1 Vorburg
2 Kapelle
3 Bergfried

Die Besitzstreitigkeiten zwischen dem Mainzer Erzbischof und Kaiser Heinrich V. gehen auf ein wesentlich früheres Datum zurück. So wird angenommen, dass es sich bei der Stromburg wohl nicht um die heutige Stromburg auf dem Schlossberg handelt, sondern um die Burg auf dem Pfarrköpfchen. Das belegen auch archäologische Funde. Die Burg auf dem Pfarrköpfchen wurde erst 1984 ausgegraben. Sie war bereits im 13. Jahrhundert aufgegeben worden, wohl zu einem Zeitpunkt, als die »neue« Stromburg« gebaut wurde.

Bis ins 14. Jahrhundert verwalteten Burgmannen der Pfalzgrafen die Stromburg. Dann schien Pfalzgraf Rudolf I. in Geldnöte geraten zu sein. Er verpfändete 1311 die Burg an Graf Simon II. von Sponheim. Daraus entstand erneut ein Konflikt, verursacht wohl auch durch die umstrittene Königswahl von 1314 . Damals konnten sich die wahlberechtigten Kurfürsten nicht einigen, ob nun der Wittelsbacher Ludwig IV. der Bayer König werden sollte oder der Habsburger Friedrich der Schöne. Beide wurden gewählt, die Krönung von Ludwig fand in Aachen statt, Friedrich wurde in Bonn gekrönt. Da sich durch die Streitigkeiten der Wahl wohl auch der Adel spaltete, wurden viele Fehden ausgetragen. Graf Simon einigte sich 1320 mit König Ludwig IV. und auch mit dem Erzbischof von Trier, dass er der rechtmäßige Besitzer der Stromburg sei. Aber die Ehefrau des Pfalzgrafen Rudolf I., der 1319 verstarb, versuchte, die Burg wieder in ihren Besitz zu bekommen. In dem Königsstreit unterstützte sie und ihr Sohn Adolf Friedrich den Schönen. 1322 erhielt sie die Burg zurück und die Stromburg blieb nun Eigentum der Pfalzgrafen.

Im Dreißigjährigen Krieg wurde die Burg mehrfach besetzt und 1689 von französischen Truppen zerstört. 1816 übernahm die Stadt Stromberg die Burg und 1977 wurde ein Gasthof ins Burggelände gebaut. 1994 ließ Johann Lafer, ein bekannter Koch, das Haus aufwendig zu einem gehobenen Restaurant und Hotel umbauen. Das Restaurant »Val d'Or« gab Lafer auf, um im Februar 2019 mit geändertem Konzept unter dem Namen »Johann's Küche« neu zu beginnen. Mittlerweile ist dort ein anderes Restaurant ansässig.

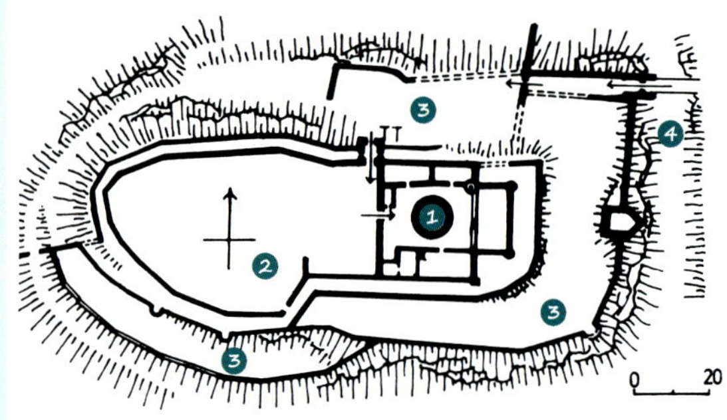

STROMBURG
1 Turm Bergfried
2 Vorburg
3 Zwinger
4 Graben

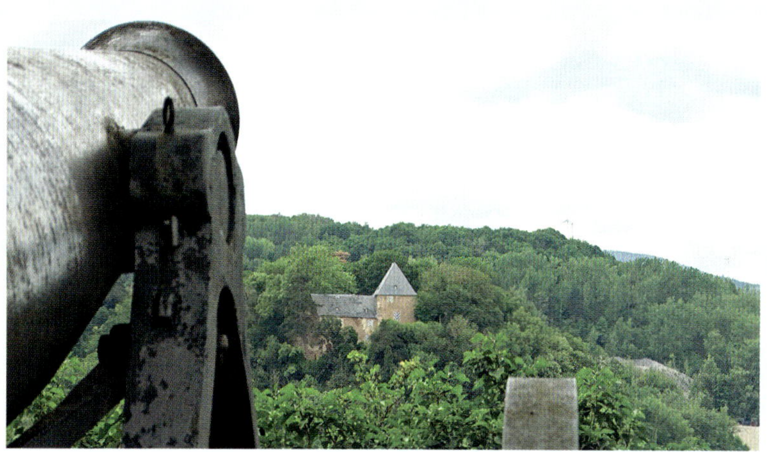

Blick von der Stromburg auf die Burg Gollenfels

Eine Anmerkung zur Geschichte der Burg Gollenfels

Die Burg Gollenfels – sie ist von der Stromburg aus gut zu sehen – kann nicht besucht werden, da sie sich in Privatbesitz befindet. Hier folgen ein paar Anmerkungen:

Die Burg auf dem Gollenfels soll im 10. oder 11. Jahrhundert auf einem Römerkastell erbaut worden sein. Zum ersten Mal wurde sie 1156 in einer Urkunde erwähnt. Über ihre weitere Geschichte ist wenig bekannt. Es wird angenommen, dass sie Eigentum der Pfalzgrafen bei Rhein war, ebenso wie die Stromburg.

Aus dem Jahr 1450 gibt es einen weiteren Eintrag, der besagt, dass sie zu dieser Zeit von einem Johann von Stein bewohnt wurde. Danach ist wieder eine große zeitliche Lücke. 1614 wurde die Burg Gollenfels im Zusammenhang mit dem Erbfolgekrieg unter den Habsburgern auf Befehl von Kaiser Matthias von spanischen Truppen zerstört.

Wie kommen die spanischen Truppen an die Nahe und den Hunsrück? Durch Erbteilung regierten die Habsburger nicht nur über die sogenannten Erblande. Neben den deutschsprachigen Gebieten wie Österreich, Deutschland und Teilen der Schweiz gehörten auch Ungarn, Italien, Slowenien und Kroatien dazu. Ein weiterer Zweig der Habsburger regierte über Spanien und die Niederlande. Die Familienzwistigkeiten führten zum Krieg zwischen den Brüdern Matthias und Rudolf II. von Habsburg, der auch im Hunsrück ausgetragen wurde. So kamen die Spanier in diese Gegend und zerstörten 1614 die Burg. Fünf Jahre später wurde dann eine neue Burg erbaut und 1793, also über ein Jahrhundert später, durch französische Revolutionstruppen schwer beschädigt. Dann kauften die Grafen von Ingelheim die Burg und 1804 übernahm ein Friedrich Winkler die Burg Gollenfels. Sie ist bis heute in Privatbesitz, war wohl noch bis zum Zweiten Weltkrieg bewohnt und verfällt nun zunehmend.

Dalburg

7

Es ist eine lange Wanderung, die Sie durch Wald und Feld zur Burg bei Dalberg führt. In Karten ist der Panoramaweg verzeichnet, vor Ort fehlen häufig die Markierungen. Halten Sie sich an diese Wegbeschreibung, so werden Sie das Ziel nicht verfehlen. Der Hinweg zur Burg ist recht lang, eine Einkehrmöglichkeit besteht in Dalberg und Spabrücken. Die Burg wird renoviert. Die Arbeiten waren zur Zeit des Buchdrucks noch nicht abgeschlossen, aber die wirklich beeindruckende Ruine kann besucht werden. Eine Einkehrmöglichkeit besteht in Dalberg nach etwa 3 Stunden.

Wanderdauer	Knapp 4 Stunden für etwa 15 km
Höchster Punkt	340 m ü. N. N. (Höhen auf dem Weg)
Etappen	Vom Parkplatz bis Oberhub: etwa 1 Stunde Von dort bis zur Burg: 2 Stunden Zurück nach Spabrücken: knapp 1 Stunde
Einkehren	**Zum St. Hubertus**, Gräfenbachstraße 50, 55595 Dalberg, Tel.: (0 67 06) 2 61, Öffnungszeiten: Di, Do, Fr und am Wochenende ab 17 Uhr. Öffnungszeiten können abweichen
Wanderkarte	Wandergebiet Naturpark Soonwald-Nahe, Blatt 4, 1:25 000 des Landesamtes für Vermessung Rheinland-Pfalz
Anfahrt	Spabrücken liegt südwestlich von Stromberg. Sie erreichen den Ort von Schöneberg aus über die Kreisstraße 29 und von Argenschwang über die Kreisstraße 30. Das Sportzentrum, an dem Sie parken wollen, ist ausgeschildert. Parken Sie dort.

Wegbeschreibung

Vom Sportzentrum aus gehen Sie nach rechts den **Panoramaweg** entlang gen Norden und nicht Richtung Spabrücken. Der Name ist auf einem Holzbrett zu lesen. Auch der **gelbe Punkt** und das **Zeichen für den Mosel-Nahe-Weg** sind angebracht. Sie kommen an einer Bank auf der linken Seite vorbei – schauen Sie dort in die schöne Landschaft – dann geht es noch wenige Meter geradeaus und in einer Rechtskurve nach rechts. Sie folgen dem Hinweisschild **Panoramaweg**. Sie laufen durch einen offenen Wald, kommen an einem Feld an der rechten Seite vorbei, gehen weiter im Wald an dessen Rand entlang und stoßen auf eine Straße. Dort stehen Bänke und ein Tisch neben einem Kreuz. Sie gehen nicht die dortige Straße entlang, sondern geradeaus zu dem Feldweg. Sie wandern durch den Wald, und wenn sich der Weg gabelt, gehen Sie nach rechts den Berg hinunter – ohne Markierung. Sie wandern bergab, bis

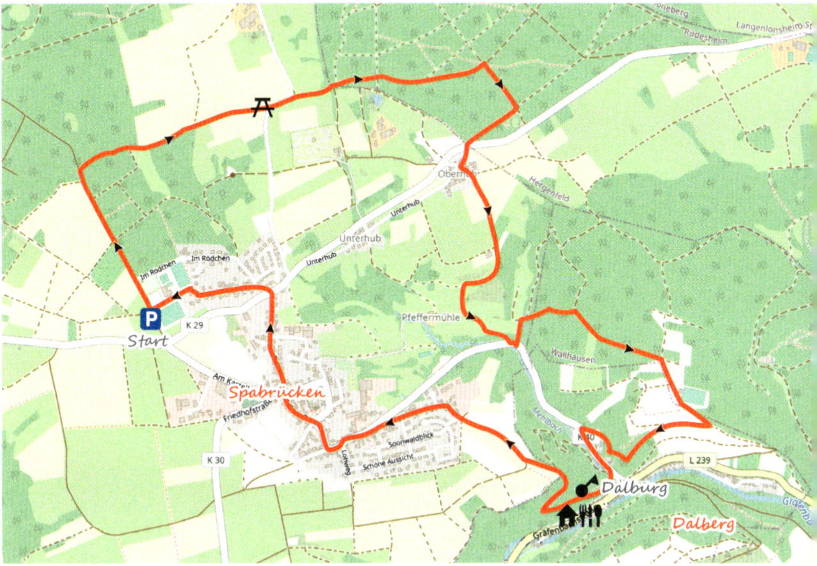

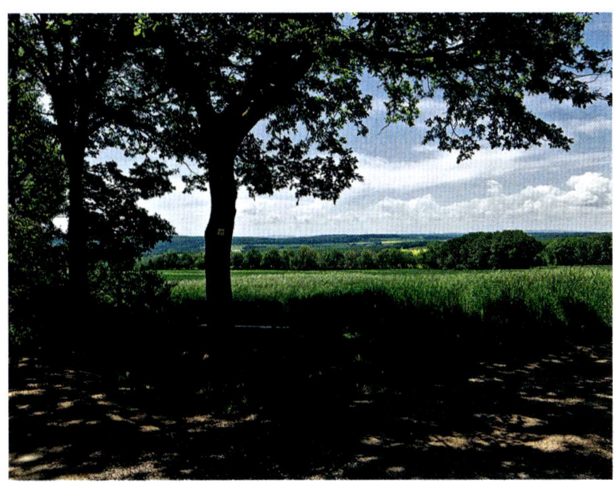

Schöne Ausblicke auf dem Weg zur Dalburg

Sie ziemlich weit unten ankommen. Zur Orientierung: Wenn Sie die paar Schritte weiter gehen, sehen Sie auf der rechten Seite das Schild für den Anfahrtspunkt für Rettungsfahrzeuge 6012-518. Aber kurz bevor Sie zu diesem Anfahrtspunkt kommen und die Straße erreichen, die von Spabrücken nach Schönefeld führt, sehen Sie auf der rechten Seite das Zeichen für den **Hildegard von Bingen Pilgerweg**. Diesen Weg schlagen Sie ein und gehen nach rechts durch den Wald. Sie kommen nun an die Landstraße, überqueren diese und erreichen Oberhub, ein Gehöft mit mehreren Häusern. Hier ist auch wieder das Zeichen des **Panoramawegs** angebracht. Sie gehen nach links auf die Straße, die durch Oberhub führt, dann geradeaus einen Feldweg entlang. Dann sehen Sie auf der rechten Seite eine große Scheune, an der gehen Sie links vorbei, nun einen schlechteren Weg entlang, der bald auch durch – entsprechend der Jahreszeit – hohes Gras führt. Sie erreichen wieder einen kleinen Wald, in dem rechts ein kleines Haus steht, dort gehen Sie zunächst nach links und gleich wieder nach links auf schmalerem Pfad. Hier ist ein Schild für den **Pilgerwanderweg** angebracht. Sie gehen immer weiter den Berg hinunter. Sie stoßen auf eine Zufahrtsstraße zu dem Bauernhof Pfeffermühle und gehen dort nach links wieder über einen asphaltierten Weg. Dann erreichen Sie die Kreisstraße 40. Sie sehen auf der linken Seite das Schild für den Anfahrtspunkt für Rettungsfahrzeuge 6012-519 und laufen dort nach links durch den Wald den Berg hoch. Wenn sich der Weg gabelt, gehen Sie nach rechts, Versteckt im Wald können Sie auch das Wanderzeichen des **Panoramawegs** entdecken. Sie kommen an eine Kreuzung, ein Schild des Panoramawegs zeigt nach links, Sie aber gehen nach rechts den Weg weiter. Sie kommen an einem Sportplatz vorbei und erreichen wieder eine asphaltierte Straße. In einer Haarnadelkurve ist auch mal wieder ein Schild: **Panoramaweg** angebracht. Sie gehen nach links den Berg hinunter, bis Sie, unten in Dalberg angekommen, die Straße erreichen, die nach Spabrücken führt. Sie gehen auf dieser Straße nach links. Achten Sie auf die Mariensäule auf der rechten Seite, dort ist auch ein Schild angebracht, das Ihnen den Weg zur Burg weist. Jetzt folgen Sie dem **gelben Punkt**. Die Burg ist nicht mehr weit und es lohnt sich, sie anzuschauen, auch wenn möglicherweise nicht alle Wege innerhalb der Burg wegen Steinschlags geöffnet sind. Nach dem Besuch der Burg kehren Sie zu der dortigen Hütte zurück und gehen nach rechts weiter den Berg hoch. Oben angekommen, stoßen Sie wieder auf einen asphaltierten Weg und gehen nach rechts Richtung Spabrücken. Sie erreichen das Dorf und orientieren sich an dem **gelben Punkt**, der jetzt häufig angebracht ist. Sie erreichen die Wallfahrtskirche Mariä Himmelfahrt, die Kirche eines ehemaligen Klosters, und gehen vor der Kirche nach links wieder den Berg hoch. Dann erreichen Sie die Hauptstraße, überqueren diese und gehen auf der anderen Seite die Huberstraße entlang, der **gelbe Punkt** ist angebracht. Sie kommen an einer Tankstelle vorbei und erreichen eine Kreuzung, dort gehen Sie nach links durch ein Neubaugebiet. Sie folgen weiter dem **gelben Punkt** und erreichen so den Parkplatz oberhalb der großen Halle im Sportzentrum.

Die Geschichte der Dalburg

Diese wunderschöne Burgruine über dem Gräfenbachtal ist heute noch in Privatbesitz des bekannten Adelsgeschlechtes zu Salm-Salm, das in seinem Schloss in Wallhausen das älteste Weingut Deutschlands in Familienbesitz betreibt. Es ist nicht so einfach, die Genealogie der Adelsfamilie zu entziffern. Die zu Salm-Salm sind durch Heirat mit dem Adelsgeschlecht der Kämmerer von Worms und der Freiherrn von und zu Dalberg verbunden.

Maria Anna von und zu Dalberg (1891–1979) war das letzte Familienmitglied der Adelsfamilie von Dalberg. 1912 heiratete sie Prinz Franz Emanuel Konstantin zu Salm-Salm, was zu einer Verbindung der beiden Adelsgeschlechter führte. Ihre Nachfahren leben auf dem Schloss in Wallhausen, das eben die Vorfahren von Maria Anna von und zu Dalberg in der Mitte des 16. Jahrhunderts erbauten.

Nun zur Geschichte der Burg mit allen Unklarheiten, die sich eben gerne ergeben. So ist in einem Güterverzeichnis des Klosters Eberbach bereits 1211 ein Eintrag, dass die Burg Dalberg von Godebold von Weierbach errichtet wurde. Also müsste die Burg vor 1211 erbaut worden sein, manche Historiker meinen, das wäre noch zur Zeit der Salier (1081–1125) gewesen, was nicht nachzuweisen ist. Nachgewiesen werden kann, dass sich seit 1239 Bewohner der Dalburg »von Dalberg« nannten. Ob es sich dabei um die Familie von Godebold von Weierbach (das ist ein Ortsteil von Idar-Oberstein) handelt, ist unklar. Bewiesen ist allerdings, dass die Dalburg 1292 in Besitz von Otto oder Udos von Dalberg war, beide Lehensnehmer des Bischofs von Speyer.

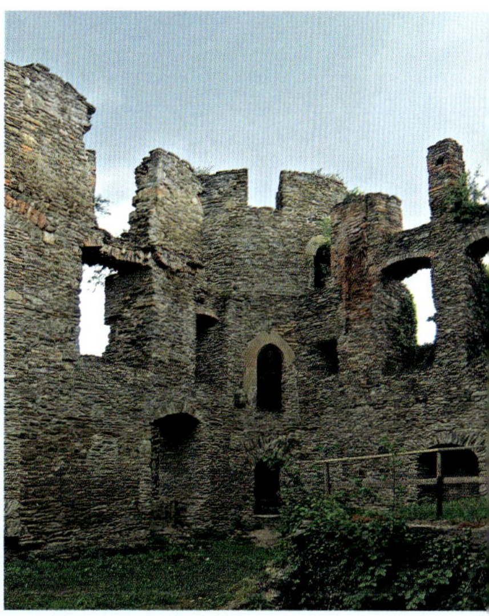

Die Dalburg wird restauriert.

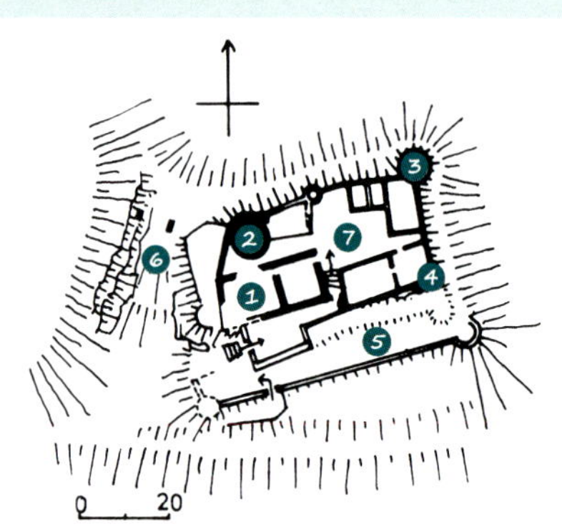

DALBURG
1 Wohnturm
2 Bergfried
3 Turm
4 Turm
5 Zwinger
6 Graben und Wasserleitung
7 Hof

Andererseits wird auch gesagt, dass Godebold von Weiersbach die Burg in der Zeit von 1150 bis 1170 erbauen ließ. Nach dem Aussterben derer von Dalberg etwa Anfang des 14. Jahrhunderts, kam die Burg – wohl durch Heirat – an das Geschlecht der Kämmerer von Worms. Im Mittelalter wurde damit ein Bediensteter fürstlicher Höfe oder der Inhaber eines Klosteramts bezeichnet, quasi im Sinne eines Finanzbeamten. Sie erlangten nach und nach immer größere Anteile der Burg als Lehen der Speyerer Bischöfe. Sie nannten sich nun Kämmerer von Dalberg, später wurden sie zu Reichsfreiherren erhoben. Jahrhunderte blieb die Dalburg in den Händen der Reichsfreiherren von Dalberg. Einige Mitglieder der Familie hatten hohe Ämter inne: Johann war Kanzler der Universität Heidelberg und Bischof von Worms, Wolfgang und Karl Theodor waren Erzbischöfe von Mainz. Die Dalburg wurde seit Beginn des 14. Jahrhunderts eine Ganerbenburg. »Gan« bedeutete im Mittelalter »gemeinsam«. Auf einer Ganerbenburg lebten demnach verschiedene Geschlechter. Die Burg wurde mehrmals erweitert und umgebaut. Nach neueren Erkenntnissen scheint sie auch beschädigt worden zu sein, zerstört wie andere Burgen wurde sie aber nie. Der Herrschaftssitz derer von Dalberg wurde im 18. Jahrhundert nach Wallhausen verlegt, die Burg damit aufgegeben und letztlich als Steinbruch genutzt.

Nicht alle Teile der Burg können besucht werden. Seit 2019 wurde die Burg im ersten Abschnitt saniert, ab 2022 wird weiter renoviert. Wann die Arbeiten abgeschlossen sind, war zum Zeitpunkt der Buchherstellung nicht bekannt. Insgesamt 480 000 Euro soll die Renovierung kosten.

2017 ließ der Besitzer der Burg, Nachfahre der Kämmerer von Worms und Dalberg, Prinz Michael zu Salm-Salm die Ruine wegen Einsturzgefahr sperren. Das Haus Salm-Salm war mit den Kosten der Sanierung überfordert. Es fanden sich dann viele Geldgeber, die mit ihren Spenden die Renovierung unterstützten.

Beeindruckend ist das gesamte Ensemble, die Burg mit dem hohen, runden Bergfried, seinem Torbau und Wohnturm, dem Kapellenraum und den markanten Pfeilern, die keine Brücke, sondern die Wasserleitung trugen. Die Zisterne innerhalb der Burg war wohl zu klein geworden.

Burg Montfort 8

Hierbei handelt es sich um eine wirklich interessante Burg: Sie ist sehr schön restauriert und idyllisch gelegen. Die Wanderung führt über die Höhe und dabei weitgehend am Waldrand entlang zu der tiefergelegenen Burg. Zurück geht es den Berg hinunter, dann – leider – über eine sehr wenig befahrene Autostraße durch das Tal zurück nach Hallgarten. Folgen Sie der Wegbeschreibung, die Karte ist etwas ungenau. Es gibt keine Möglichkeit zur Einkehr.

Wanderdauer	2 Stunden 30 Minuten bis 3 Stunden für 8 km
Höchster Punkt	285 m ü. N. N. (Burg)
Etappen	Vom Parkplatz in Hallgarten bis zur Burg: etwa 1 Stunde Von der Burg zurück nach Hallgarten: etwa 1 Stunde 30 Minuten
Einkehren	Keine Möglichkeit
Wanderkarte	Wandergebiet Naturpark Soonwald-Nahe, Blatt 4, 1:25 000 des Landesamtes für Vermessung Rheinland-Pfalz
Anfahrt	Hallgarten liegt nördlich von Obermoschel in der Mitte von Meisenheim, Bad Sobernheim und Bad Münster am Stein und nicht weit von der Bundesstraße 470 entfernt. Sie parken in Hallgarten, der Parkplatz ist ausgeschildert und liegt gegenüber des Friedhofs.

Wegbeschreibung

Vom Parkplatz aus laufen Sie in Richtung Hallgarten bis zum Marktplatz, dort dann nach rechts die Triftstraße hoch, biegen in die Waldstraße ein, und gehen den Berg über eine asphaltierte Straße bis zum Waldrand hoch. Dort wandern Sie nach rechts, folgen den Wegzeichen **49** und **50**. Nun geht es recht lange am Waldrand entlang bis Sie letztendlich von oben die Burg sehen. Dort geht es nach rechts über eine Wiese wieder auf einen Wald zu, den Berg hinunter. Zunächst laufen Sie auch am Waldrand entlang, dann geht es durch den Wald weiter ins Tal hinunter. Sie sehen auf der rechten Seite den Weg, der zur Burg führt. Diesem folgen Sie, bis Sie auf eine Schranke stoßen, an der Sie zur Burg wandern.

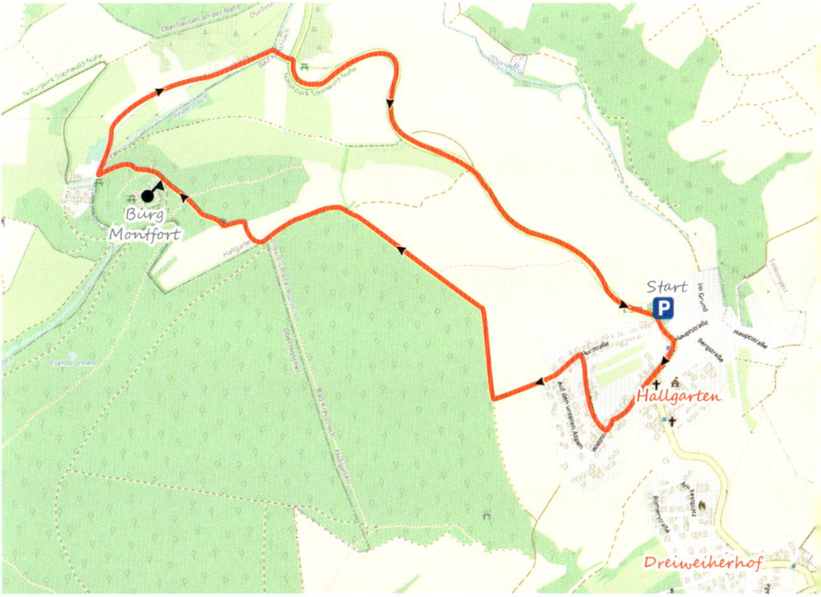

Sie laufen an der Burgmauer entlang nach links zum Haupteingang. Genießen Sie die weitläufige Burg. Überall sind Bänke aufgestellt, auf denen Sie sich erholen können.

Zurück nehmen Sie den Weg, der recht steil nach unten führt, ein Geländer ist angebracht. Diesen Weg finden Sie unterhalb des Burgeingangs auf der rechten Seite. Wenn Sie es nicht so steil mögen, können Sie bis zu dem Punkt zurückgehen, von dem Sie aus zur Burg abgebogen sind. Dort gehen Sie nach rechts und kommen wie bei dem steileren Abstieg zum Montforter Hof. Von dort geht es nach rechts auf der Anfahrtsstraße

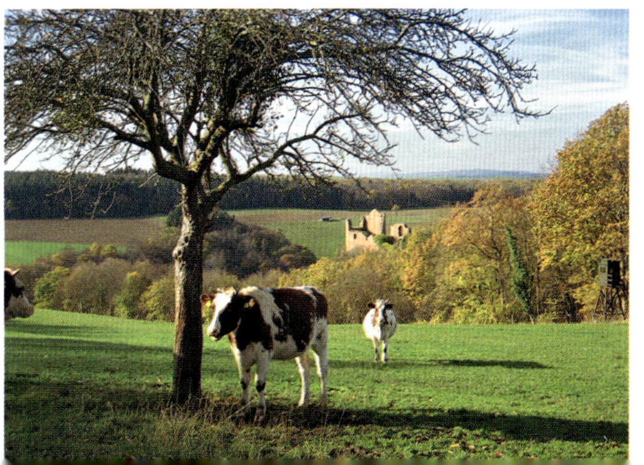

Schon von weitem aus zu sehen: Burg Montfort

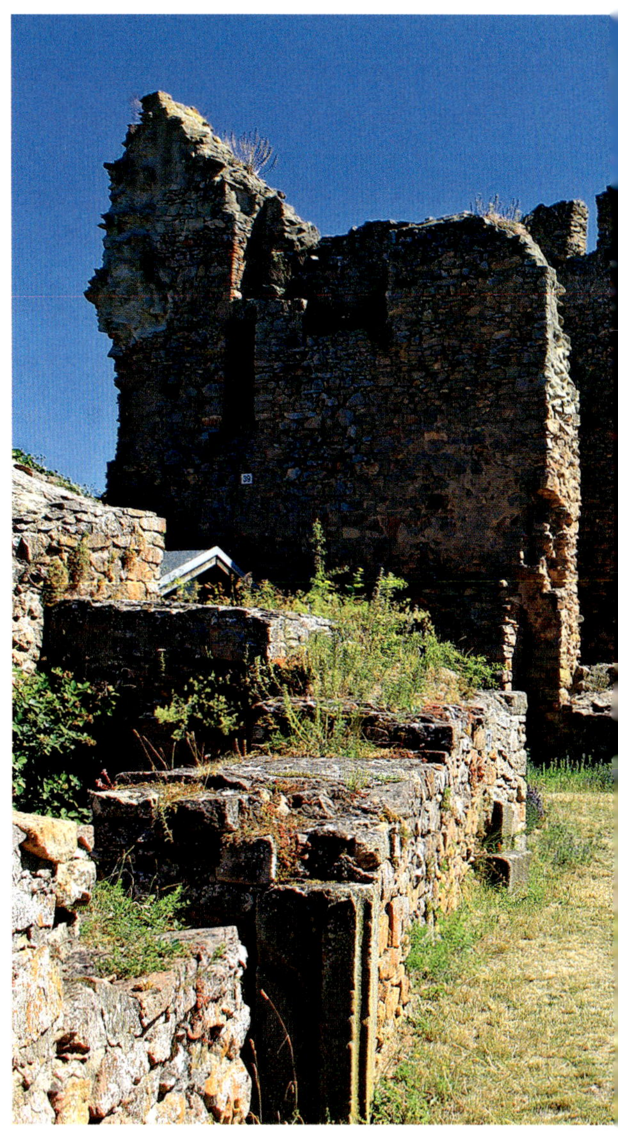

Aufwendig restauriert wurde die Burg Montfort.

zum Hof entlang. Etwa 20 Minuten gehen Sie auf dieser Straße. Dann stoßen Sie auf die Straße, die von Hallgarten nach Oberhausen führt und gehen dort ein kurzes Stück diese Straße nach links. Ein Schild weist auf den Schmittenstollen hin, die Straße führt nun weg von der Autostraße nach rechts durch das Tal. Sie gehen eine ganze Weile diese asphaltierte Straße entlang,

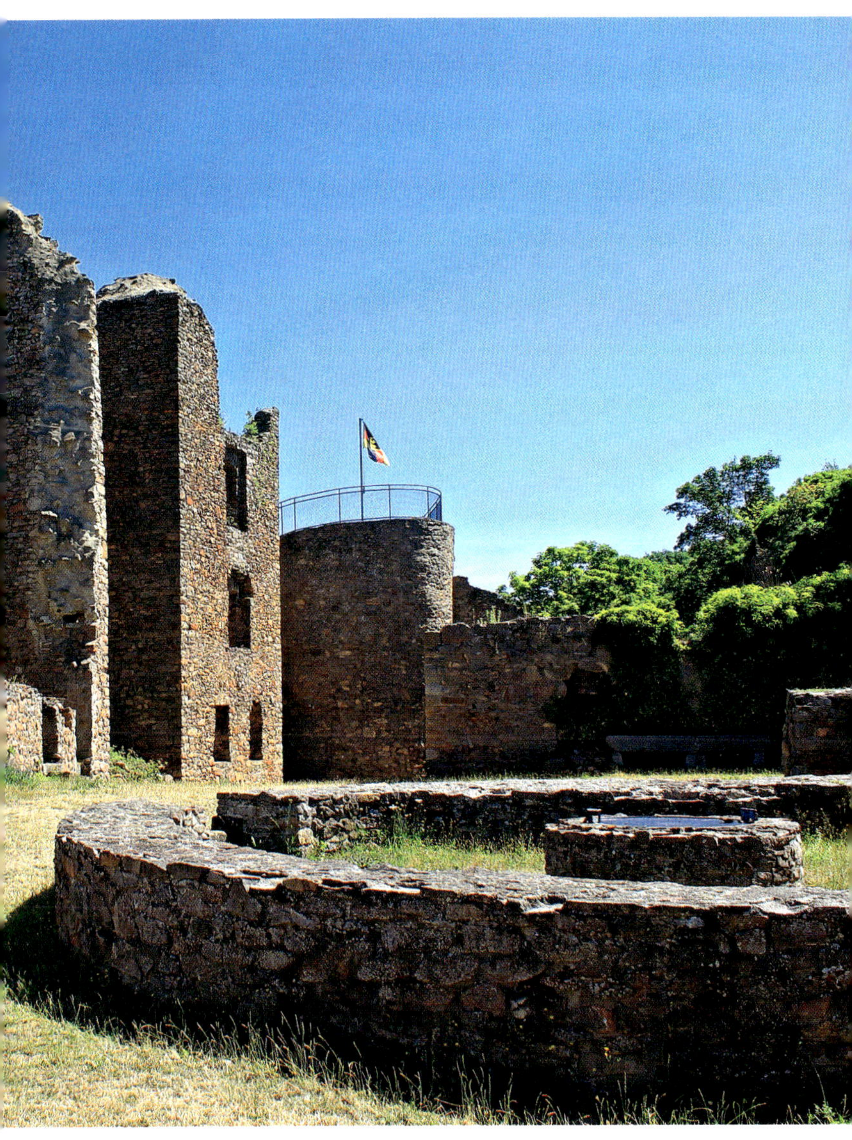

dann sehen Sie auf der rechten Seite das Hinweisschild nach Hallgarten: 1,6 km. Nun wird der Weg angenehmer. Es geht über Wiesen und kurze Waldstücke. Sie erreichen die Straße »Im Grund«, kommen zur Hauptstraße, biegen nach rechts ab und sehen vor sich den Marktplatz. Dort gehen Sie wieder nach rechts und sehen bald auf der linken Seite den Parkplatz.

Die Geschichte der Burg Montfort

Schon die Größe und die vielen verschiedenen Wohntürme zeigen: hier haben einst viele Menschen gelebt. Das bedeutet, dass Montfort schon sehr bald nach ihrer Erbauung, seit 1257, eine Ganerbenburg war, also mehrere Bewohner bzw. Besitzer hatte. Viele Anteileigner, viele Gemeine auf einer Burg, das bedeutet auch immer mal wieder Streit innerhalb der Gemeinschaft, aber vor allem auch mit anderen Rittern und Territorialherren. Die Montforter galten als sehr streitwütig und waren keine edlen Herren und Ritter.

Der erste sichere Hinweis auf die Burg Montfort stammt aus dem Jahr 1226. Eine Urkunde wurde auf der Burg unterzeichnet. Sie war wohl von den Grafen Veldenz errichtet worden, denn Graf Gerlach IV. war einer der Unterzeichner der Urkunde und übertrug das Lehen 1238 an Ritter Bertolt, genannt Muckelin, und dessen Sohn Hermann.

Arnold von Montfort, wohl der erste Ritter, der sich nach der Burg nannte, stiftete zur Vergebung der Sünden seiner Familie 1247 neun Messen und Weinbaugebiete an der Haardt an den Orden der Prämonstratenser in Kaiserslautern. Für eine solche Buße muss schon viel vorgefallen sein. Worum es damals ging, ist unbekannt. Solche Vorfälle wurden in Urkunden nicht festgehalten.

Knapp zehn Jahre später versprachen die von Montfort wiederum den Grafen von Sponheim, ihnen »keinen Schaden mehr zuzufügen«. Das beinhaltet, dass auch hier zuvor einiges vorgefallen sein musste. 1333 verpflichteten sich die Ritter von Burg Montfort, dem Erzbischof und dem Stift von Trier keinen Schaden mehr zuzufügen. Schon wieder. Recht blutig waren die Auseinandersetzungen mit dem Kollegiatsstift St. Stephan in Mainz. Dort lebten in den kirchlichen Gemeinschaften Männer, die kein Ordensgelübde abgelegt hatten. Sie behielten im Unterschied zu Ordensgeistlichen ihr Privatvermögen und konnten das Stift jederzeit verlassen. Die katholische Pfarrkirche Sankt Stephan in Mainz wurde 990 von Erzbischof Willigis auf der höchsten Erhebung der Stadt gegründet. Auftraggeberin war höchstwahrscheinlich die Kaiserwitwe Theophanu (etwa 960–991). Sie war die Ehefrau von Kaiser Otto II. und eine der einflussreichsten Herrscherinnen des Mittelalters.

Wieder zurück zu den Auseinandersetzungen im 14. Jahrhundert: Die

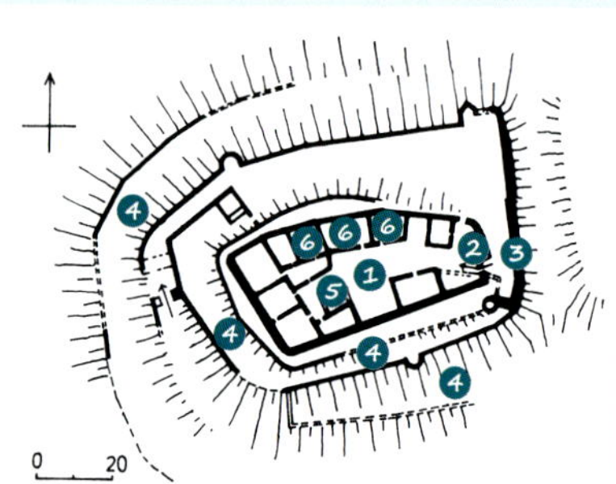

BURG MONTFORT

1 Hof
2 Bergfried
3 Schildmauer
4 Zwinger
5 Brunnen
6 Wohngebäude

Montforter nahmen den Stiftvikar von St. Stefan, einen hohen kirchlichen Würdenträger, gefangen und verschleppten ihn auf die Burg. Wahrscheinlich ging es bei dieser Entführung um eine Lösegeldforderung. Gewalttätig waren auch die Überfälle der Ritter von Montfort auf die Städte Oppenheim, Gau-Odernheim, Ingelheim und Kaiserslautern. Es waren wirklich keine edlen Ritter, die sich da auf der Burg zusammengeschlossen hatten.

Aber, wie zuvor geschrieben, war Montfort bereits 1257 eine Ganerbenburg. Die Anzahl der Besitzer vergrößerte sich von Jahr zu Jahr durch Erbteilung, Heirat und durch den Verkauf von Anteilen der Burg und das Rauben und Plündern ging weiter.

Schließlich schaltete sich 1378 Kaiser Karl IV. ein. Er forderte sowohl die Ritter von Montfort als auch die von Wartenberg und Randeck, die zusammen mit den Montfortern agierten, dazu auf, sofort die Übergriffe auf die Städte zu beenden und eine Wiedergutmachung der Schäden zu leisten. Ohne Erfolg. Durch Heirat verbündeten sich die Ritter von Montfort mit den Bewohnern von Steinkallenfels und Alt-Wolfstein. Ihre gemeinsamen Gegner waren nun die Pfalzgrafen bei Rhein, Ruprecht II. und sein Sohn Ruprecht III., sowie der Erzbischof von Mainz. Diese Gegner der Ritter wiederum schlossen ein militärisches Bündnis, was aber auch nichts – soweit bekannt ist – brachte. Wieder kamen neue Miteigner, also Gemeine, auf die Burg, es bleib alles beim Alten. Fehden wurden ausgetragen, Streitigkeiten ausgefochten, Beschlüsse nicht eingehalten. Ein neuer Versuch, den Räubereien ein Ende zu setzen, folgte: 1456 schloss Pfalzgraf Friedrich I. mit dem Erzbischof Dietrich Schenk von Erbach zu Dieburg einen Vertrag zur gegenseitigen Hilfeleistung bei Auseinandersetzungen mit den Montfortern und insbesondere eine »Säuberung« ihrer Länder von Räubern. Zuvor war der kurpfälzische Kanzler, ein hoher Beamter, von den Montfortern angegriffen und auf die Burg verschleppt worden. 1456 zogen deshalb die Mainzer und Kurpfälzer vor die Burg und belagerten sie fünf Tage. Dann wurde sie eingenommen. Den Gemeinern sollte die Burg erst dann wieder zurückgegeben werden, wenn diese die Kosten für den Feldzug erstattet hätten. Die Kriegsschuld wurde nicht bezahlt. Pfalzgraf Friedrich I. ließ die Burg 1457 niederbrennen und schleifen. Anderen Quellen zufolge sollen sich die bekämpfenden Parteien doch geeinigt haben. 1480 übertrug Ludwig der Schwarze von Zweibrücken-Veldenz die Burg Montfort zum Erblehen an Simon Boos von Waldeck, einem der Eigner. Er durfte die Anlage wieder aufbauen. Zum Lehen gehörte auch der unterhalb der Burg gelegene Montforter Hof. Es wurde ruhiger um die Burg. Die Familie Boos von Waldeck blieb wohl bis ins 19. Jahrhundert auf dem unterhalb der Burg gelegenen Hof.

In der Zeit von 1937 bis 1939 und 1975 bis 1987 wurde Montfort restauriert und im Zuge dessen ein kleines Museum eingerichtet. Heute kümmert sich ein Verein um die Ruine.

Die große Burganlage geht auf den Zustand vor ihrer Zerstörung im 15. Jahrhundert zurück. Mauerreste der Vorburg, des Zwingers, der Rumpf des Bergfrieds und die Wohntürme sind noch zu sehen. Der noch neun Meter hohe Bergfried kann über eine Wendeltreppe bestiegen werden. Der Ausblick von dort oben lohnt sich.

Moschellandsburg (auch Landsburg) und Burg Lewenstein 9

Das ist eine wunderschöne Wanderung, selbst wenn es bisweilen über asphaltierte Wege geht. Die Landschaft ist einfach berauschend, der Blick schweift weit in die Ferne über eine offene Berg- und Talwelt bis hin zum Donnersberg. Zudem besuchen Sie zwei sehr unterschiedliche Burgen. Die Moschellandsburg, auch Landsburg genannt, wurde renoviert, von der Burg Lewenstein oder Löwenstein steht nur noch ein beeindruckender Mauerrest. Weitere Ruinen könnten wohl ausgegraben werden. Es lohnt sich auch, durch die beiden Orte Ober- und Niedermoschel zu laufen. Also – machen Sie sich auf den Weg! Eine Einkehrmöglichkeit gibt es nicht

.

Wanderdauer	3 Stunden 15 Minuten für knapp 13 km
Höchster Punkt	302 m ü. N. N. (Burg)
Etappen	Bis zur Moschellandsburg: knapp 1 Stunde Von der Burg nach Niedermoschel: etwa 1 Stunde 30 Minuten Von der Lewenstein nach Obermoschel: 45 Minuten
Einkehren	Keine Möglichkeit
Wanderkarte	Naturpark Pfälzerwald, Blatt 1, »Der Donnersberg«, 1:25 000 des Landesamtes für Vermessung Rheinland-Pfalz
Anfahrt	Obermoschel liegt zwischen Alsenz und Meisenheim an der B 420. An der Abzweigung von der B 420 Richtung Waldgrehweiler, Schiersfeld, Finkenbach-Gersweiler biegen Sie in die Landsbergstraße ein, und von dort dann in die Altstadt. Sie überqueren dabei das kleine Flüsschen und suchen sich einen Parkplatz vor dem ehemaligen Rathaus an dem Marktplatz mit Brunnen, oder gleich links – dort ist ein Parkplatz am Keplerplatz mit wenigen Plätzen ausgewiesen.

Wegbeschreibung

Von der Altstadt gehen Sie zur Landsbergstraße zurück, überqueren diese und gehen gegenüber über die Spitalstraße den Berg hoch. Sie folgen zunächst den Zeichen für den **Pfälzer Höhenweg**, das ist eine **geschwungene Wolke**, zur

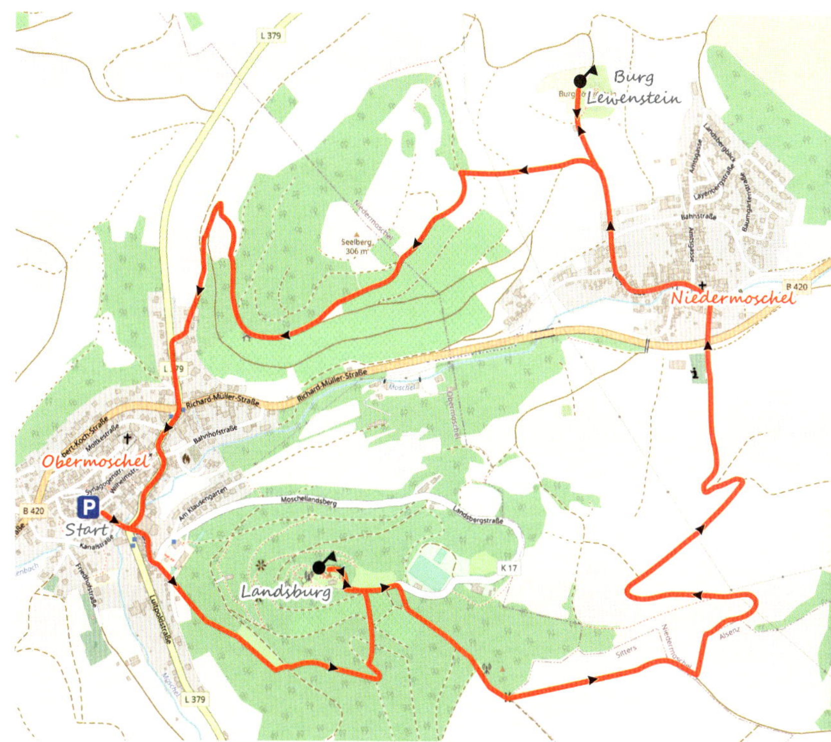

Moschellandsburg: 1,6 km, dem **weißen Kreuz auf dunkler Fläche** und dem **blauen Punkt**. Der **blaue Punkt** begleitet Sie als Zeichen bis zur Burg.

Zunächst führt die Straße innerhalb von Obermoschel im Neubaugebiet nach rechts, Sie aber gehen geradeaus auf einem Wiesenweg weiter den Berg hoch. Hier fehlt zunächst die Markierung, Sie finden sie aber im Laufe des Berganstiegs. Sie stoßen auf einen breiteren Wirtschaftsweg, dort gehen Sie nach links. Jetzt wandern Sie erst einmal wieder den Berg hinunter. Sie kommen an eine Bank, dort deuten die Wanderzeichen nach rechts auf einen schmalen Pfad, Sie folgen den Markierungen wieder den Berg hinauf. Es sind noch 800 Meter bis zur Burg. Die weiteren Markierungen sind auf einem Holzpflock angebracht, dort geht es nach links über drei Stufen auf schmalem Pfad tiefer in den Wald hinein. Das ist der Geokultur-Pfad. Sie stoßen auf einen weiteren Pfad, nun gehen Sie über seine Serpentine weiter auf schmalem Pfad den Berg hoch. Wenn Sie von der Serpentine aus auf der rechten Seite eine Bank sehen, gehen Sie dorthin und genießen den Blick in die Land-

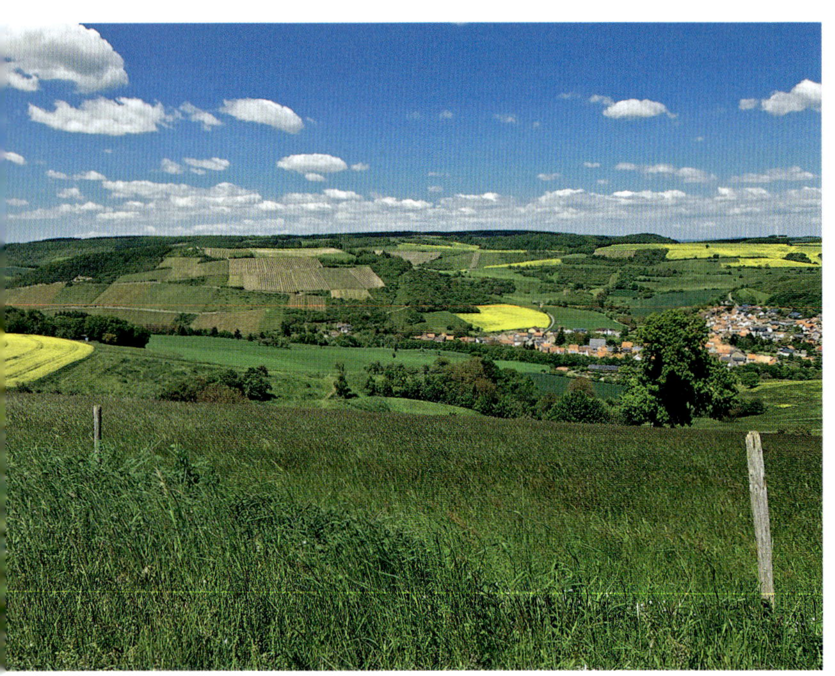

Immer wieder schön: die Ausblicke während der Wanderung zur Burg Lewenstein

schaft. Hier können Sie auch auf den »Hohen Stein« klettern. Sie erreichen einen weiteren Wanderpfad, nach links geht es zum Hotel und zu einer Seilbahn, rechts zur Burg. Diesen Weg nehmen Sie, es sind nun noch 300 Meter bis zur Burg. Oben angekommen sehen Sie einen großen Tisch und zwei Bänke. Von diesem Platz haben Sie wieder einen weiten Blick in die Landschaft. Über Treppen führt der Weg nach oben, er ist markiert. Sie kommen an den Außenmauern der Burg vorbei und folgen den Zeichen, die Sie in die Burg führen. Zuvor können Sie aber auch nach rechts auf schmalen Pfaden die Burg erreichen. Sie stoßen zunächst auf die Mauern eines Rondells, nach links führt der Weg durch ein Burgtor in den inneren Bereich der Burg mit dem hohen Bergfried und mehreren Mauern. Im Burghof steht eine mächtige Linde, auch eine Taverne ist innerhalb der Burg über Kellergewölben gebaut. Der Blick in die Landschaft ist von den Plätzen neben der Taverne besonders schön. Sie verlassen die Burg wieder durch das Tor und gehen nach links durch das nächste Tor, unterhalb der Burg vorbei, kommen auf eine asphaltierte Straße und gehen oberhalb des Weinberges nach rechts. Dann stoßen Sie wieder auf einen Wirtschaftsweg, auf dem bleiben Sie eine ganze Weile. Es geht durch einen schönen Steineichenwald leicht den Berg hinunter. Sie laufen weiter mit dem **blauen Punkt** und der **geschwungenen Wolke** und erleben eine wunderschöne, offene Landschaft. Sie laufen den Weg entlang, bis das Zeichen **blauer Punkt** nach links weist, Richtung Alsenz. Sie folgen diesem **blauen Punkt**, laufen neben Feldern, bis Sie auf eine asphaltierte Straße stoßen. Nach Alsenz geht es nun nach rechts, Sie aber halten sich links und wandern weiter auf der zunächst leicht ansteigenden, kaum befahrenen Straße mit vielen Kurven den Berg hinunter, bis Sie Niedermoschel erreichen. Bis zum Ort gibt es zwei Bänke an der Straße. Über eine Brücke überqueren Sie die B 420 und erreichen das Dorf. Dort angekommen gehen Sie nach links an der Kirche vorbei und immer die Hauptstraße entlang, bis Sie auf der rechten Seite – in einer Linkskurve – ein hölzernes Hinweisschild sehen: »Zur Lewenburg«. Sie gehen diese Straße entlang bis zur Burg. Auf dem Weg dorthin kommen Sie auf der linken Seite an einer Bank vorbei, dorthin werden Sie nach dem Besuch von Lewenstein wieder zurückkehren, um nach Obermoschel zu wandern. Während Sie weiter die Straße entlanglaufen, haben Sie die Burg im Blick. Dort können Sie auch auf den Hügel rechts von der hohen Burgmauer, die früher das sogenannte Ritterhaus gewesen sein soll, aufsteigen. Der Pfad ist schmal und steil, Vorsicht ist geboten. Nach dem Besuch von Lewenstein gehen Sie wieder die Straße hinunter, Richtung Niedermoschel und an der Bank auf einem Wiesenweg nach rechts oben. Der Anstieg dauert nicht lange, dann laufen Sie am Berghang entlang, bis Sie wieder auf eine asphaltierte Straße stoßen. In der Haarnadelkurve geht es nach rechts den Berg hinauf.

Sie wandern auf diesen mit Betonplatten belegten Straßen durch die Weinberge, die links sehr steil ins Tal abfallen. Sie bleiben auf diesem Weg, kommen an einer Bank vorbei, eine Tafel auf der rechten Seite erklärt den Weinbau, links davon ist ein kleines Häuschen in dem Weinberg zum Ausruhen. Sie folgen dem Weg weiter nach Obermoschel. Nach einer scharfen Linkskurve kommen Sie in den Ort, stoßen auf die Windenstraße, gehen nach links, bis Sie zur B 420 kommen. Sie überqueren die Straße und gehen immer geradeaus, an der Sparkasse und der Volksbank auf der linken Seite vorbei. Über die Wilhelmstraße – achten Sie auf das schöne, alte Haus mit der Nr. 18 – erreichen Sie Ihr Auto, das Sie am Marktplatz abgestellt haben.

Die Geschichte der Moschellandsburg oder Landsburg

Historiker tun sich mit der Geschichte einer Burg immer dann schwer, wenn sie kaum schriftliche Belege finden. So ist das auch bei der Moschellandsburg. In einem Schriftstück steht, dass die Burg bereits im frühen 12. Jahrhundert existierte und im Besitz eines Grafen von Veldenz war. Von der Hand zu weisen ist diese Behauptung nicht, waren doch die Grafen von Veldenz – sie stammten von den Wildgrafen ab – stark in diesem gesamten Raum vertreten und hatten auch Jahrhunderte lang die Burg in Besitz.

Zum ersten Mal wird die Burg 1255 in einem Dokument erwähnt, das der Bischof Eberhardt von Worms für den Grafen Gerlach V. von Veldenz ausstellte. Es handelte sich um eine Erblehensschaft, die auch auf die Töchter des Grafen übertragen werden konnte. Das war eine Ausnahme, denn meist waren die Söhne die Erben. Das Anwesen ging auf die Tochter Agnes über, die 1269 Heinrich von Geroldseck heiratete. Der Ehemann nahm daraufhin den Titel des Grafen von Veldenz an. Sein Sohn behielt den Namen bei und gründete eine neuere Linie der Grafen von Veldenz. Er heiratete Gräfin Agnes von Leiningen, der die Burg als Wittum versprochen wurde, sie also dort ihren Witwensitz erhalten sollte, falls sie ihren Mann überlebt. Die Herren, ihre Söhne und Enkel, blieben weiterhin auf der Burg. Die Enkel jedoch, Heinrich III. und Friedrich II., teilten sich dann den Besitz. Jeder von ihnen behielt jedoch einen Teil der Moschellandsburg, wie auch der Burg Lichtenberg bei Kusel. Nach mehreren Todesfällen unter den Grafen von Veldenz befand sich – entsprechend des Erbes – ab 1396 die Burg wieder im Besitz eines einzigen Erbberechtigten, nämlich Friedrich III. von Veldenz. Dieser Graf hatte keine männlichen Nachkommen. Eine Vereinbarung, dass das Erbe auch einer Tochter überschrieben werden kann, wie es etwa 100 Jahre früher der Fall war, gab es anscheinend nicht. So regelte Friedrich III. das Erbe 1409 mit König Ruprecht von der Pfalz. Seine Tochter Anna heiratete einen der erbberechtigten Söhne des Königs, Pfalzgraf Stephan. Durch diese Verbindung fielen die Grafschaft Veldenz und das von Pfalzgraf Stephan neu gegründete Herzogtum Pfalz-Zweibrücken-Simmern 1410 zusammen. Pfalzgraf Stephan, der Schwiegersohn des Veldenzer, und Graf Friedrich von Veldenz vereinbarten wiederum, dass beide Grafschaften nach dem Tod von Friedrich auf den Sohn aus der Ehe seiner Tochter mit dem Pfalzgrafen an deren Sohn Ludwig I. fallen sollte. Besitz vermehrt sich durch Heirat und Erbe. Letztendlich blieb damals alles in der weit verzweigten Familie. Nun verwaltete Herzog Ludwig I. von Pfalz-Zweibrücken-Veldenz seit 1484 die Burg und die weiteren Besitztümer. Herzog Ludwig I. von Pfalz-Zweibrücken-Veldenz starb 1489. Zwischen seinen beiden Söhnen Alexander (ihm wurde die Burg schon zu Lebzeiten seines Vaters vermacht) und Caspar bestand kein gutes Verhältnis, obwohl sie sich

Der hohe Bergfried von Moschellandsburg ▶

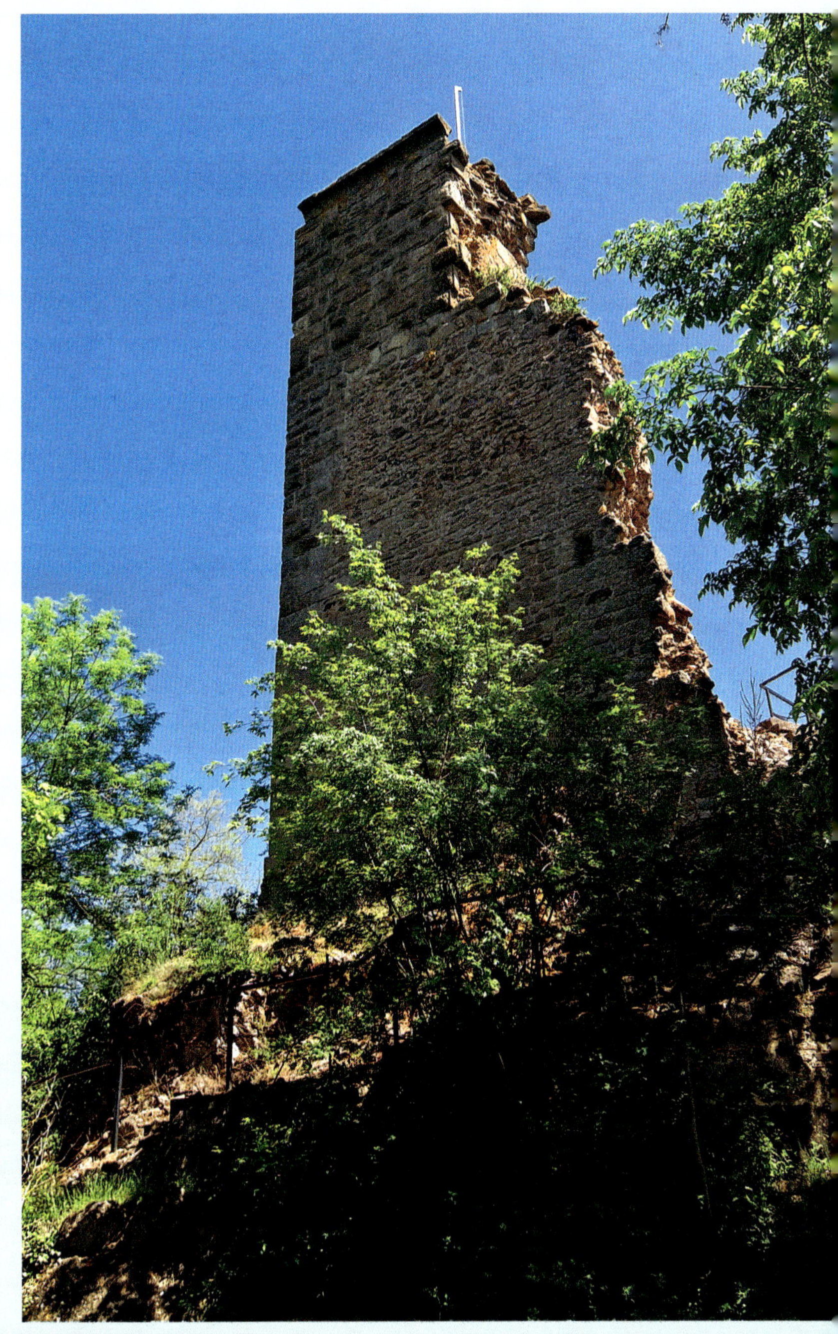

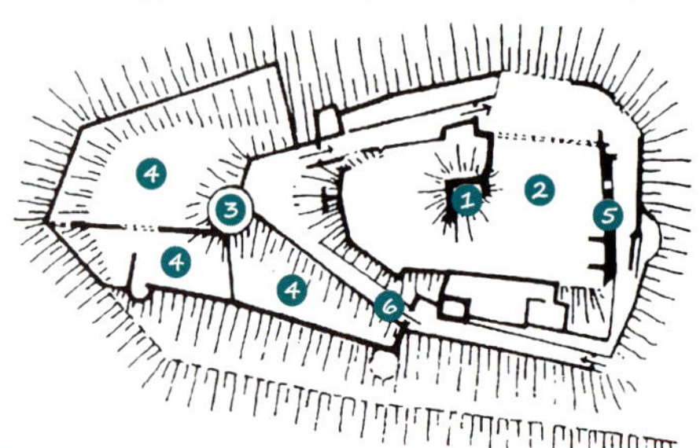

MOSCHELLANDSBURG
1 Bergfried
2 Hof
3 Turm
4 Zwinger
5 Schildmauer
6 Eingang

zunächst die Herrschaft über das Herzogtum teilten. 1491 ließ Alexander seinen Bruder für schwachsinnig erklären und kerkerte ihn auf der Burg Veldenz bei Nohfelden bis zu seinem Tod ein. Caspar blieb auch weiter im Gefängnis, als sein Bruder bereits verstorben war.

Auf Alexander folgte 1514 Herzog Ludwig II., nach ihm sein Sohn Wolfgang Johann I. So ging es weiter, die Veldenzer besaßen ein sehr großes Gebiet zwischen Zweibrücken, Kusel und der Nahe. Im Dreißigjährigen Krieg kamen zuerst die Spanier, dann die Schweden, und schließlich die Kroaten, sie alle wohnten nacheinander auf der Burg. 1648 kehrten die Adeligen, die zuvor nach Burgund geflohen waren, wieder zurück: das waren Herzog Friedrich Kasimir von Pfalz-Zweibrücken-Veldenz und seine Frau, die Tochter Wilhelms von Oranien, Amalie Antwerpiana. Deren Sohn Friedrich Ludwig nahm 1645 die Burg wieder in Besitz und renovierte sie zehn Jahre lang. Er starb auf der Burg 1681 und hinterließ keine Nachkommen.

1689 zerstörten die Franzosen die Burg. Heute ist sie im Besitz der Gemeinde Obermoschel. 1977 und 1978 wurde die Ruine umfangreich renoviert.

Die Geschichte der Burg Lewenstein oder Löwenstein

Schon die Lage dieser Burg als Niederungsburg ist im Gegensatz zu all den vielen Höhenburgen der Umgebung ungewöhnlich.

Vielleicht hat dieser Ort mit dem nahegelegenen Erzbergbau zu tun, denn es gibt eine Sage: die Lewensteiner sollen »die Kunst des Metallfühlens« beherrscht haben. Das könnte bedeuten, dass die Burg zum Schutz des Silberbergwerkes am Seelberg in Niedermoschel gebaut wurde. Wann das genau war, ist – wie so oft – unbekannt. Der erste urkundlich bezeugte Name in Bezug auf die Burg ist der von Emmerich I. von Lewenstein im Jahr 1227. Unklar ist, in wessen Diensten die Herren von Lewenstein standen. Einerseits wird angenommen, dass die Söhne von Emmerich I., eben Emmerich II. und sein Bruder Wolfram, im Heer von Pfalzgraf Otto I. von Wittelsbach gegen den Erzbischof Siegfried III. von Mainz kämpften. Ob sie in dessen Dienst standen, lässt sich nicht genau sagen. Anderen Dokumenten zufolge könnten sie Vasallen oder Burgleute der Grafen von Veldenz gewesen sein. Diese Grafen waren wohl über Jahrhunderte Lehensgeber der Ritter von Lewenstein, die später in das Geschlecht von Lewenstein-Randeck übergingen.

1275 wurde die Burg erstmalig nachweislich belegt, als die Brüder Emmerich und Wolfram Lehnsmänner von Graf Heinrich I. von Veldenz wurden. Von einem späteren Zeitpunkt gibt es Urkunden über Schenkungen von Grundstücken und Tieren, die bezeugen, dass die Herren von Lewenstein auch Landwirtschaft betrieben. Mitte des 14. Jahrhunderts wurde die Burg eine Ganerbenburg mit mehreren Gemeinern, also Bewohnern. 1355 hatte Johannes III. von Lewenstein dort ein Haus zu Lehen der Veldenzer Grafen. Die Burg war jahrelang von den Lewensteinern und ihren Seitenlinien, die auch Anteile der Burg Randeck hatten, bewohnt.

Im 15. Jahrhundert ist von dem Erzvorkommen am Seelberg die Rede. 1429 erlaubten mehrere Ritter von Lewenstein und Randeck dem Grafen Friedrich Veldenz-Sponheim und dem Juden Salmann dort nach Erz zu schürfen. Aus diesen Verträgen lässt sich erkennen, dass zumindest zu diesem Zeitpunkt der Erzbergbau begonnen hatte und dass verschiedene Linien derer von Lewenstein und Lewenstein-Randeck als Bewohner (Gemeiner) auf der Burg lebten.

1441 änderten sich die Besitzverhältnisse, Graf Friedrich III. von Veldenz belehnte Nikolaus Krapp von Saar-

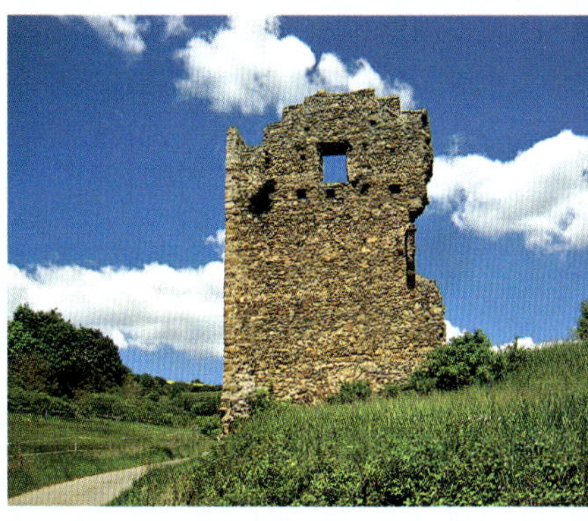

Das Ritterhaus der Burg Lewenstein

burg mit einem ererbten Teil der Burg. Nach dessen Tod wurde dessen Sohn Philipp von dem Pfalzgraf Ludwig dem Schwarzen von Zweibrücken-Veldenz mit Teilen des Anwesens belehnt.

Aus einer Aufzeichnung von Bernhard von Lewenstein geht hervor, dass die Burg 1525 im Bauernkrieg zerstört und nicht wieder aufgebaut wurde. In anderen Quellen allerdings werden weitere Besitzer genannt, was nicht bedeutet, dass die Burg wieder aufgebaut wurde.

Aus dem Jahr 1754 ist überliefert, dass von der Burg nur noch die Ringmauer und Türme zu sehen seien, sonst sei alles verfallen. Die Burg war also bereits vor dem Dreißigjährigen Krieg (1618–1648) zerstört. Heute befindet sich die Ruine im Privatbesitz, kann aber besucht werden. Eindrucksvoll ist das sogenannte Ritterhaus unterhalb des Hügels, auf dem auch noch Mauerreste eines Turms zu erkennen sind. Bei dem Hügel kann es sich um eine sogenannte Motte handeln. Das war eine Turmhügelburg aus dem 12. Jahrhundert. Eigentlich bedarf es noch Ausgrabungen, um mehr über diese Burg zu erfahren.

Burg Schloßböckelheim 10

Das Bedeutendste, was es über die Burg Schloßböckelheim zu sagen gibt, ist: Hier wurde Heinrich IV. gefangen gehalten. Hier musste er als Kaiser abtreten, nachdem er doch schon seinen schweren Gang nach Canossa hinter sich gebracht hatte. Ursache waren dieses Mal Streitigkeiten mit seinem Sohn, der als Heinrich V. sein Nachfolger wurde.

Von der einst bedeutenden Burg ist nur wenig übriggeblieben, vermutlich handelt es sich bei der noch sichtbaren Ruine um einen Torturm, auch ist ein Rest des Treppenturmes zu erkennen. Das Gelände ist nicht vollends ausgegraben. Der Blick von der Burg ins Nahetal ist sehr schön, genauso wie die Wanderung. Es gibt mehrere Möglichkeiten zur Einkehr während der Wanderung.

Wanderdauer	Etwa 4 Stunden für ca. 12 km
Höchster Punkt	129 m ü. N. N. (Burg)
Etappen	Vom Parkplatz bis nach Schloßböckelheim-Tal: etwa 1 Stunde Von Schloßböckelheim-Tal nach Burg Schloßböckelheim: 45 Minuten Von der Burgruine zur Nahe: 30 Minuten Von der Burg zum Parkplatz: 1 Stunde 30 Minuten
Einkehren	**Winzerhof Härter**, Ringstraße 3, 55596 Schloßböckelheim/Tal, Tel.: (0 67 58) 9 36 27, Öffnungszeiten Gutsschänke: Do–Sa 17–23 Uhr. Das Besondere: Selbst, wenn geschlossen ist, können Sie klingeln und bekommen höchstwahrscheinlich etwas zu Essen und zu Trinken. Ein weiterer Platz zum Ausruhen befindet sich direkt an der Nahe: **Niederthäler Hof** Hotel, Restaurant und Café, Niederthälerhof 1, 55596 Schloßböckelheim, Tel.: (0 67 58) 96 93 91, von April bis Oktober durchgehend warme und kalte Küche.
Wanderkarte	Wandergebiet Naturpark Soonwald-Nahe, Blatt 4, 1:25 000 des Landesamtes für Vermessung Rheinland-Pfalz
Anfahrt	Waldböckelheim liegt zwischen Bad Kreuznach und Bad Sobernheim, südlich der B 41. Von der B 41 nehmen Sie die Ausfahrt Waldböckelheim. Sie parken direkt gegenüber dem Rathaus oder hinter dem Rathaus. Wenn Sie von Süden kommen, liegt das Rathaus an der Durchgangsstraße L 234 der Kreuznacher Straße, kommen Sie von Norden von der B 41, biegen Sie am Kreisel in die Kreuznacher Straße ein.

Wegbeschreibung

Sie laufen vom Parkplatz links am Rathaus vorbei und biegen links in die Schneiderstrasse ein. Dort sehen Sie viele Schilder, die Wanderwege anzeigen. Sie halten sich weiterhin links und laufen den Kirchberg hoch, der Weg ist beschildert mit dem **Hildegard von Bingen Wanderweg** und dem **Leos Spuren Rundweg**. Sie gehen auf die Kirche zu und passieren sie auf der linken Seite. Sie wandern an dem Weinberg, der auf der rechten Seite liegt, und an einem Parkplatz vorbei und dort geradeaus, Hinweisschild: Friedhof. Sie gehen durch eine kleine Parkanlage mit einem Kinderspielplatz auf den Friedhof zu. Schauen Sie durch das Tor in den Friedhof, dort sehen Sie einen alten Baumbestand, besonders schön ist die Lindenallee, die zu einem Kreuz führt. Vor dem Friedhofstor gehen Sie nach rechts die Straße hinunter. Sie stoßen auf die Autostraße L 108, die nach Hüffelsheim führt. Sie laufen neben der Straße nach links, kommen an dem Gewerbegebiet Süd vorbei und gehen

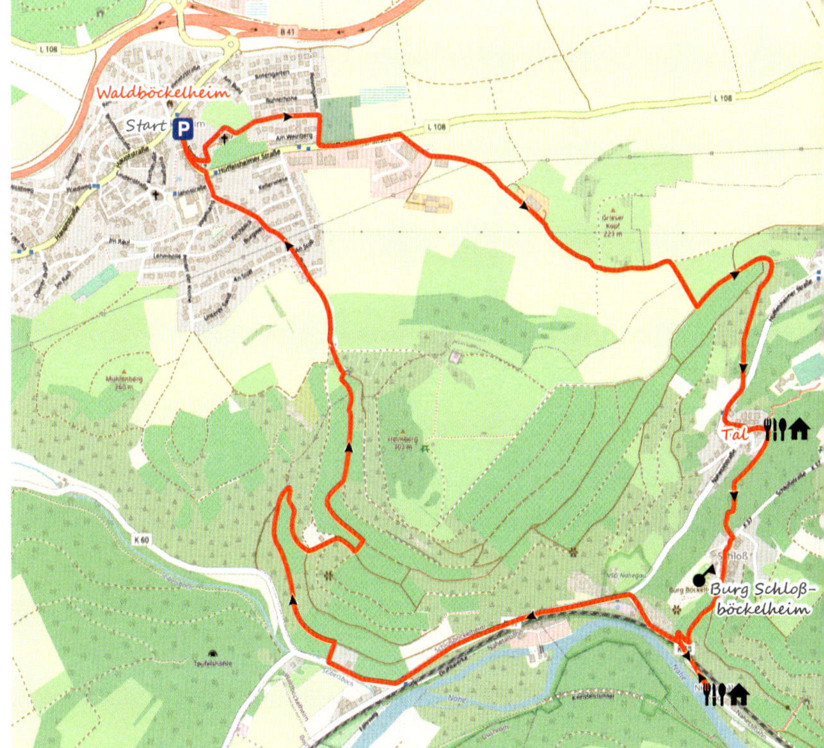

weiter geradeaus. Die Jakob-Wickert-Straße führt nach rechts, sie überqueren diese und laufen danach nach rechts in die Felder hinein mit dem Zeichen des **Waldböckelheimer Naheblick Rundweg**. Es ist ein schöner Feldweg, im Sommer blühen hier reichlich Mohnblumen. Sie steigen den Berg hoch, oben ist eine Bank, an der Sie geradeaus weiterwandern. Nun führt der Weg den Berg hinunter, Sie folgen dem Schild »Waldböckelheimer Naheblick« nach rechts. Bald stoßen Sie auf eine Straße, dort gehen Sie nach links, ein Schild ist angebracht: »Verbindungsweg zum Friedhof Schloßböckelheim: 1 km«. Sie gehen geradeaus den Berg hinunter zu Schloßböckelheim-Tal: 0,7 km. Die Gaststätte Härters Felsenstübchen ist auch angezeigt. Sie erreichen unten die Straße K 61 und gehen nach rechts. Dann kommen Sie auf der linken Seite zur Ringstraße, in die Sie abbiegen. Auf der linken Seite ist der Winzerhof Härter. Sie gehen die Ringstraße entlang, links an einem gelben Haus vorbei, dann gibt es eine Rechtskurve. Dort sehen Sie den Aufstieg in den Wald auf der linken Seite nach Schloßböckelheim. Die Zeichen der **Weintraube** und dem **Hildegard von Bingen Weg** sind angebracht, auch das **rote Andreaskreuz**. Viele Stufen müssen Sie zu dem Ort Schloßböckelheim aufsteigen. Oben angekommen gehen Sie nach rechts die Schlossstraße entlang, dann gabelt sich der Weg, nach rechts führt der Burgweg zur Burgruine. Ein Hinweisschild ist angebracht. Zuerst führt der Weg nach rechts, dann nach links, Sie erreichen auf schmaler Straße das Burggelände. Zunächst eine große Wiese mit einem Haus, dort wird gelegentlich gefeiert. Schilder mit der Geschichte der Burg sind angebracht, die das Wenige, das es noch zu sehen gibt, beschreiben. Folgen Sie dem vorgeschlagenen Weg, der Sie zunächst zu einer Turmruine, anschließend nach links zum Aussichtsplatz führt, von dem Sie auf die Nahe blicken können.

Sie gehen denselben Weg wieder zurück, den Sie gekommen sind, in dem Ort geht es nach rechts immer den Berg hinunter bis zur Nahe. Dort halten Sie sich links und gehen über die Eisenbahnbrücke und sehen schon das Hotel/Restaurant »Niederthäler Hof«, wo Sie einkehren können. Ab hier geht es zunächst – leider über Autostraßen – wieder zurück in die Weinberge. Kehren Sie dafür zur Eisenbahnbrücke zurück und von dort laufen Sie nach links den abschüssigen Weg hinunter. Sie stoßen auf die K 61 und gehen auch hier wieder nach links, Richtung Boos. Sie müssen etwas mehr als einen Kilometer auf der Straße bleiben, dann führt die zweite Abfahrt nach links Richtung Boos. Dort sind Wanderzeichen angebracht, folgen Sie nach <u>rechts</u> den Zeichen der **gelben Traube** und dem

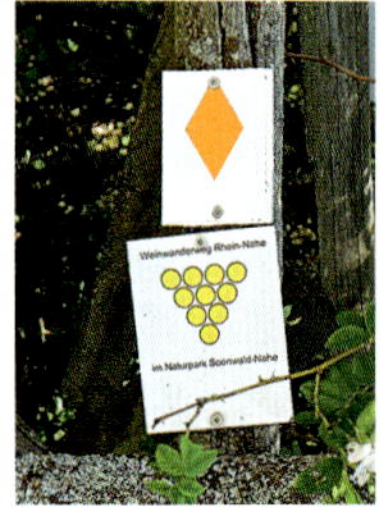

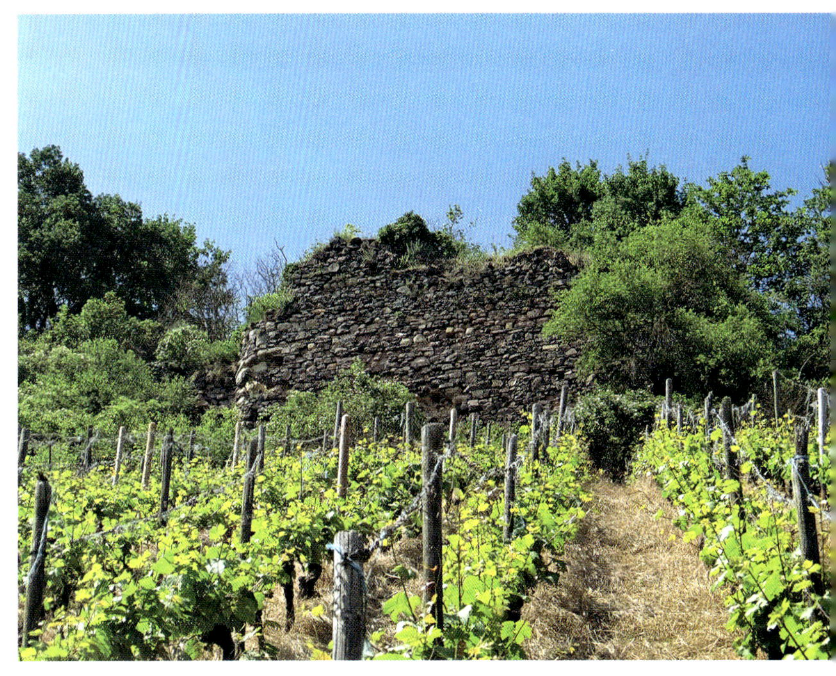

Über den Weinbergen liegt die Burg Schloßböckelheim.

orangefarbenen Rhombus, die Sie an den Reben eines Weinbergs entlang recht steil den Berg hinaufführt. Oben stoßen Sie auf einen Weg, den Sie nach links einschlagen. Der asphaltierte Weg hört auf, Sie laufen den Feldweg weiter, stoßen wieder auf einen asphaltierten Weinbergweg, das Zeichen der **gelben Traube** ist zu sehen. Sie folgen der Markierung nach rechts den Berg hinauf. Auf dem Weg nach oben kommen Sie an einem verfallenen Haus vorbei, anschließend erreichen Sie eine Kreuzung, an der Sie sich zunächst ohne Zeichen links halten. Sie stoßen auf einen anderen Weg und folgen dort nun wieder der **gelben Traube** und dem **roten Andreaskreuz** nach links. Sie gehen weiter durch die Weinberge den sonnigen Hang des Bergs hoch. Oben angekommen, sehen Sie auf der rechten Seite eine Schutzhütte. Von hier aus geht es nun den Berg hinunter nach Waldböckelheim. Sie folgen dem **Hildegard von Bingen-Zeichen** weiter den Berg hinunter. Im Ort angekommen, geht es weiter geradeaus auf dem **Burgweg** den Berg hinunter. Unten stoßen Sie zunächst auf die Straße Vogelsang, die in die Rüdesheimer Straße auf der rechten Seite mündet, links ist es die Schneiderstraße, die Sie entlang gehen bis zur Kreuznacher Straße, rechts am Rathaus vorbei zu Ihrem Auto.

Die Geschichte der Burg Schloßböckelheim

Dem salischen Kaiser Heinrich IV. blieb aber auch nichts erspart: Zuerst musste er sich im Winter von 1077 Papst Gregor VII. mit seinem Gang nach Canossa unterwerfen, um seine Exkommunikation aufheben zu lassen, um anschließend 1105 von seinem eigenen Sohn, dem zukünftigen Kaiser Heinrich V., in der Burg Böckelheim eingekerkert zu werden.

1104 übernahm Heinrich V. in Regensburg die Führung einer Gruppe junger Fürsten, die sich zur Rebellion gegen den alten Kaiser entschlossen hatte. Im Herbst 1105 sammelten Vater und Sohn ihre Truppen, um die Vorherrschaft im Land auszufechten. Das Verantwortungsbewusstsein beider Fürsten verhinderte jedoch das entscheidende Gefecht, beide Seiten boten Friedensgespräche an. Zu Weihnachten 1105 wurde der Beschluss gefasst, die Auseinandersetzung auf dem Hoftag in Mainz zu klären.

Sohn Heinrich zeigte Reue, der Vater drückte ihn unter Tränen an seine Brust und entließ sein Heer. Der Sohn riet seinem Vater, sich zu seinem eigenen Schutz vor den Gegnern aus seiner Gruppe in die Burg Böckelheim zu begeben. Kaum war Heinrich IV. auf der Burg angekommen, wurde er gefangen genommen. Sein Bewacher war Gebhard, der Bischof von Speyer. Er setzte dem Kaiser so zu, dass dieser einige Tage später auf seine Herrschaft verzichtete. Das Verhalten des Sohnes wurde vom Vater in einem Dokument als »ruchloser Verrat«, als »unmenschlich und grausam gegen alles Recht« und als »Täuschung und Betrug« bezeichnet.

Auf der Fürstenversammlung zu Ingelheim musste Heinrich IV. 1105 auf massiven Druck der Fürsten offiziell auf den Thron verzichten. Am 5. Januar 1106 wurde sein Sohn als Heinrich V. in Mainz von den Fürsten zum König gewählt. So die Geschichte, die sich unter anderem auf Schloßböckelheim zugetragen hatte. Heinrich IV. starb am 7. August 1106 in Lüttich.

Nun zur Burg selbst. Sie gehört wohl zu den ältesten Burgen an der Nahe und dem Hunsrück. Es wird angenommen, dass die Burg im 9. Jahrhundert auf den Resten römischer Bauten errichtet wurde. Erstmals urkundlich erwähnt wurde der Ort Bechilenheim im Jahr 824. Ein späteres Dokument erwähnt einen Herzog Cuno vom Beckinheim. Mehr ist darüber nicht bekannt. Im 11. Jahrhundert kam die Burg als Reichslehen an den Herzog Gottfried II. von Oberlothringen, so ist es in der Chronik Hermanns von Reichenau, einem mittelalterlichen Universalgelehrten, zu

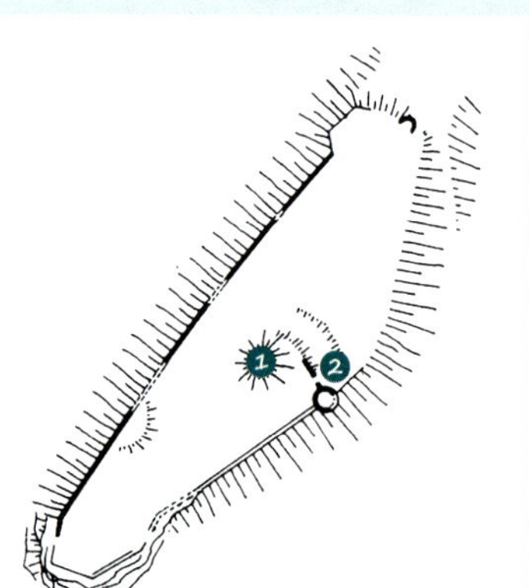

BURG SCHLOSSBÖCKELHEIM

1 Bergfried

2 Mauerrest

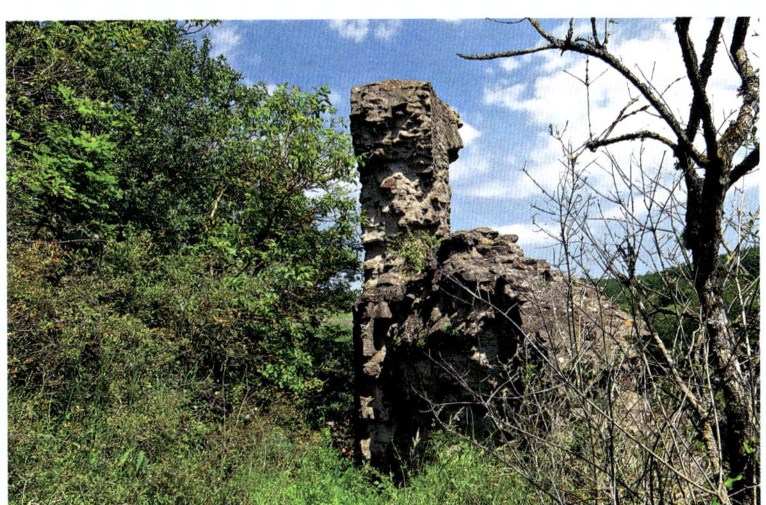

Wohl ein ehemaliger Torturm von Burg Schloßböckelheim

lesen. Weiter steht dort, dass König Heinrich III. aus dem Geschlecht der Salier, die nach den Ottonen an die Macht kamen und in der folgenden Zeit die Kaiser stellten, die Burg eroberte und zerstörte. Die Motive sind nicht eindeutig geklärt, aber vermutlich ging es um Macht, Einfluss und Gebietserweiterung – Motive also, die sich oft bei Fehden und Kriegen der verschiedenen Adelsparteien finden lassen. Weiter wird vermutet, dass 1065 die Lehnsherrschaft von Kaiser Heinrich III. an das Bistum Speyer vergeben wurde. Lehnsnehmer war wohl Graf Eberhard VI. von Nellenburg vom Bodensee. Von ihm ist auch bekannt, dass er von 1044–1047 eine Kirche erbauen ließ, die später von ihren Erben, den Grafen von Sponheim, zu dem Kloster Sponheim erweitert wurde.

Wer 1105 auf der Burg wohnte, die damals zum Gefängnis von Heinrich IV. wurde, ist unklar. Nach diesem Ereignis kam Böckelheim wohl als Lehen des Speyerer Bischofs 1222 an die Grafen von Sponheim, die zur damaligen Zeit viele Burgen an Nahe und im Hunsrück besaßen. 1277 erhielt Heinrich von Sponheim einen Teil der Burg Böckelheim und verkaufte diese an den Erzbischof Werner von Mainz. Darüber war sein Bruder derart erbost, hatte er doch das Vorkaufsrecht. 1279 kam es zur Schlacht bei Sprendlingen, der Mainzer Erzbischof siegte (→ Tour 2). Vermittlungen des Königs Rudolf machten diesem Zwist ein Ende. Burg Böckelheim gehörte fortan den Erzbischöfen von Mainz, Burgmannen lebten auf der Burg. Dann kam Pfalzgraf Friedrich I. der Schöne und nahm die Burg 1471 in Besitz. An diesem Besitzverhältnis änderte sich – trotz Einspruchs der Bischöfe – bis zu ihrer Zerstörung durch spanische Truppen im Dreißigjährigen Krieg im Jahr 1620 nichts. Den Rest übernahmen dann französische Krieger im Jahr 1688. Mittlerweile ist von der einst bedeutenden Burg nicht mehr viel zu sehen.

Burg Sponheim 11

Wandern durch einen Wald mit bequemen Ausruhemöglichkeiten, wandern an Wiesen, Weinbergen und Feldern vorbei, der Besuch der Burg Sponheim und das anschließende Wandern am Ellerbach entlang, all das erwartet Sie bei dieser Wanderung. Burg Sponheim ist sicher kein Highlight unter den Burgen, aber sie war immerhin der Stammsitz der Grafen von Sponheim, einem berühmten Adelsgeschlecht an der Nahe. Zudem kann der Bergfried bestiegen werden. Auf der Spornseite erhebt sich ein »Mauerklotz«. Das ist alles, was von der einst großen Burg zu sehen ist. Vieles liegt unter Schutt und Hecken verborgen. Es gibt vielleicht eine Einkehrmöglichkeit in »Leo's Ruh« während der Wanderung. Zur Zeit des Buchdrucks war dort nur eine Übernachtung möglich.

Wanderdauer	3–4 Stunden für über 10 km
Höchster Punkt	Etwa 340 m, Höhe der Burg: 245 m ü. N. N.
Etappen	Vom Parkplatz bis zum Jagdhaus: knapp 1 Stunde Vom Jagdhaus bis zum Gasthaus Leo's Ruh: 30 Minuten Vom Gasthaus bis zur Burg: knapp 1 Stunde Von der Burg zurück zum Parkplatz: etwa 1 Stunde 30 Minuten
Einkehren	**Hotel Leo's Ruh**, Haus vor Leos Ruh 1, 55596 Waldböckelheim, Telefon: (0 67 58) 8 09 06 75. Achtung: Es kann sein, dass die Gaststätte geschlossen ist.
Wanderkarte	Wandergebiet Naturpark Soonwald-Nahe, Blatt 4, 1:25 000 des Landesamtes für Vermessung Rheinland-Pfalz
Anfahrt	Bockenau liegt nördlich der B 41 zwischen Dhaun und Bad Kreuznach. Abfahrt Waldböckelheim, dort nach Bockenau. Start ist in Bockenau. An der Hauptstraße liegt der große Parkplatz vor der Bockenauer-Schweiz-Halle.

Wegbeschreibung

Sie laufen vom Parkplatz aus Richtung Süd-Westen die Landstraße 108 entlang, das Wanderzeichen, **rotes Andreaskreuz** ist an einer Straßenlampe angebracht. Sie überqueren den Ellerbach, kommen an einem kleinen Eisenbahnmuseum vorbei und laufen etwa einen Kilometer neben der Straße entlang. Dann zweigt die Straße nach Bad Sobernheim rechts ab. Sie überqueren diese Straße, gehen auf der rechten Seite in den Wald und dort recht steil den Berg hoch. Ein Hinweisschild zeigt Ihnen den Weg. Nun geht es auf schmalem Pfad – an den Bäumen ist immer wieder das **rote Andreaskreuz** angebracht – immer höher hinauf. Das ist aber der einzige, etwas anstrengende Aufstieg bei dieser Wanderung. Wenn Sie ziemlich weit oben angekommen sind, kreuzt ein Waldweg, dort halten Sie sich links. Jetzt wird es schon etwas bequemer. Sie durchlaufen einen schönen Eichenwald, auch der Weg selbst ist mit alten Eichenbäumen gesäumt. Nach etwa knapp einer Stunde erreichen Sie das Jagdhaus »Leo's Ruh«, wo Sie einen schönen Blick auf die Burg Sponheim haben und sich ausruhen können. Weiter wandern Sie durch den Wald dem **roten Andreaskreuz** nach, vorbei an dem Anfahrtspunkt für Rettungsfahrzeuge 6112-792. Dann erreichen Sie eine Schranke und kommen auf einen breiteren Wirtschaftsweg, dort geht es nach links. Wanderzeichen sind angebracht. Sie passieren ein ehemaliges Forsthaus. Achten Sie auf die besonders schöne alte Eiche. Sie erreichen einen Waldparkplatz mit dem Anfahrtspunkt für Rettungsfahrzeuge 6112-793. Sie gehen nun den Berg hinunter, bald über eine asphaltierte Straße und sehen auf der rechten Seite die

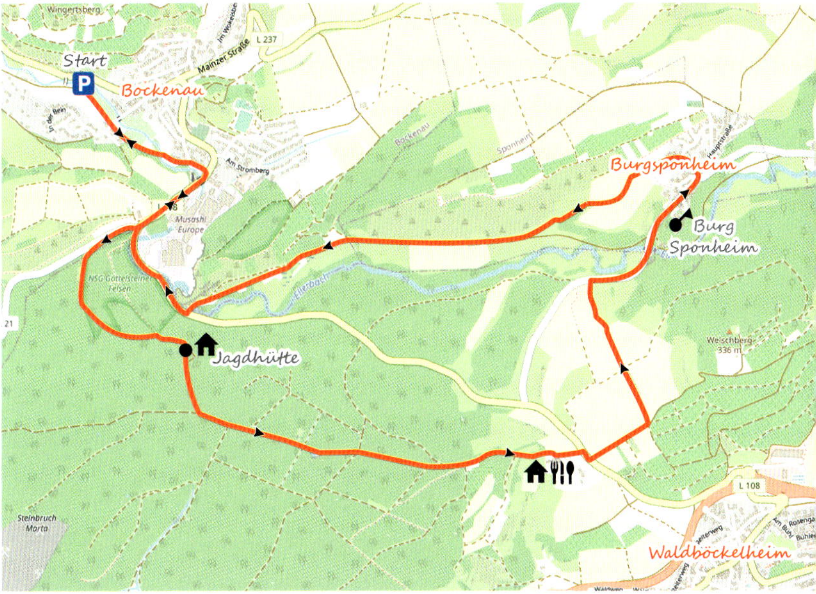

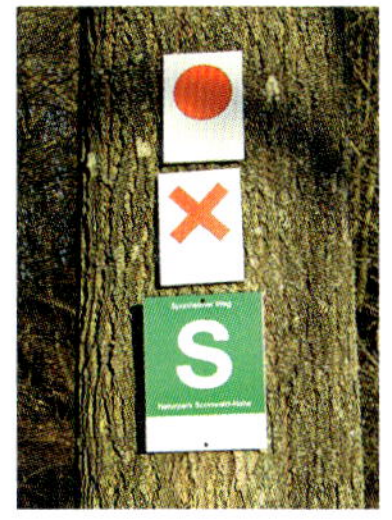

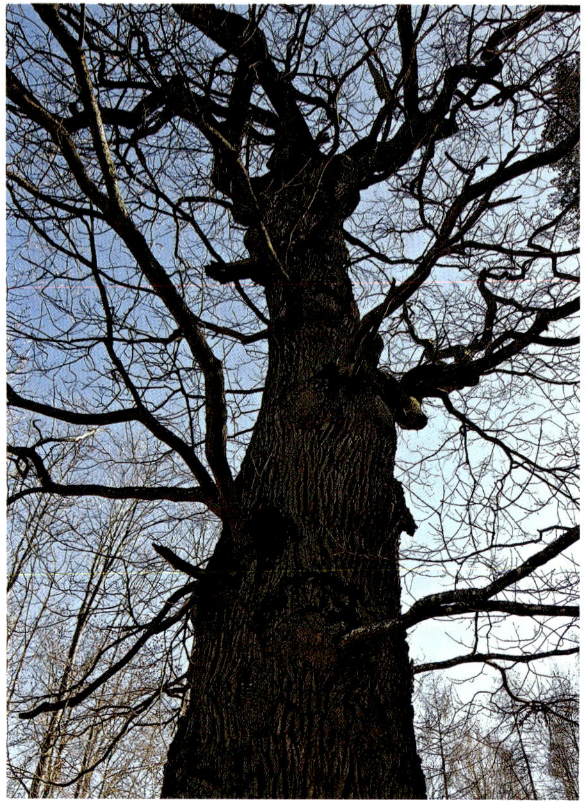

Mächtige Eichen sind häufig bei dieser Wanderung zu sehen.

Gaststätte »Leo's Ruh«, wo Sie vielleicht einkehren können. Dort überqueren Sie die L108, biegen zuerst nach rechts und gleich darauf nach links ein, sodass Sie nun über freies Gelände leicht den Berg hochwandern. Folgen Sie dem **N auf grünem Grund**, dem **Nahe-Höhenweg**. Ein kurzes Stück geht es über eine asphaltierte Straße den Berg hoch, dann nach links über einen Wiesenweg mit dem Hinweisschild: »Burg Sponheim: 1,6 km«. Sie gehen diesen Weg entlang, die Zeichen sind angebracht, dann geht es hinunter, hier können Sie neben dem Weg über eine Wiese laufen und erreichen die Autostraße K56. Nun geht es – leider – die Straße entlang bis zur Burg Sponheim. Die Straße ist wirklich wenig befahren. Oben im Ort gehen Sie gleich nach rechts die Burggasse hoch zur Burg, dort führt eine Treppe hinauf zum Bergfried.

Auf dem Rückweg gehen Sie ein weiteres Stück durch den Ort, also die Burgstraße hinunter, nach rechts die Straße bis zur Bushaltestelle. Dort laufen Sie nach links an Häusern vorbei und danach wieder nach links. Hier folgen Sie dem Wanderzeichen **roter Punkt**. Weiter geht es mit dem **roten Punkt** und dem **weißen S auf grünem Grund** (Sponheimer Wanderweg), einem Fahrradweg, bis Sie wiederum die Autostraße L108 erreichen. Nun müssen Sie erneut diese Straße entlanglaufen, so wie zu Beginn der Wanderung, bis Sie den Parkplatz erreichen.

Die Geschichte der Burg Sponheim

Ein mächtiger Turm und etwas entfernt davon der Rest eines weiteren Turms – das ist alles, was von der einst großen Stammburg der Grafen von Sponheim übriggeblieben ist. Die Grafen von Sponheim waren ein mächtiges Geschlecht, das im Hunsrück, an der Mosel, der Nahe und in der Pfalz viele Besitzungen hatte. Die Ursprünge des Geschlechts Sponheim, die zunächst von Spanheim genannt wurden, sind nicht vollends geklärt. Erstmals wird in einer Urkunde von 1127 ein Meginhard von Sponheim genannt. Dieser Meginhard heiratete Mechthild von Mörsbach, Erbin des Grafen von Nellenburg aus dem Badischen. Ihr Erbe waren auch Besitzungen im Hunsrück, so zum Beispiel die nicht weit von der Burg Sponheim entfernte Burg Dill. Meginhard hatte durch diese Heirat einen ordentlichen Gewinn gemacht. Ab dieser Zeit ist wohl auch von der Grafschaft Sponheim die Rede. Burg Sponheim wurde zur Stammburg großzügig ausgebaut. So bestimmte auch Meginhard, dass jeweils der Erstgeborene seiner Söhne und nach diesem auch wieder jeweils der erstgeborene Sohn Graf von Sponheim sein sollte.

Die Sponheimer waren enge Vertraute des Stauferkaisers Heinrich VI. (1165–1197), dem zweiten Sohn von Kaiser Barbarossa, Friedrich I. Im Jahr 1218 nahmen Albert von Sponheim und sein Bruder Gottfried III. an dem Kreuzzug des Kaisers teil. Gottfried starb bei diesem Unternehmen. Die Liegenschaften der Sponheimer Grafen wurden im 13. Jahrhundert geteilt in eine vordere und hintere Grafschaft. Von Mainz aus gesehen, waren die Ländereien nahe der Stadt am Rhein die vordere, die Gegend um die Nahe und den Hunsrück die hintere Grafschaft. Sie hatten viele Besitztümer,

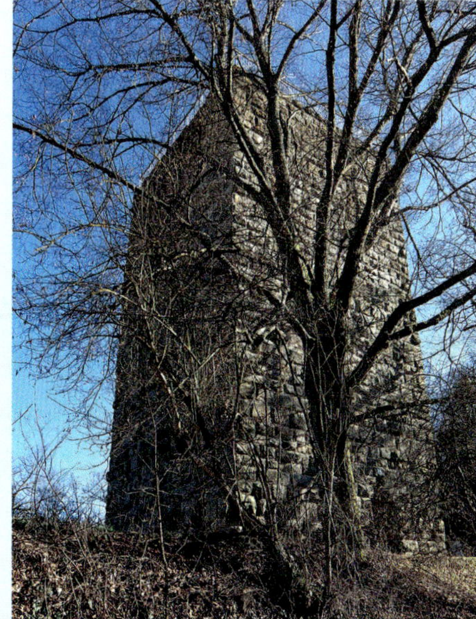

Der Bergfried der Burg Sponheim kann bestiegen werden.

Burgen oder Anteile von Burgen in diesem Landstrich. Burg Sponheim blieb ihre Stammburg, verlor aber mit der Zeit immer mehr an Bedeutung und wurde letztlich von Burgmannen verwaltet. Nach dem Aussterben der Sponheimer fiel ihr Erbe an Baden und die Grafen von Veldenz. Burg Sponheim ist wohl bereits im Dreißigjährigen Krieg von spanischen Truppen zerstört worden. 1899 wurde die Anlage teilweise saniert, aber noch heute sind große Teile überwuchert, weitere Ausgrabungen sind bisher nicht erfolgt.

Es gibt noch eine weitere Geschichte zur Burg Sponheim, die über Jutta von Sponheim erzählt: Sie soll auf der Burg 1092 geboren worden sein, obwohl in

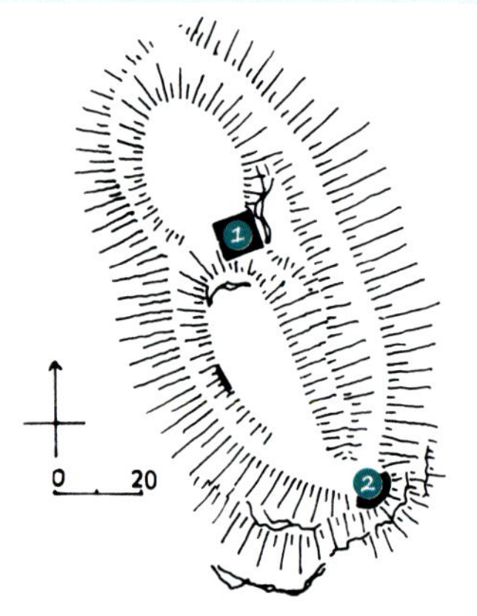

BURG SPONHEIM
1 Wohnturm
2 Befestigungsturm

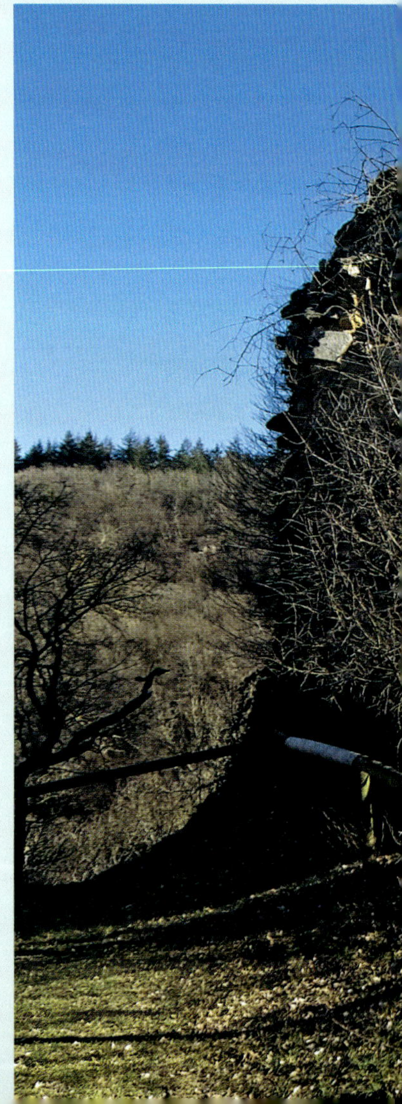

Unklar ist, wozu dieses Mauerwerk diente.

keiner Urkunde aus dieser Zeit die Burg erwähnt wird. Jutta von Sponheim war die Schwester von Meginhard, der als erster urkundlich in Verbindung mit der Burg bezeugt ist. Sie soll als Zwölfjährige schwer, ja tödlich, erkrankt sein. Aber sie wurde wieder gesund und wollte für ihre Genesung Gott danken, indem sie ihr Leben im Kloster verbringen wollte. Mit 14 Jahren nahm sie den Schleier, mit 20 Jahren ging sie in eine Klause auf dem Disibodenberg. Sie war die Lehrmeisterin von Hildegard von Bingen. Jutta von Sponheim starb 1136 auf dem Disibodenberg, Hildegard von Bingen war ihre Nachfolgerin als Vorsteherin der Frauenklause auf dem Mönchsberg.

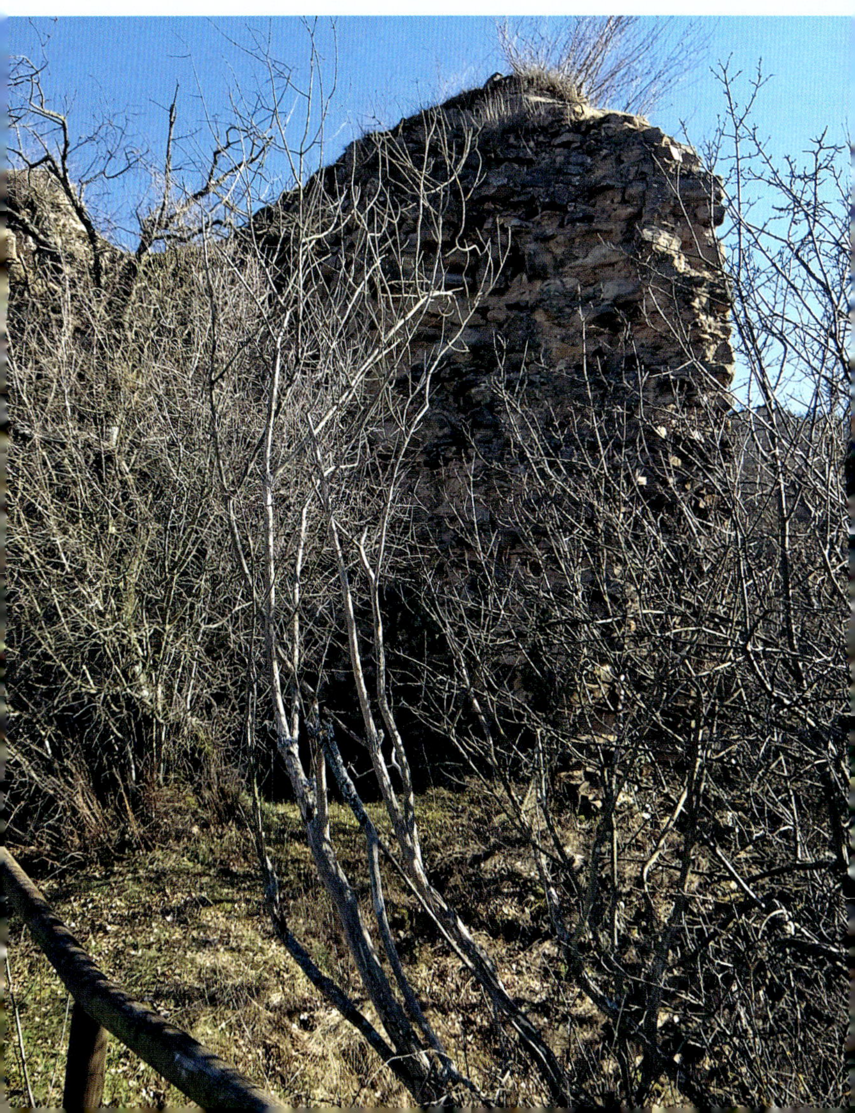

Kloster Disibodenberg 12

Selbst wenn relativ viele Touristen den Disibodenberg besuchen, ist es ein ruhiger, besinnlicher Ort und damit allemal einen Besuch wert. Nehmen Sie sich Zeit zum Verweilen. Die Ruinen sind beschriftet, damit Sie sich ein Bild von dieser großen Anlage machen können.

Leider führt der Weg zum ehemaligen Kloster meist über einen asphaltierten Radweg, nur gegen Ende der Wanderung geht es etwas bequemer über eine Wiese. Das ist ein Teil des Barfußweges. Trotzdem ist es spannend, auch mal so direkt neben der Nahe zu wandern. Also: machen Sie sich auf den Weg zum berühmten Disibodenberg. Eine Einkehrmöglichkeit besteht auf dem Disibodenberg nach etwa 2 Stunden und auf dem Rückweg der Strecke.

Wanderdauer	3–4 Stunden für etwa 12 km
Höchster Punkt	215 m ü. N. N. (Klosteranlage)
Etappen	Vom Parkplatz nach Staudernheim: 1 Stunde Von Staudernheim zum ehemaligen Kloster: 1 Stunde Von Disibodenberg zurück zum Parkplatz: 1 Stunde 30 Minuten
Einkehren	**Zum 3sinenwirt** (Inh. Sebastian Beck – Biergarten), Bahnhofstraße 2a, 55568 Staudernheim, Tel.: (01 75) 7 64 68 55. Eine weitere Einkehrmöglichkeit besteht zu Beginn der Wanderung am Campingplatz und in dem Kiosk (Kaffee und Kuchen) am Eingang zur Klosterruine
Wanderkarte	Naturpark Soonwald-Nahe, Blatt 4, 1:25 000 des Landesamtes für Vermessung Rheinlandpfalz
Anfahrt	Kurhaus Dhonau, Felkestraße 100, 55566 Bad Sobernheim. Sie fahren nach Bad Sobernheim über die B 41, die von Bad Kreuznach nach Kirn führt. Bad Sobernheim liegt etwas näher an Kirn. Sie orientieren sich an der Beschilderung »Kurhaus Dhonau« und fahren die Felkestraße entlang, über die Nahebrücke und gleich auf der linken Seite finden Sie den Parkplatz.

Wegbeschreibung

Von dem Parkplatz aus gehen Sie zurück über die Nahebrücke, dort nach rechts die Treppe hinunter zu dem Campingplatz – hier ist auch ein Sommercafé – und wandern einen Fahrradweg entlang durch eine Baumallee mit dem Wanderzeichen des **Hildegardisweges**, eine **stilisierte Nonne**, und der **gelben Traube**. Sie erreichen den Eingang zum Barfußweg, dort ist eine Hängebrücke und es gibt eine weitere Einkehrmöglichkeit. Sie bleiben weiter auf dem Fahrradweg, bis Sie zu einer Bank mit einem Tisch auf der rechten Seite des Weges kommen. Nun gehen Sie nach rechts über einen Wiesenweg auf eine Brücke zu. Sie laufen über die Brücke, gehen ein ganz kurzes Stück nach rechts, dann nach links zur Schulstraße, dort wieder nach links. Sie kommen an einem barocken Pfarrhaus, erbaut 1768, vorbei und einer Kirche. Sie laufen die Straße durch Staudernheim weiter, gehen in der Hauptstraße nach rechts und dann nach links an einer weiteren Kirche rechts vorbei durch die Mainzer Straße. Die Markierungen sind angebracht. Sie stoßen auf die Odernheimer Straße, dort geht es nach rechts den Berg hinauf. Oben angekommen weist ein Schild zur Klosterruine Disibodenberg. Sie folgen diesem Schild, kommen an Weinbergen vorbei, dann führt der Weg nach links im Wald den Berg hinunter, danach gehen Sie wieder nach oben und erreichen den Eingang zur Klosterruine. Hier ist auch ein Kiosk. Zum Besuch der Ruine und dem Museum müssen Sie Eintritt zahlen. Sie gehen durch die Drehtür und anschließend ein gutes Stück den Berg hinauf zu dem ehemaligen Kloster. Nehmen Sie sich Zeit, um die große Anlage zu erkunden. Die alten Mauern sind weitgehend beschriftet.

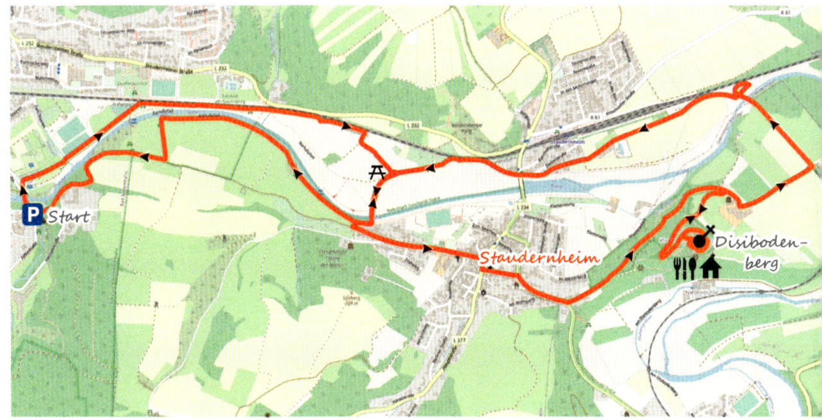

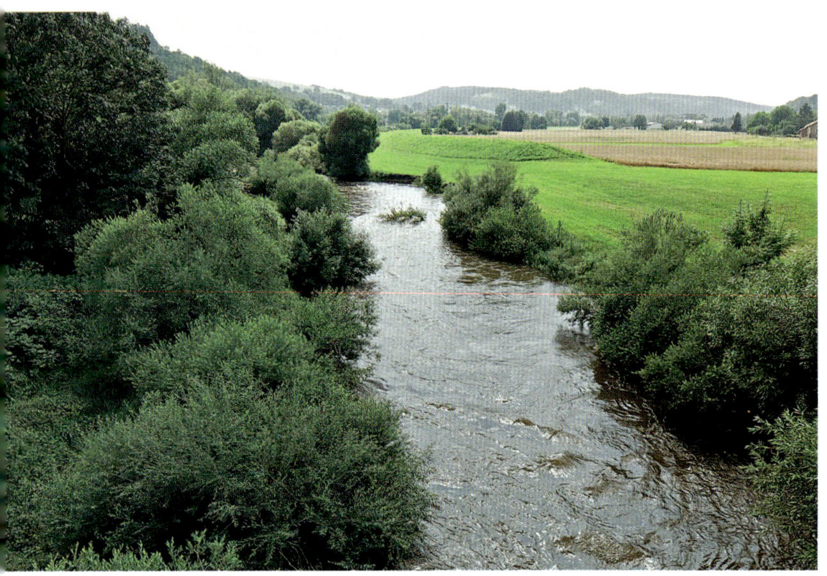

Blick auf die Nahe bei Bad Sobernheim

Von der Klosterruine gehen Sie denselben Weg wieder zurück, nach dem Ausgang dann nach rechts an dem Disibodenberger Hof vorbei, dort wieder den Berg hinunter bis ins Nahetal. Bevor Sie an die Bahngleise kommen, geht es nach links mit der **gelben Traube** durch das Nahetal. Hinweisschilder sind angebracht. Sie laufen auf den Gleisen der Draisine über eine Brücke, auf der anderen Seite geht es rechts nach unten und wiederum rechts weiter durchs Nahetal. Nach Bad Sobernheim sind es nun 4,8 Kilometer. Am Wegesrand liegt der »3sinen-Wirt«. Danach kommen Sie zu der Landgrafenbrücke, die in Staudernheim über die Nahe führt, und gehen dort weiter geradeaus. Sie sehen das Gasthaus Steuerwald. Es ist allerdings unklar, ob dieses Gasthaus noch geöffnet ist. Danach erreichen Sie wieder die Bank und den Tisch, die Stelle, an der Sie beim Hinweg bereits auf die Wiese abgebogen sind. Das machen Sie jetzt wieder, Sie gehen nach links, erneut auf die Brücke zu, überqueren diese und gehen nach rechts. Nun gehen Sie aber weiter geradeaus direkt neben der Nahe den Barfußweg entlang, bis dieser Weg aufhört. Dann wandern Sie nach links, neben dem Barfußweg den Radweg entlang. Anschließend geht es den Berg hinauf, hier gekennzeichnet mit der **Muschel** des Jakobsweges. Auf der linken Seite können Sie das Max-Willner-Heim sehen, dann geht es weg von der Straße wieder den Berg hinunter. Bald sehen Sie die Felkestraße und kommen auf der linken Seite zum Parkplatz.

Die Geschichte des Klosters Disibodenberg

Alle, die den Disibodenberg kennen, erinnern sich mit einiger Sicherheit zunächst an die berühmte Hildegard von Bingen (1098–1179). Diese gelehrte Äbtissin (ihre Kanonisation, also die Heiligsprechung, erfolgte 1584) war schon zu ihrer Zeit sehr bekannt. Hildegard von Bingen lebte seit ihrem achten Lebensjahr, also seit 1106, über 40 Jahre in dem Kloster Disibodenberg. Dieses war zuvor ein reines Männerkloster. Aber der Erzbischof von Mainz, Ruthard, gründete dort auch eine Frauenklause. Jutta von Sponheim aus der berühmten Grafenfamilie (→ Tour 11) leitete die Klause und widmete sich vor allem der Erziehung von Hildegard. Nach dem Tod von Jutta von Sponheim 1136 wurde Hildegard als ihre Nachfolgerin die Meisterin der Klause. Sie gründete später das Benediktinerinnenkloster Rupertsberg bei Bingen, war dort Äbtissin und widmete sich der Dichtkunst, der Komposition und war zudem eine bedeutende natur- und heilkundige Universalgelehrte.

Der Name des Klosters bezieht sich allerdings nicht auf seine berühmteste Bewohnerin, sondern geht auf seinen Gründer zurück, auf Disibod, einen irischen Mönch, der um 619 bis 700 lebte.

Hildegard von Bingen verfasste um 1170 eine Vita Disibods. Aus dieser geht hervor, dass Disibod 640 als Missionar in das fränkische Reich, in die Vogesen und Ardennen, kam, begleitet von seinen Schülern Giswald, Clemens und Sallust. Dann zog er weiter und gründete an dem Zusammenfluss von Nahe und Glan eine Klause.

Disibod begann um 640 mit seinen Gefährten Hütten zu bauen und christianisierte die heidnische Bevölkerung.

Erst mehrere hundert Jahre später, 975, gibt es Belege dafür, dass auf diesem Berg oberhalb von Nahe und Glan eine religiöse Einrichtung entstand. Der Erzbischof von Mainz, Willigis (er ließ auch den Mainzer Dom erbauen) gründete dort die erste Kirche und ein Kloster. Augustinerchorherren lebten dort,

Reste des einst so großen Klosters

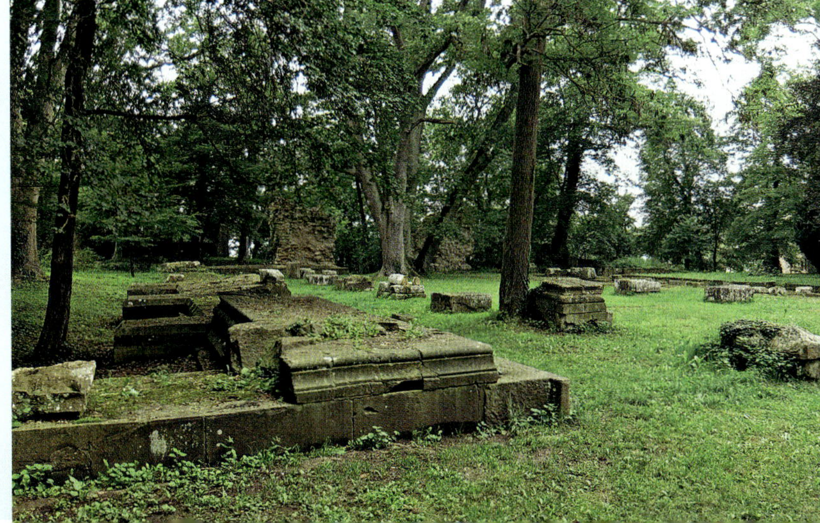

die das Stundengebet entweder allein oder in Gemeinschaft pflegten.

Das Kloster auf dem Berg, der nun Disibodenberg genannt wurde, gehörte zum Mainzer Bistum, das bedeutete, dass die dortigen Erzbischöfe das Sagen hatten. Dem Erzbischof Ruthard (1089–1109) gefiel der Lebenswandel der Chorherren wohl nicht. Benediktiner sollten deshalb in dem Kloster leben, das er neu erbauen ließ. Disibod wurde 1143 hinter dem Hauptaltar der neu gebauten Kirche beigesetzt.

Streitigkeiten gab es nicht nur zwischen verschiedenen Glaubensgemeinschaften, wie zum Beispiel den Benediktinern, die nach dem Grundsatz des heiligen Benedikt von Nursia (480–547), »bete und arbeite«, lebten, und den Zisterziensern, die strengere Regeln einführten. Streit gab es sehr häufig auch zwischen den Bischöfen und den weltlichen Herren um Besitz und Reichtum. So auch an der Nahe. Von 1240 bis 1242 bekriegten sich die Wildgrafen von der Kyrburg mit dem Mainzer Erzbischof Siegfried III. Die Wildgrafen stürmten das Kloster auf dem Disibodenberg, plünderten und verwüsteten es. Aber letztendlich siegte der Mainzer Erzbischof, aber das Kloster war nun verlassen und zerstört worden.

Reste des ehemaligen Altars

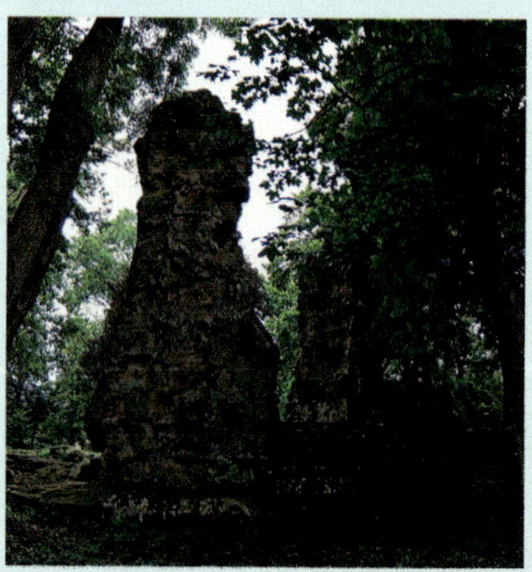

Einer der Nachfolger von Siegfried III., Erzbischof Gerhard I., übertrug den Klosterbereich den Zisterziensern, die zuvor im Kloster Otterberg tätig waren. Sie begannen mit dem Wiederaufbau von Disibodenberg, errichteten auch das Hospizgebäude, dessen hohe Mauern heute noch zu sehen sind. Das Kloster blühte durch Schenkungen erneut auf. Das blieb bis 1500 so. Dann kam es zum Krieg zwischen Kurfürst Friedrich dem Schönen von der Pfalz und dem Herzog Ludwig, dem Schwarzen von Pfalz-Zweibrücken (1424–1489). In diesen Streit einbezogen waren auch Klöster. Nicht nur Eußerthal in der Pfalz wurde damals niedergebrannt, auch das Kloster auf dem Disibodenberg wurde erneut geplündert und zerstört.

Nun war der Niedergang vorprogrammiert. 1559 übergab der letzte Abt, Peter von Limbach, das Kloster dem Herzog Wolfgang von Pfalz-Zweibrücken. Ein Verwalter kam auf das Kloster. Noch bis 1790 existierten einige Klostergebäude, dann erklärten die Franzosen, die ab 1797 das linke Rheinufer besetzt hatten, den Disibodenberg zum Nationaleigentum und versteigerten Grund und Boden.

Der Disibodenberg kam in Privatbesitz, wurde als Steinbruch benutzt. 1985 wurden auf dem Gelände archäologische Grabungen unternommen, das Klostergelände gesichert, die Ruine in die Scivias-Stiftung überführt, die sich um die Erhaltung des Klosters bemüht.

Eindrucksvoll: die Mauern des Hospizgebäudes ▸

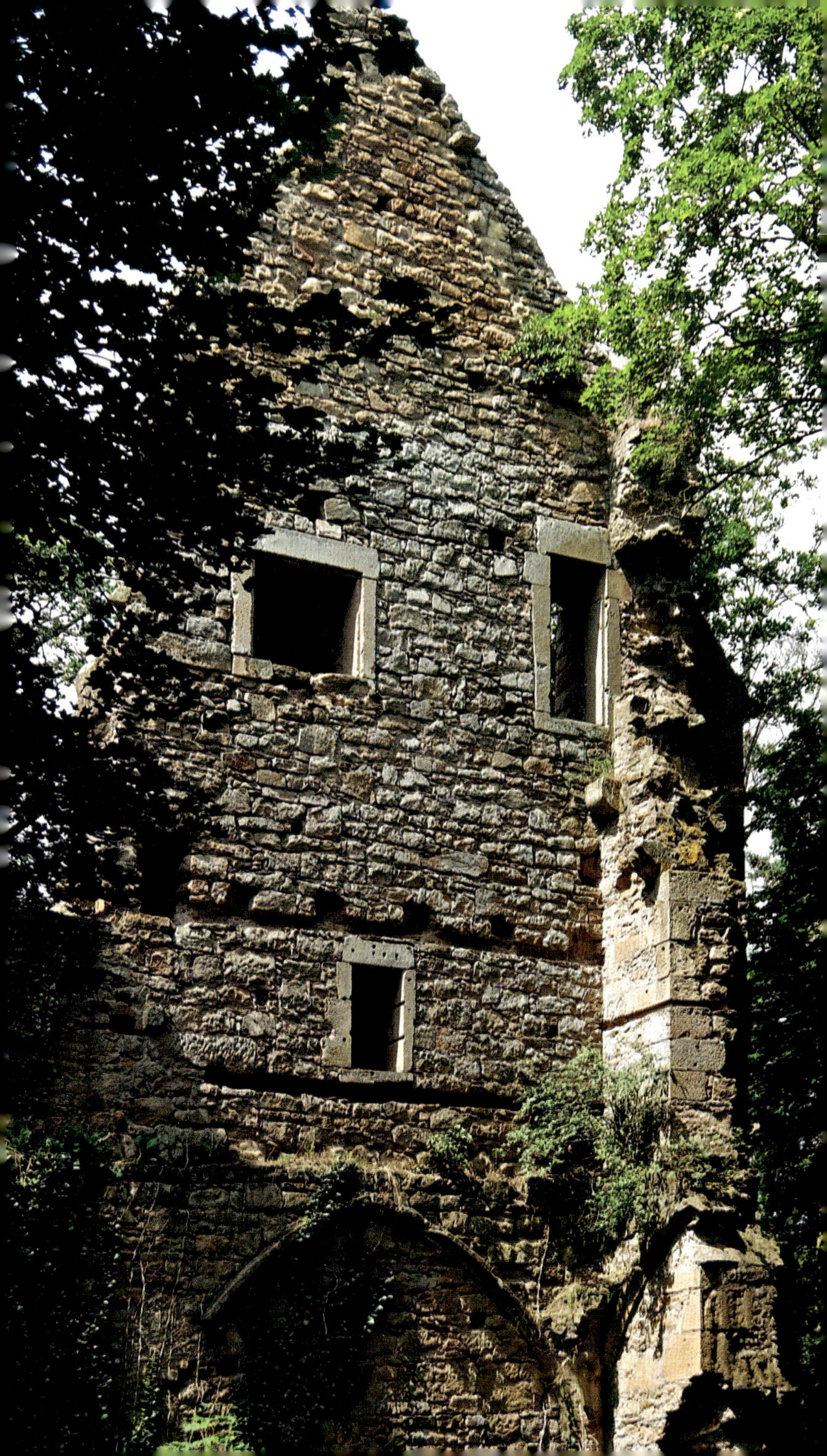

Schloss Dhaun und Burg Brunkenstein

13

So ist das nun: In manchen Burgen wurden Gaststätten errichtet, in anderen Hotels und Schulungseinrichtungen. Auf Schloss Dhaun sind es eine Jugend- und Erwachsenenbildungsstätte und die Kommunalakademie Rheinland-Pfalz. Sicher ein schöner Ort, um sich dort weiterzubilden. Aber durch die zahlreichen Um- und Neubauten ist viel der alten Burgsubstanz verloren gegangen. Spannend ist der Besuch dieser mächtigen Burg trotzdem, sind doch noch alte Mauern zu sehen wie die beiden Rondelle, das sind Artilleriebauwerke am Parkplatz vor der Burg, die durch innen liegende, beleuchtete Gänge miteinander verbunden sind.

So prächtig sich Schloss Dhaun heute zeigt, so bescheiden sind die Reste der ehemaligen Burg Brunkenstein, die zur Verteidigung von Schloss Dhaun zur Zeit der Dhauner Fehde erbaut wurde. Aber der Weg dorthin, wie auch zur Stiftskirche St. Johannisberg, sind ein Erlebnis. Vor allem die dortige Aussichtsplattform, der Skywalk am Steilhang zur Nahe, ist imposant. Dem Besucher kann es schwindlig werden.

Es gibt zwei Möglichkeiten zur Einkehr, sozusagen auf halber Strecke. Deshalb sind auch zwei verschiedene Startpunkte für diese Wanderung beschrieben. Zwei Einkehrmöglichkeiten jeweils auf halber Strecke, also nach 1 Stunde und 30 Minuten.

Wanderdauer Gut 3 Stunden für 12 km

Höchster Punkt 380 m ü. N. N.

Etappen Vom Parkplatz oberhalb von Dhaun bis zum Schloss Dhaun: 30 Minuten
Vom Schloss bis zur Ruine Brunkenstein: 30 Minuten
Von Brunkenstein zur Kirche St. Johannisberg: gut 1 Stunde
Von der Kirche zurück zum Parkplatz: gut 1 Stunde

Einkehren **Restaurant Wappensaal** unterhalb von Schloss Dhaun, direkt neben dem Parkplatz, Tel.: (01 51) 41 63 66 10, Öffnungszeiten: Fr–So und an Feiertagen ab 11 Uhr. Im Herbst und Winter: Fr ab 16 Uhr, Sa ab 14 Uhr und sonn- und feiertags ab 11 Uhr. Oft wird hier auch Musik gespielt. Außerdem: **Landhaus St. Johannisberg**, neben der Kirche St. Johannisberg, Sankt Johannisberg 12, 55606 Hochstetten-Dhaun, Tel.: (0 67 52) 60 80, Öffnungszeiten: Mo–Sa 17–21.30 Uhr, So 11.30–21.30 Uhr, mittwochs geschlossen

Wanderkarte

Naturpark Soonwald-Nahe/Kirn, Blatt 2, 1:25000 des Landesamts für Vermessung Rheinland-Pfalz

Anfahrt

Wanderung 1: Hochstetten-Dhaun liegt an der Bundesstraße 41, zwischen Kirn und Bad Sobernheim. Von Bad Sobernheim kommend, fahren Sie von der Durchgangsstraße in Hochstetten rechts, von Kirn aus kommend fahren Sie links nach Schloss Dhaun. Sie kommen an dem Schloss vorbei und parken kurz vor dem Ende des Ortes auf der rechten Seite, links ist das Hinweisschild: Karlshof. Der Parkplatz ist ausgeschildert.

Wanderung 2: Wenn Sie die Tour vom Parkplatz am Friedhof Hochstetten aus starten wollen, fahren Sie wie zuvor beschrieben den Berg Richtung Schloss Dhaun hinauf und achten auf den Friedhof auf der rechten Seite, dessen Mauer Sie gut sehen können. In der Rechtskurve biegen Sie links auf den dortigen Parkplatz ein. Sie sehen zwei Bänke mit zwei Tischen, über dem Parkplatz steht ein Haus.

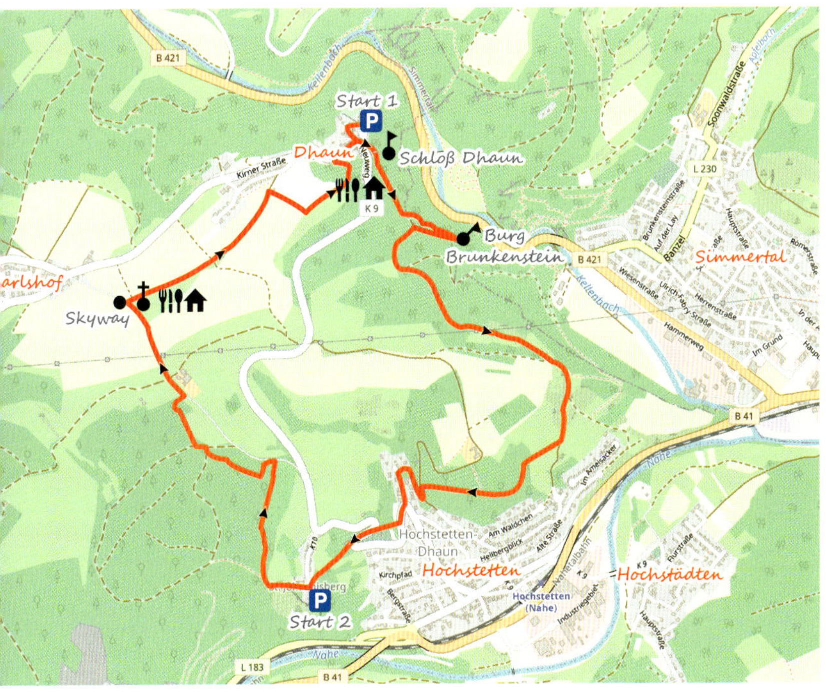

Wanderung 1

Nun der Rundwanderweg von Dhaun aus: Sie starten oberhalb von Dhaun, gehen über die Straße, die Sie hochgefahren sind in das Neubaugebiet und folgen dem Zeichen **Vitaltour Wildgrafenweg**. Es geht ein Stück die Straße entlang, dann gehen Sie eine Treppe hinauf, wo die Straße »Im Herrengarten« abzweigt. Dann führt der Weg an einem Feld vorbei. Sie erreichen wieder einen asphaltierten Weg, der nach rechts an der Sternwarte vorbeiführt. Dort ist auch ein Schild angebracht, das Sie informiert: auf Anfrage können Sie die Volkssternwarte besuchen. Tel.: (0 67 52) 9 38 40. Dazu sollte es allerdings dunkel sein. Direkt nach der Sternwarte wandern Sie nach links weiter mit der Markierung des **Wildgrafenweges**.

Weiter Wanderung 1 und zweiter Teil der Wanderung 2

Sie kommen auf dem Weg mit dem **Vitalzeichen Wildgrafentour** an einer Liege vorbei, hier können Sie gerne rasten. Sie erreichen eine weitere Bank mit einem Tisch und nun geht es in den Wald hinein. Über einen recht steilen Weg, der auch über Stufen führt, gelangen Sie nach unten. Sie verlassen den Wald und sehen auf der rechten Seite die Burg. Sie erreichen die Straße, die Sie zuvor nach oben gefahren sind. Nun laufen Sie nach rechts an der Straße entlang zum Schloss. Hinweisschilder machen Sie auf alte Gebäude und die Geschichte des Dorfes aufmerksam. Nach der Besichtigung des Schlosses können Sie in den Innenhof gehen, den Sie durch die Neubauten erreichen. Bisweilen ist er allerdings gesperrt – dennoch ist es einen Versuch wert. Von seinem Garten aus erreichen Sie ferner die Gänge durch die Rondelle. Neben dem Parkplatz vor dem Schloss befindet sich seit 2020 die Gaststätte »Wappensaal«, in die Sie einkehren können. Sie verlassen die Burg vom Parkplatz aus, neben der Gaststätte führt ein Wirtschaftsweg den Berg hinunter. Ein Hinweisschild ist angebracht. Sie laufen den Weg hinunter, bis auf der linken Seite ein Schild auf die Burg Brunkenstein hinweist. Sie gehen weiter den Berg auf schmalem Pfad hinunter mit dem Zeichen des **Wildgrafenweges**. Ein weiteres Schild weist vom eigentlichen Pfad weg zur Burg hin, es geht ein paar Treppen hoch zu dieser letzten, übrig gebliebenen Mauer, die Ruine Brunkenstein. Diesen Weg gehen Sie wieder zurück nach rechts, dann folgen Sie weiter dem Hinweisschild: »St. Johannisberg: 3,3 km« und Schloss Dhaun. Es geht nun den Berg hinauf über Wiesen, bis Sie wieder auf den Wirtschaftsweg stoßen, den Sie zuvor verlassen haben. Dort geht es nach links den Berg hinunter. Der Weg gabelt sich, Sie gehen weiter nach

St. Johannisberg, jetzt sind es noch 2,9 Kilometer. Bald kommt zu dem **Vital-Zeichen** die skizzierte **Nonne** für den **Hildgardis-Weg** dazu. Jetzt durchwandern Sie eine schöne Eichenallee. Es geht immer wieder den Berg hinauf, dann wieder hinunter. Sie kommen an einem Schlagbaum vorbei und schon geht es wieder den Berg hinauf. Dort erreichen Sie eine kleine Straße, hier halten Sie sich links. Der Weg ist gut markiert. Sie erreichen den Ort, kommen die Dhauner Straße hinunter und stoßen in einer Linkskurve auf die Zufahrtsstraße nach Schloss Dhaun. Nein, Sie müssen nicht diese Straße entlanglaufen, auf der rechten Seite ist eine kleine Treppe, über die Sie dem Pfad in den Wald hinein folgen. Markierungen sind angebracht. Sie kommen an dem Friedhof auf der linken Seite vorbei, rechts ist die Straße. Sie gehen an der Mauer entlang, überqueren die Kreisstraße 9 und gehen auf den gegenüberliegenden Parkplatz. Dort sind Bänke und Tische. Oberhalb des Parkplatzes steht ein Haus (das ist der Parkplatz für Start und Ende von **Wanderung 2**).

Von dem Parkplatz aus geht es nun Treppen bis zu der Stiftskirche St. Johannisberg hoch. Oben angekommen sehen Sie linkerhand die Stiftskirche. Eine Straße führt auch zu einem Gasthaus und dort zu der Plattform über dem Nahetal.

Zurück geht es von diesem kleinen Ort, indem Sie an dem Brunnen nach links den Berg hinauf wandern, zunächst an Häusern vorbei und auf eine Garage zu. Die Zeichen des **Hildegard-**

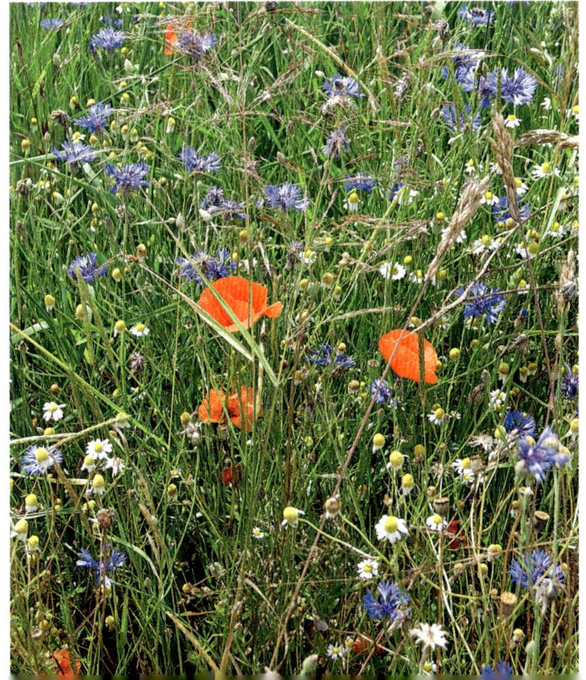

und **Wildgrafenweges** sind angebracht. Sie gehen durch einen Wald und erreichen eine kleine Hütte und sehen dort den Anfahrtspunkt für Rettungsfahrzeuge 6110-534. Auf einem breiteren Wirtschaftsweg geht es ein kurzes Stück nach links weiter. Dann gehen Sie – nach etwa 50 Metern – nach rechts auf schmalem Pfad mit den entsprechenden Markierungen weiter. Sie kommen aus dem Wald heraus, gehen an eingezäunten Koppeln vorbei bis zur Straße »An dem Waldhof«. Nun verlassen Sie den Wildgrafenweg und folgen der Straße geradeaus mit dem Zeichen der **Traube** für den Weinwanderweg den Berg hinauf. Oben angekommen, sehen Sie auf der rechten Seite eine Schutzhütte, dort geht es weg von der Autostraße auf einem asphaltierten Wirtschaftsweg mit dem Zeichen der **Traube** nach rechts. Hier kommt auch die Markierung **N** für den Nahehöhenweg dazu. Sie bleiben auf diesem Weg bis zur Sternwarte und gehen dort genauso wie zu Beginn der Wanderung weiter, d. h. an der Sternwarte nach links weiter und an dem Feld vorbei, schließlich nach rechts über die Treppe und die Straße hinunter bis zum Parkplatz.

Wanderung 2

Sie starten am Parkplatz gegenüber dem Friedhof und gehen dort die Treppe hinauf zur Stiftskirche St. Johannisberg, zur Plattform über der Nahe und einem Gasthaus. Anschließend laufen Sie wieder in den Ort zurück und folgen dem **Hildegard-** und **Wildgrafenweg**. Sie gehen durch einen Wald und erreichen eine kleine Hütte und sehen dort den Anfahrtspunkt für Rettungsfahrzeuge 6110-534. Es geht auf einem breiteren Wirtschaftsweg ein kurzes Stück nach links weiter. Dann geht es – nach etwa 50 Metern – nach rechts auf schmalem Pfad mit den entsprechenden Markierungen weiter. Sie kommen aus dem Wald heraus, gehen an eingezäunten Koppeln vorbei bis zur Straße An dem Waldhof. Nun verlassen Sie den Wildgrafenweg und folgen der Straße geradeaus mit dem Zeichen der **Traube** für den **Weinwanderweg** den Berg hinauf. Oben angekommen, sehen Sie auf der rechten Seite eine Schutzhütte. Sie entfernen sich nun von der Autostraße und gehen nach rechts auf einem asphaltierten Wirtschaftsweg mit dem Zeichen der **Traube**. Hier kommt auch die Markierung **N** für den Nahehöhenweg hinzu. Sie bleiben auf diesem Weg bis kurz vor der Sternwarte. Nun geht es nach rechts mit dem Zeichen des **Wildgrafenweges**. Weitere Beschreibung siehe oben, **zweiter Teil der Wanderung 2**.

Die Geschichte von Schloss Dhaun

Viel ist von der einstigen Burg, heute Schloss Dhaun genannt, nicht mehr übriggeblieben. Nicht nur in den letzten Jahren hat sich hier durch Um- und Neubauten viel verändert. Schon im 16., im 18. und im 19. Jahrhundert wurde hier um- und neu gebaut, sodass die alte Burg zu einem prächtigen Schloss umgestaltet wurde. Ihr heutiges Aussehen verdankt das Schloss weitgehend den neuen Gebäuden, die von 1971 bis 1977 errichtet wurden.

Nun der Reihe nach: In einem Dokument ist überliefert, dass die Burg bereits um 1200 existierte. Wann sie genau gebaut wurde, ist unklar. In einer Urkunde wurde die Burg von der Reichsabtei St. Maximin bei Trier (das war das größte Benediktinerkloster in Trier und eines der ältesten Klöster Westeuropas) zu Lehen an die Wildgrafen gegeben, die viele Jahre auf der Burg residierten. Im 14. Jahrhundert kam es dann zum Streit zwischen dem Erzbischof Balduin von Trier (aus dem Geschlecht der Luxemburger) und dem Wildgrafen Johann. Dieser Erzbischof war ein kämpferischer Herrscher, der sich unter anderem auch mit vielen Adeligen im Hunsrück-Naheraum anlegte. Ausgangspunkt war damals zunächst ein Streit zwischen den Wild-

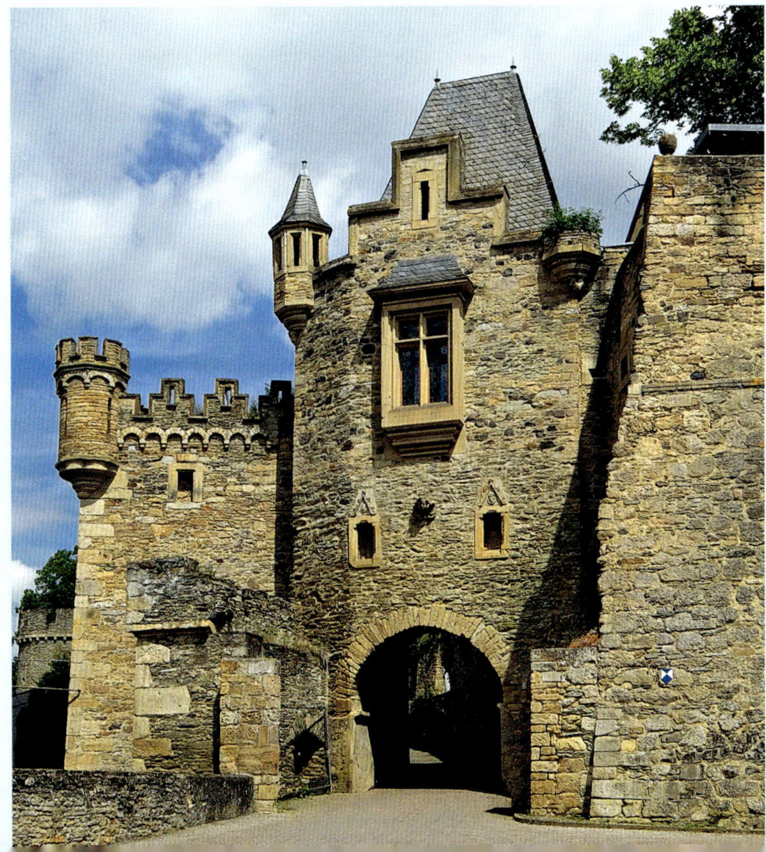

grafen auf der Schmidtburg mit ihren Verwandten auf der Kyrburg bei Kirn. Diese Auseinandersetzung führte letztendlich zur Lehensübertragung der Schmidtburg an den Kurfürsten und Erzbischof Balduin von Trier. Nach dem Aussterben der Schmidtburger Linie zog 1328 der Erzbischof dieses Lehen ein. Das wollten sich die Wildgrafen von Dhaun, die auch das Erbe der Burg beanspruchten, nicht gefallen lassen: Es kam zunächst zu der Schmidtburger Fehde (1329–1330), bei der die Friedensverhandlungen keine Lösung brachten. Der Konflikt schwelte trotz des Verzichts der Wildgrafen auf die Burg weiter. Dann kam es zu der Dhauner Fehde (1337–1342) mit dem Erzbischof, an der viele Adelige an der Nahe beteiligt waren. Zentrum der Kämpfe war die Burg Dhaun. Sie wurde von den Truppen des Erzbischofs belagert. Um sich gegen die bischöflichen Krieger, die zum Großteil von der Schmidtburg aus agierten, zu verteidigen, bauten die Wildgrafen ganz in ihrer Nähe die Burg Brunkenstein. Aber auch das half letztendlich Wildgraf Johann I. nichts. Er unterlag dem Trierer Erzbischof. Das Lehen, die Burg Dhaun, blieb trotzdem weiter in seinen Händen, die Schmidtburg im Besitz des Trierer Erzbistums.

Nach dem Aussterben der Grafenfamilie in männlicher Linie fiel die Burg 1350 an die Rheingrafen. Der Name wurde länger: die Herren nannten sich nun Wild- und Rheingrafen. Die Ära der Dhauner Wild- und Rheingrafen begann. Durch Erbschaft und Heirat kamen noch die Namen »zu Kyrburg« und »von Salm« dazu. Die Anlagen der Burg wurden erweitert. Zwischen 1518 und 1561 entstand ein stark befestigtes Schloss. Damals kamen auch die beiden dreigeschossigen Rondelle hinzu, das waren Artilleriebauwerke, auf denen schwere Geschütze aufgestellt werden konnten. 1729 entstand ein neuer Flügel am Schloss und der Garten wurde nach französischem Vorbild angelegt.

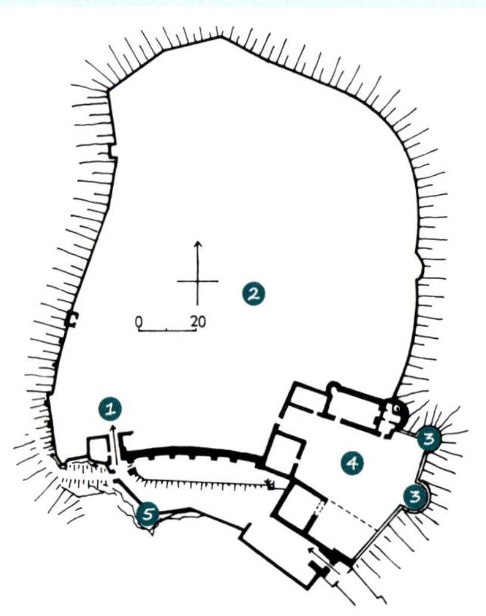

SCHLOSS DHAUN
1 Eingang
2 Bergfried
3 Rondelle Artilleriebauwerke
4 Hof
5 Turm

Dann kamen die Franzosen an die Nahe. Sie besetzten 1794 das Schloss. Große Teile der Burg wurden abgetragen und zur Kauzenburg in Bad Kreuznach gebracht, der Rest verkauft. Die Gebäude verfielen. 1850 kaufte ein Trierer Arzt die Anlage und begann mit den Instandsetzungen. Aus dieser Zeit stammen die Bauelemente am Eingangstor. Wieder wurde das Schloss verkauft, der Fabrikant Simon aus Kirn nahm weitere Renovierungen vor. 1954 ging das Schloss an den Zweckverband Schloss Dhaun über. Heute sind die Stadt Kirn und der Landkreis Bad Kreuznach Eigentümer des Schlosses.

Noch etwas: Der Film über die Geschichte des Schinderhannes von 1958 wurde zum Teil hier gedreht: Curd Jürgens war Schinderhannes, Maria Schell das Julchen.

Die Geschichte der Burg Brunkenstein

Eine »richtige« Burg war Brunkenstein nicht. Die Anlage wurde zur Verteidigung von Schloss Dhaun während der Dhauner Fehde errichtet (→ Geschichte von Schloss Dhaun). 1411 wurde die Burg geschleift. Erhalten ist die Hälfte des einst runden Wohnturms oder Bergfrieds.

Im Jahr 1329, also während der Dhauner Fehde, wurde auch die Burg Rotenberg in unmittelbarer Nähe zur Burg Brunkenstein errichtet. Sie wurde 1480 niedergebrannt. Von ihr ist so gut wie nichts mehr erhalten geblieben, lediglich Reste des Halsgrabens.

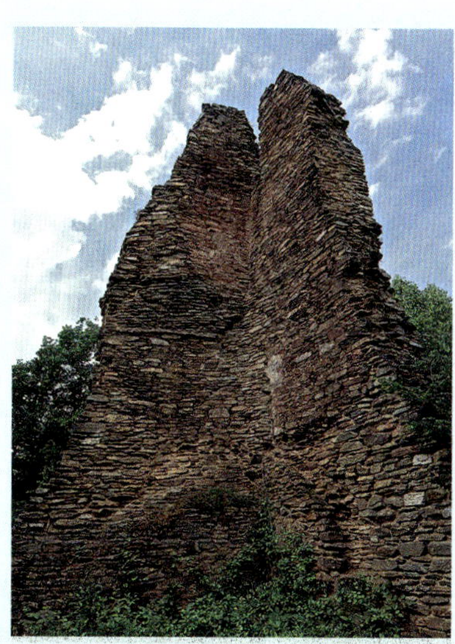

Die Geschichte der Stiftskirche St. Johannisberg

Dass die kleine Kirche St. Johannisberg bereits 1283 existierte, ist aus Urkunden nicht ersichtlich. Das genaue Datum, wann sie gebaut wurde, ist auch nicht bekannt. Vermutlich wurde sie gebaut, nachdem Burg Dhaun gebaut und von den Wildgrafen bereits bewohnt war. Es wird angenommen, dass sie als Grablege der Grafen diente und deshalb gebaut wurde. Nach einer Urkunde aus dem Jahr 1318 hat wohl der Ritter Hermann von Porta die Idee zu einer Stiftskirche gehabt. Da sie aber eine Kirche der Wildgrafen war, musste sie zunächst dem Erzbistum Mainz übergeben werden. 1317 unterstellten der Wildgraf Johann von Dhaun und sein Bruder Hartrad dem Domkapitel von Mainz die Kirche. Der Erzbischof Peter von Aspelt erhob die Kirche zur Kollegiatskirche. Ein Kollegiatsstift ist eine Gemeinschaft von Säkularkanonikern, Priestern, die keiner Ordensgemeinschaft angehören. Sie grenzten sich von den Mönchen ab. Nach der Reformation 1561 löste sich das Stift auf.

Beeindruckend sind die Gräber der Wild- und Rheingrafen und deren Nachfolger aus dem Hause Salm im Chor der Kirche. Das älteste Wandgrabmal am Aufgang zur Kanzel zeigt Johann II., der 1383 gestorben ist. Das zweite bedeutende Grabdenkmal an der Wand gegenüber stellt den Wild- und Rheingrafen Philipp, den Begründer der Linie Dhaun, der 1521 gestorben ist, dar. Dazu gibt es zwei Familiengräber, die im Renaissance- und Barockstil gestaltet sind. Das Renaissance-Relief zeigt das Ehepaar Johann Christoph und Dorothea mit ihren Kindern. Gegenüber ist die barocke Grabplatte des Wild- und Rheingrafen Johann Philipp und seiner Gemahlin Anna Katharina, geborene Gräfin von Nassau-Saarbrücken. Und nicht übersehen sollten Sie bei der Besichtigung die Orgel, die Friedrich Carl Stumm 1782 baute. Er stammte aus der berühmten Hunsrücker Orgelbauerfamilie.

Ein Wort zur Aussichtsplattform (Skyway)

Seit 2015 können die Besucher von dem Hochstetten-Dhauner Stadtteil St. Johannisberg von einer Plattform hoch über dem Nahetal in die Tiefe schauen. Dieser stählerne Balkon ragt sieben Meter über die Klippen eines ehemaligen Steinbruchs hinaus. 60 Meter geht es hier senkrecht in die Tiefe, dann nochmal 40 Meter über Gefälle. Ein wunderbarer Blick auf Kirn, den Hellberg und einen noch aktiven Steinbruch belohnen das Aushalten des Nervenkitzels, der durch den Gitterrostboden entsteht. Vier Monate brauchten die Bauarbeiter, um diese Plattform zu errichten.

Skyway hoch über der Nahe mit Panoramatafel

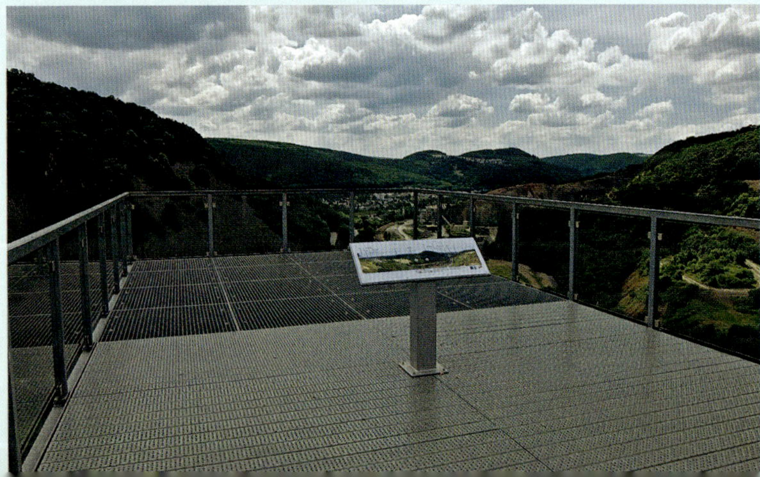

Burg Koppenstein 14

Diese Wanderung ist einfach, zumindest was die Wanderzeichen betrifft. Denn es ist eine der »neuen Touren«, eine sogenannte Traumschleifen-Wanderung mit dem Namen »Heimat«. Der Vorteil ist, dass viel markiert ist. Allerdings wurden durch die neuen Kennzeichen die alten vernachlässigt. In diesem Burgenwanderbuch sind die »Traumschleifenwege« selten aufgenommen, da sie kaum an Burgen vorbeiführen. Dieses Mal ist es aber der Fall.

Es ist eine schöne Wanderung, bisweilen auch anstrengend, vor allem wenn Sie nach der Besichtigung den Berg von der Burg wieder hinuntergehen, da viele Steine und Geröll auf dem Weg liegen. Im Anschluss erleben Sie noch das Dorf Gehlweiler, das dem Weg den Namen gab: »Heimat«. Denn hier drehte in den 70er-Jahren Edgar Reitz die Fernsehfolgen »Heimat«, eine Geschichte der Bewohner eines Ortes mit dem fiktiven Namen Schabbach im Hunsrück. Im Dorf Gehlweiler erinnern viele Bilder auf großen Tafeln an dieses Ereignis. Einkehrmöglichkeiten gibt es gegen Ende der Wanderung in Gemünden.

Wanderdauer	Etwa 4 Stunden für gut 13 km
Höchster Punkt	554 m ü. N. N. (Burg)
Etappen	Vom Parkplatz zur Burg Koppenstein: etwa 1 Stunde Von der Burg nach Gehlweiler: 1 Stunde 30 Minuten Von dem Filmort »Schabbach« nach Gemünden zum Parkplatz: 1 Stunde
Einkehren	Gaststätten in Gemünden
Wanderkarte	Blatt 2 Naturpark Soonwald-Nahe/Kirn, 1:25000 des Landesamtes für Vermessung Rheinland-Pfalz
Anfahrt	Gemünden liegt relativ mittig zwischen Simmern und Kirn. Sie kommen über die Landstraße 162 in den Ort und biegen dann in die Kreuznacher Straße, Richtung Henau ein. Sie verlassen den Ort, sehen kurz vor der Höhe auf der linken Seite das Schild: »Zum Sportplatz«. Dort biegen Sie nach rechts ab und parken. Zuvor sehen Sie den Hinweis auf das Waldhotel Koppenstein, das nicht mehr existiert. Der Parkplatz ist in Wanderkarten eingezeichnet, aber nicht als solcher vor Ort gekennzeichnet.

Wegbeschreibung

Von dem Parkplatz aus laufen Sie weg von der Autostraße die Straße Richtung Westen und biegen bald nach links ein. Ab hier sehen Sie – wie häufig auf der gesamten Strecke – das Zeichen für die **Traumschleifen**, die Premium Rundwanderwege in der Region um den Saar-Hunsrück-Steig, mit dem Zusatz **Heimat**. Bald, etwa nach 100 Metern, führt der Weg von dem Wirtschaftsweg weg und stattdessen auf schmalem Pfad durch den Wald parallel zu dem Wirtschaftsweg. Es geht langsam und stetig den Berg hinauf. Zwischendurch sehen Sie

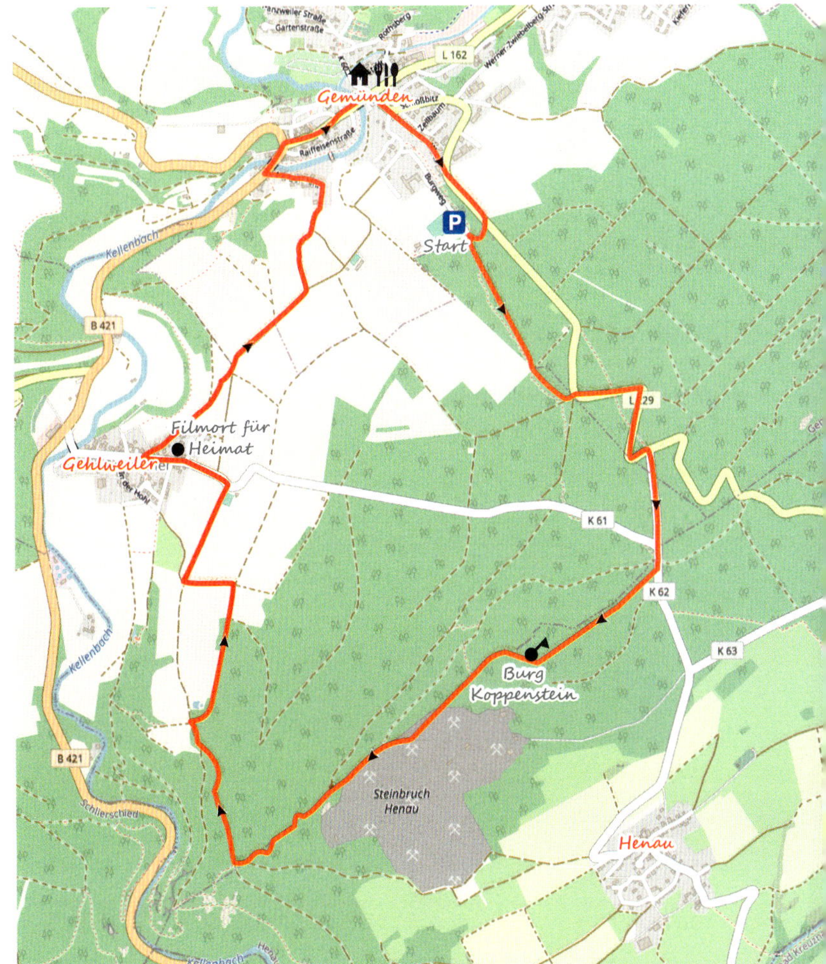

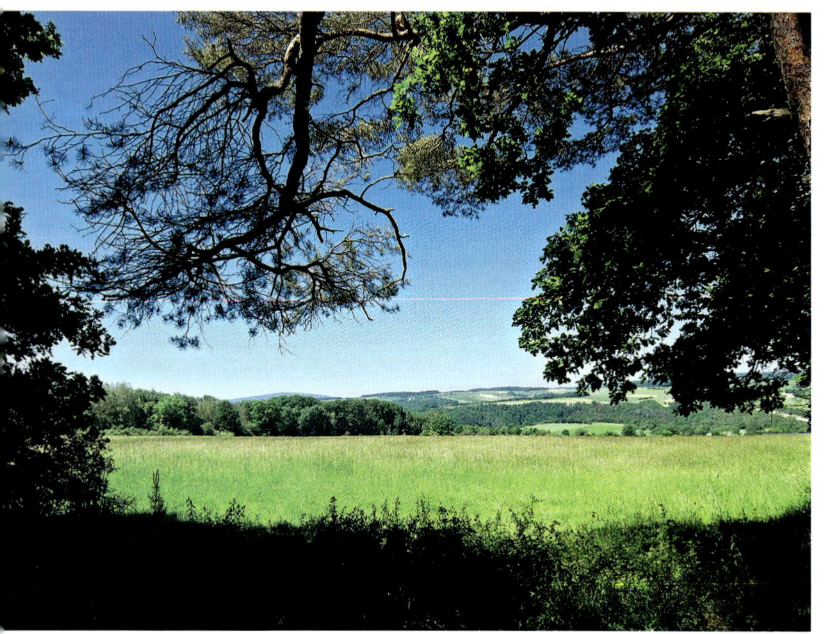

Weite Ausblicke in eine faszinierende Landschaft

noch weitere Markierungen wie den Schinderhannesweg und den Europäischen Fernwanderweg. Dabei überqueren Sie gelegentlich auch eine Straße. Aber der markierte Weg führt immer wieder in den Wald hinein. Sie erreichen einen weiteren Wanderparkplatz, gehen ein paar Meter die Straße entlang, dann nach rechts und folgen den Hinweisschildern. Dort stehen auch eine Bank und ein Tisch. Nun geht es zur Burg Koppenstein. Neben dem fünfeckigen und 20 Meter hohen Bergfried, der über eine schmale Eisentreppe zu erreichen ist, sind besonders die Felsenformationen um ihn herum spannend. Bevor Sie zu dem Koppenstein kommen, sehen Sie auf der rechten Seite den ehemaligen Halsgraben, darüber können Sie auch noch alte Mauern entdecken. Der Graben ist bis zu zehn Meter tief und teilweise auch bis zu zwanzig Meter breit.

Nach dem Besuch der Burg geht es nun, nicht mehr so gemütlich wie zuvor, den Berg hinunter. Zu Beginn ist es noch ganz bequem, aber nach dem ersten Aussichtspunkt mit Bänken in der Nähe des Steinbruchs geht es über viele Steine und Geröll recht steil hinunter. Das Wanderzeichen **Heimat** ist angebracht. Zwischendurch haben Sie immer wieder schöne Ausblicke in die Hunsrücker Landschaft. Fast ganz unten angekommen, verlassen Sie den Wald und gehen durch eine Wiesenlandschaft auf den Ort Gehlweiler zu. Sie erreichen die ersten Häuser des Dorfes und folgen weiter aufmerksam dem Wanderweg **Traumschleife Heimat** durch den Ort. Häufig sehen Sie an den Häusern großformatige Fotos, die zeigen, wie es hier während der Dreharbeiten zu dem Film »Heimat« aussah. Am Gemeindehaus ist ein Rundum-Panorama aufgestellt. Dort gehen Sie nach links die Straße hinunter, weiter durch den Ort, allerdings nicht bis zum Simmerbach mit der schönen alten Brücke. Sie halten sich an die Beschilderung, die Sie aus dem Dorf hinaus führt zu einem Wiesenweg am Waldrand entlang. Kurz bevor Sie auf die Straße 421 kommen, geht es nach rechts wieder bergauf nun auf den **Geo-Lehrpfad**. Sie gehen rechts an den Felsen vorbei den Berg hinauf und anschließend wieder hinunter. Dort sind auch Treppen und ein Schild macht auf die ehemalige Kaisergrube aufmerksam, an der Sie vorbeikommen. Sie folgen der Markierung bis nach Gemünden. Ein kleiner »Umweg« führt Sie weg von der Durchgangsstraße, dann müssen Sie aber doch bis zur Brücke die Straße entlanglaufen. Nach der Brücke geht es rechts am Simmerbach entlang bis zur nächsten Brücke. Dort laufen Sie nach rechts vorbei an dem Hotel-Restaurant »Gemünden«, dann nach rechts die Kreuznacher Straße entlang, so, wie Sie zuvor zum Parkplatz gefahren sind. Die Straße macht eine Kurve, Sie gehen hier geradeaus den Henauer Weg immer weiter nach oben. Hier fehlen allerdings die Markierungen. Sie gehen immer weiter nach oben und stoßen dann auf die K 62 nach Henau, sehen aber schon von Weitem weiter oben an der Straße das Hinweisschild »Zum Sportplatz«. Dort steht auf der rechten Seite Ihr Auto.

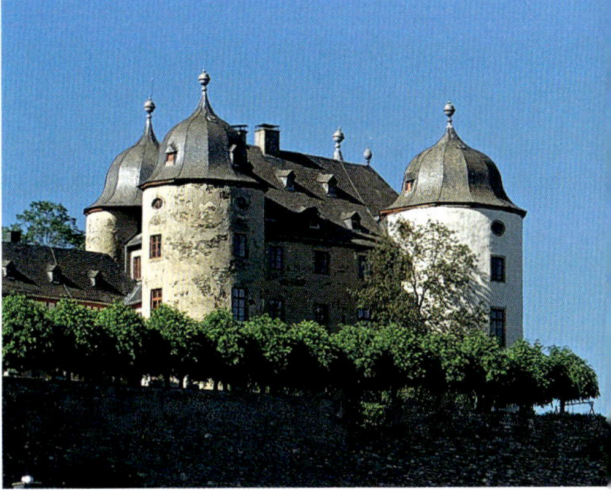

Das Schloss in Gemünden ist in Privatbesitz.

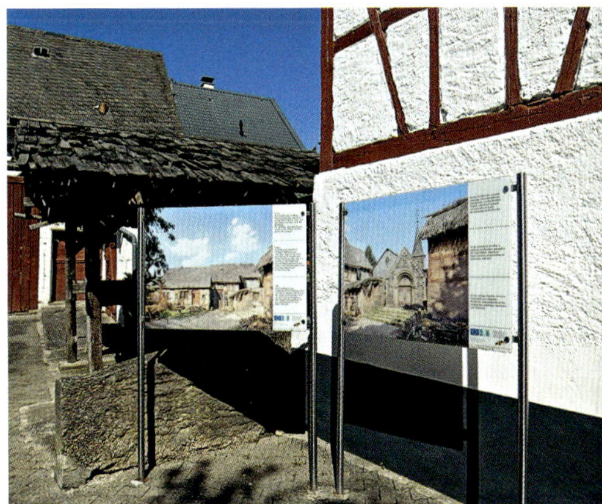

Fotos erinnern in Gehlweiler an die Fernsehserie »Heimat«

Die Geschichte der Burg Koppenstein

Fernab liegt die Ruine Koppenstein, tief im Wald von Felsen umgeben. Weitgehend hat sich die Natur der alten Steine bemächtigt, nur der Turm wurde 1908 zum Aussichtsturm ausgebaut und hat einen ebenerdigen Zugang. Deshalb sind im unteren Teil die Treppen sehr schmal.

So verwunschen die Ruine Koppenstein gelegen ist, so wunderlich sind auch die Geschichten, die von ihren Bewohnern erzählt werden. Zum Beispiel die Geschichte vom »Koppensteiner Gretchen«, der Maria Margaretha Rosenstein: Sie war die letzte Bewohnerin der verfallenen Burg. Sie starb 1821 und wurde auf dem Friedhof in Kellenbach begraben.

Oder die Sage von Irmgard, der »Jungfrau von Koppenstein«. Dies ist die Geschichte einer jungen Adeligen, die sich in den Ritter Gisbert von der Wildburg verliebt hatte, der auch sie liebte. Aber Irmgards Schönheit zog viele Verehrer auf die Burg, unter anderem einen stolzen Sponheimer Grafen. Er wurde von ihr abgewiesen, Irmgard wollte ihren Gisbert heiraten. Der Hochzeitstermin stand bereits fest. Dann geschah das Unglaubliche: der Sponheimer Graf stürmte auf die Burg, Irmgard floh auf die Zinnen des Turmes und wollte lieber sterben, als den Grafen ehelichen. Sie drohte dem Grafen mit ihrem Sprung in die Tiefe. Er wollte sie zurückhalten, aber sie sprang in den Tod. Dann kam der Torwächter zur Stelle. Er ergriff die Beine des Sponheimers, der auf der Burg Kallenfels herrschte, und stürzte ihn in die Tiefe. Der Geliebte von Irmgard kehrte von der Jagd zur Burg zurück, sah das Unglück, verließ die Burg und lebte danach in dem Kloster Sponheim, wo er wenige Jahre später starb.

1800 soll der berüchtigte Hunsrücker Schinderhannes die Beute seines Raubes in Otzweiler mit seinen Gesellen auf der Burg geteilt haben.

Nun zur Geschichte der Burg: 1334 wurde die Burg Koppenstein zum ersten Mal in einer Urkunde erwähnt. Erbauen ließ die Wehranlage Graf Johann II. von Sponheim. Burggrafen und deren Burgmannschaft bewohnten den Koppenstein. Sie nannten sich wohl nach der Burg, nämlich »von Koppenstein«. Nach dem Aussterben

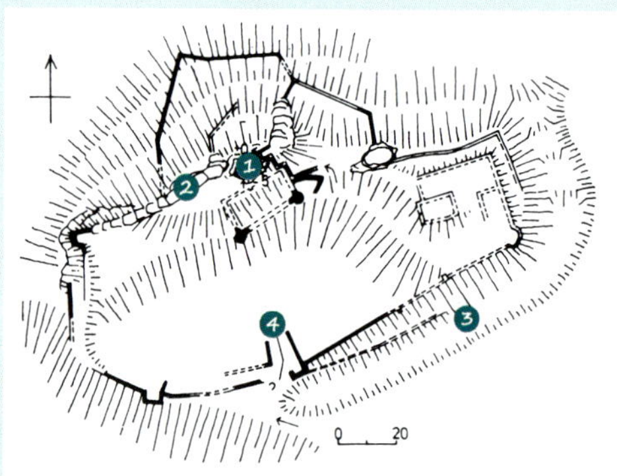

BURG KOPPENSTEIN
1 Bergfried
2 Steinwall
3 Graben
4 Eingang

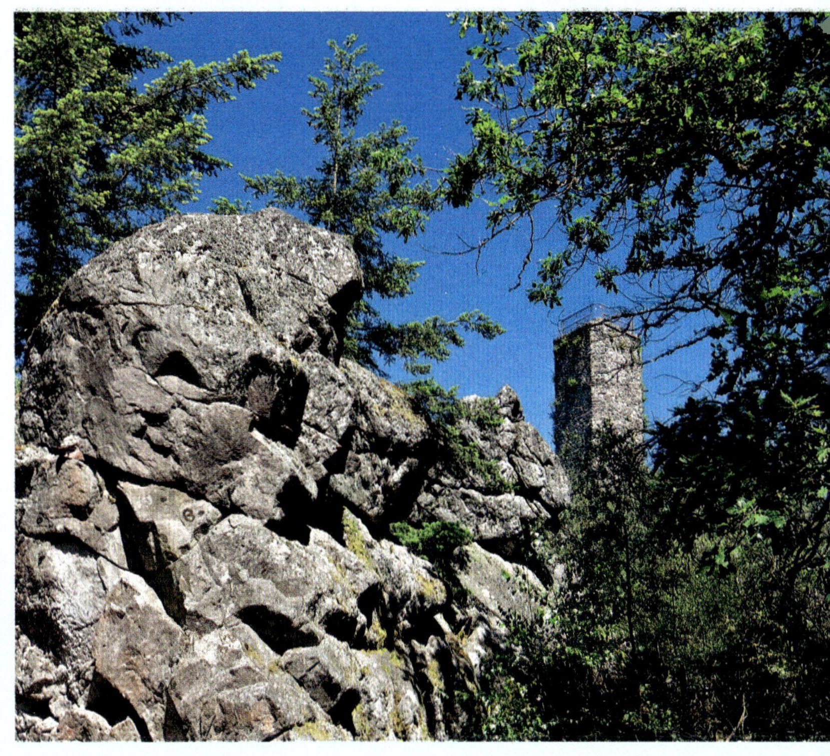

Imposante Steinformationen umgeben die Burg Koppenstein.

der Grafenfamilie von Sponheim kam 1416 ein Teil der Burg an den Pfalzgraf Ludwig III., weitere Teile an Baden und Veldenz. Ab 1444 bestand eine Eigentümergemeinschaft, also Eigner aus Baden, Kurpfalz und Pfalz-Simmern-Zweibrücken. Aber schon 1591 galt die Burg als »alt und verfallen«.

1812 verkauften die Franzosen – sie hatten ja das linksrheinische Gebiet besetzt – die Burg an die Freiherren von Schmidtburg. 1815 heiratete die Tochter von Franz Ignaz Nepomuk von Schmidtburg den Kaiserhauptmann Johann Anton von Salis-Soglio aus dem schweizerischen Graubünden. Diese Familie ist heute noch im Besitz der Burgruine und bewohnt das Schloss in Gemünden, das allerdings nicht besucht werden kann. Aber auch der Anblick von außen auf das den Ort beherrschende Gebäude lohnt sich. Es wurde auf einer Burg wohl aus dem Jahr 1301 errichtet und war im Besitz der Grafen von Sponheim, die sie an die Herren von Koppenstein bzw. an Schenk von Schmidtburg verliehen. 1514 kauften die Nachkommen von Schenk von Schmidtburg die Anlage von den Erben der Sponheimer. 1689 zerstörten französische Besatzungstruppen die Burganlage weitgehend. Von 1718 bis 1728 wurde das heutige Schloss auf den Grundmauern der Burg errichtet.

Wildburg

15

Es müssen schon sehr hart gesottene Burgenfans sein, die sich auf diese Wanderung begeben wollen. Es gibt zwar Gasthäuser, die sich nach der Wildburg benennen, auch das Forsthaus heißt so. Eine Informationstafel an einer Hütte beschreibt die Geschichte der Burg. Aber es führt nur ein wirklich ganz schmaler und nicht leicht erkennbarer Pfad in die Richtung der Burg. Oben am Berg angekommen, muss sich der Interessierte selbst einen Weg durch das Gestein suchen. Schwierig ist es auch, die Mauerreste im Sommer aufgrund der Blätter an den Bäumen und der am Boden wachsenden Pflanzen (auch Brennnesseln) zu sehen. Wenn die Blätter gefallen sind, geht das besser. Abgesehen von diesen Unannehmlichkeiten ist es eine lange Wanderung, die sich für Entdecker lohnt. Eine Einkehrmöglichkeit besteht bei der Verlängerung der Wanderung über Mengerschied im Ort selbst.

Wanderdauer	4 Stunden für 14 km
Höchster Punkt	629 m ü. N. N. (Burg)
Etappen	Vom Parkplatz bis zur Burg: 2 Stunden Zurück zum Parkplatz: auch 2 Stunden
Einkehren	**Restaurant Athen**, Simmerner Str. 3a, 55490 Mengerschied, Tel.: (0 67 65) 4 87 99 04, Öffnungszeiten: Mo–So 11.30–14.45 Uhr und 17–22.30 Uhr **Landgasthof am Park mit Pizzeria**, Gemündener Str. 15, 55490 Mengerschied, Tel.: (0 67 65) 4 87 99 82, Öffnungszeiten: Mi–So 12–14.30 Uhr und 17–23 Uhr
Wanderkarte	Naturpark Soonwald-Nahe/Simmern und Kirchberg, Blatt 1, 1:25 000 des Landesamtes für Vermessung Rheinland-Pfalz
Anfahrt	Sie erreichen Sargenroth von Gemünden aus. Bis dorthin fahren Sie, von Süden kommend, auf der B 41 bis Dhaun-Hochstetten. Wenn Sie von Osten kommen, biegen Sie vor Hochstetten nach rechts auf die B 212 nach Gemünden ab. Kommen Sie von Westen, so halten Sie sich hinter Hochstetten links. Sie fahren durch Gemünden hindurch in Richtung Mengerschied auf der L 162 bis Sargenroth. Hinter dem ersten Haus auf der rechten Seite führt nach rechts eine kleine Straße. In diese biegen Sie ein. Wenn der Asphaltbelag endet, geht es nach links zu einem großen Parkplatz am Sportplatz. Die dortige Hütte »Zur Wildburg« wird nicht mehr bewirtschaftet.

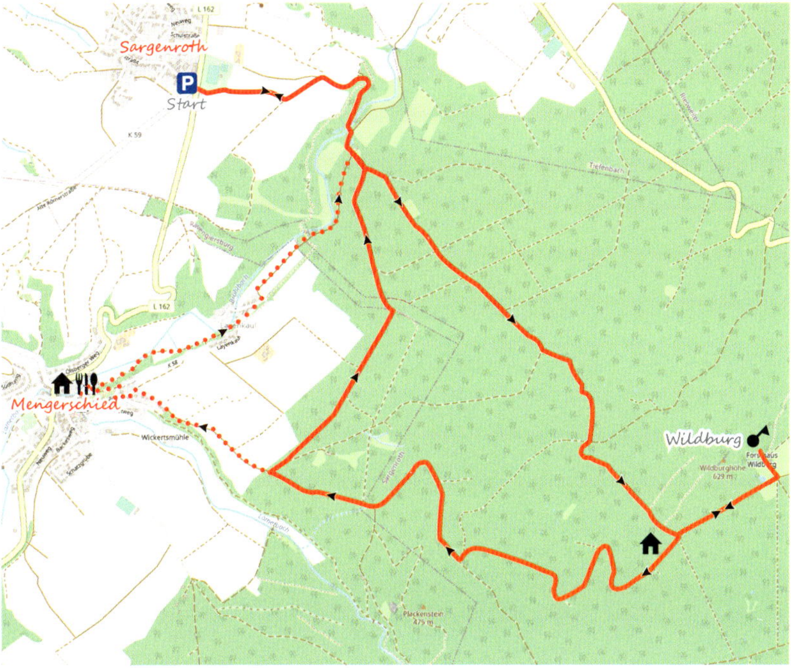

Wegbeschreibung

Vom Parkplatz aus gehen Sie wieder zur Straße zurück und dort nach links zunächst ohne ein Wanderzeichen. Sie stoßen auf einen weiteren Weg, der nun gekennzeichnet ist und dort gehen Sie nach rechts. Sie kommen an einem Platz für Grünabfall vorbei, bleiben weiter auf der Straße, gehen immer dem Zeichen, dem **weißen S auf grünem Grund** nach. Das ist der Sponheimer Wanderweg, der von der Mosel bis zur Ruine Wildburg führt. Der Weg geht über weite Strecken geradeaus. Zunächst laufen Sie den Berg hinunter, bleiben auf dem befestigten Waldweg, unten stoßen Sie auf den Fahrradweg – dort sind auch viele Schilder angebracht – und gehen nach rechts. Links ist ein kleiner See. Nun laufen Sie – manchmal über geschotterten, manchmal über asphaltierten Weg – langsam den Berg wieder hinauf mit dem Zeichen **S**. Eine kurze Zeit ist auch der **Hut** für den Schinderhannesweg dabei. Dabei kommen Sie auch auf der linken Seite an einer Naturerlebnisstation »Sargenroth Tiefenbach« vorbei. Dahinter gabelt sich der Weg. An dem Anfahrtspunkt für Rettungsfahrzeuge 6011-349 zweigt der Schinderhannesweg nach rechts ab. Ihr Weg

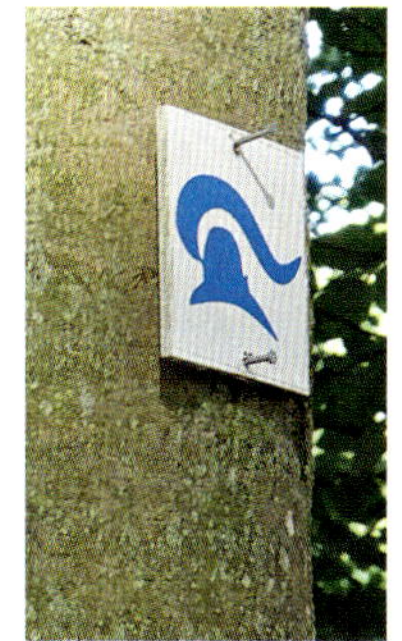

führt nun über eine sehr lange Strecke immer geradeaus mit dem **weißen S auf grüner Fläche** langsam den Berg hinauf. Dabei kommen Sie an dem Anfahrtspunkt für Rettungsfahrzeuge 6011-355 vorbei. Als nächstes erreichen Sie den Anfahrtspunkt 6011-354. Es geht weiter geradeaus den Berg hinauf. Das ist kein steiler, dafür aber sehr langer Aufstieg. Wenn Sie die Hütte sehen, geht es wieder hinunter. An dieser Hütte sehen Sie eine Tafel, die Sie über die Geschichte der Wildburg informiert. Von dort geht es nach links, mal wieder geradeaus Richtung Wildburg. Ein Hinweisschild zeigt auch, dass es Richtung Entenpfuhl nach links auf dem Sponheimer Weg geht. Nach etwa 10 bis 15 Minuten erreichen Sie eine Straße, dort ist der Anfahrtspunkt für Rettungsfahrzeuge 6011-361. Sie sehen auf der linken Seite das Forsthaus Wildburg. Sie gehen nach links auf das Forsthaus zu und sehen vor sich etwas links gelegen den Wald und rechts eine überwucherte Fläche. Sie suchen an der Spitze des Waldes, der an der Straße gelegen ist, einen wenig erkennbaren Pfad, der Sie nach oben auf den Berg führt. Achten Sie auf den Trampelpfad, der ab einem gewissen Punkt nur noch schwer erkennbar ist. Damit schlagen Sie sich »auf eigene Faust« zwischen großen Steinen durch einen sehr urwüchsigen Wald hinauf. Oben orientieren Sie sich nach rechts, von dort aus können Sie die Reste der Burg auf dem Felsen erkennen. Ab hier müssen Sie sich den Weg zur Burg hinauf selbst suchen, die Burg ist nur für Kletterer zugänglich. Aber sowohl die Felsen als auch das Geröll, die Steine und die Baumstämme, die in der Umgebung den Boden so unwegsam machen, sind sehr eindrucksvoll. Oben auf dem Felsen sind die Überreste der Burg zu sehen.

Beeindruckend sind die Bäume und Felsen auf dem Weg zur Wildburg.

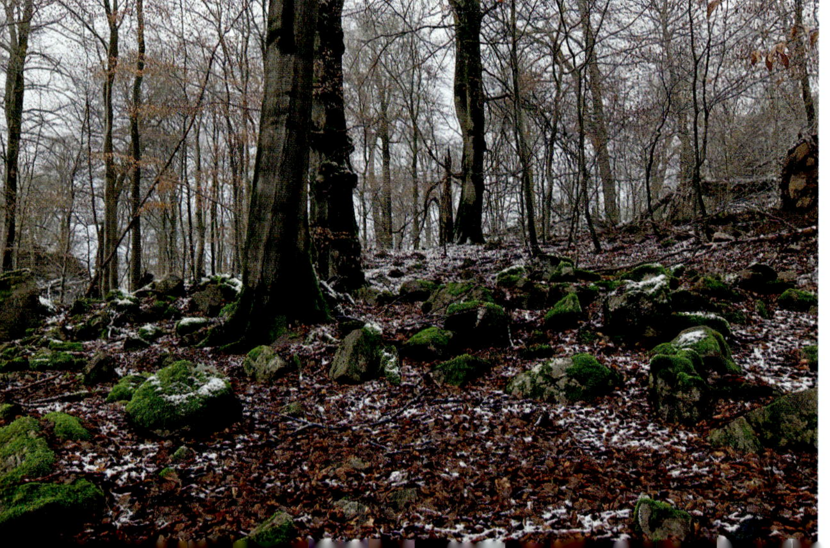

Nach dem Erkunden der Felsenlandschaft gehen Sie den Weg zum Forsthaus zurück und auch denselben Weg bis zur Hütte. Dort geht es nun aber geradeaus auf dem **markierten Fahrradweg** nach Mengerschied. Ab jetzt laufen Sie den Berg hinunter. Der nächste Anfahrtspunkt für Rettungsfahrzeuge ist 6011-353. Sie erreichen das Wilberloch, dann geht der Weg nach rechts nun mit dem **Hut des Schinderhannesweges**. Der Anfahrtspunkt für Rettungsfahrzeuge 6011-350 befindet sich hinter der Schranke auf dem Weg nach Mengerschied.

Nun gibt es zwei Möglichkeiten, den Weg zurück nach Sargenroth zu nehmen: Den etwas kürzeren, auf den Spuren des Schinderhannes, oder über Mengerschied mit dem Zeichen des **Traumschleifenweges Soonwald**. Dabei haben Sie in Mengerschied – das ist von hier aus 1 Kilometer – zwei Einkehrmöglichkeiten, die den Rückweg etwas länger, aber dann auch ausgeruhter machen können.

Zunächst die Beschreibung über den Schinderhannesweg. Ein Schild zeigt an, dass es nach Tiefenbach 5 Kilometer sind. Sie folgen nun dem **Hut des Schinderhannesweges**, der Weg gabelt sich, Sie gehen nach links und kommen an einer alten Eiche auf der linken Seite vorbei. Dort können Sie ein angebrachtes Hinweisschild zu einem besonderen Baum und eine Bank sehen, wenn der Sommer sie nicht unter Buschwerk und Pflanzen begraben hat. Nun geht es ohne große Steigung mit dem **Hut des Schinderhannes** immer geradeaus. Sie erreichen den Anfahrtspunkt für Rettungsfahrzeuge 6011-349. Sie gehen den Berg hinauf, jetzt mit dem Zeichen **S auf grünem Grund**, so wie Sie zu Beginn der Wanderung gelaufen sind. Sie erreichen die große Eiche und die Bänke auf der rechten Seite und gehen dort nach links den Berg hoch. Sie verlassen den Wald, gehen ein kurzes Stück noch den gekennzeichneten Weg entlang und dann nach links, ein Schild weist auf »Holzabfuhr« hin. Oben angekommen, gehen Sie nach rechts zu dem Parkplatz am Sportplatz.

Wenn Sie über Mengerschied nach Sargenroth laufen wollen, folgen Sie dem **S** für **Traumschleifen Soonwald** von Mengerschied nach Norden. Immer wieder führt Sie der Weg am Brühlbach vorbei, ab und zu überqueren Sie ihn auch. Es geht durch den Wald und dann eine kleine Treppe hinunter, die Sie auf den Weg führt, den Sie zu Beginn der Wanderung mit dem **S** gegangen sind. Dort geht es nach links den Berg hinauf, so wie Sie zuvor gewandert sind. Sie folgen dem **S** bis zu der Stelle, wo das Schild »Holzabfuhr« nach links zeigt. Dort gehen Sie nach links den Weg hoch, bis Sie nach rechts zu dem Sportplatz abbiegen, wo Ihr Auto steht.

Die Geschichte der Wildburg

So wenig noch von der Burgruine zu sehen ist, so wenig ist letztlich über die Geschichte der Burg bekannt. Vermutungen werden angestellt, dass es sich bei der Ruine einst um eine Reichsburg handelte und von Ministerialen, also Burgherren, verwaltet und bewohnt wurde, die sich dann »Herren von Wiltburg« nannten. Lediglich zwei konkrete Namen werden überliefert: Volker von Wiltburg (1191–1239) und wiederum ein Volker von Wiltburg (1241–1275).

Es wird weiter angenommen, dass die Wildburg um 1150 auf dem Quarzitfelsen erbaut wurde, urkundlich festgehalten ist allerdings das Datum 1253.

Im Winter sind die wenigen Reste der Wildburg am besten zu sehen.

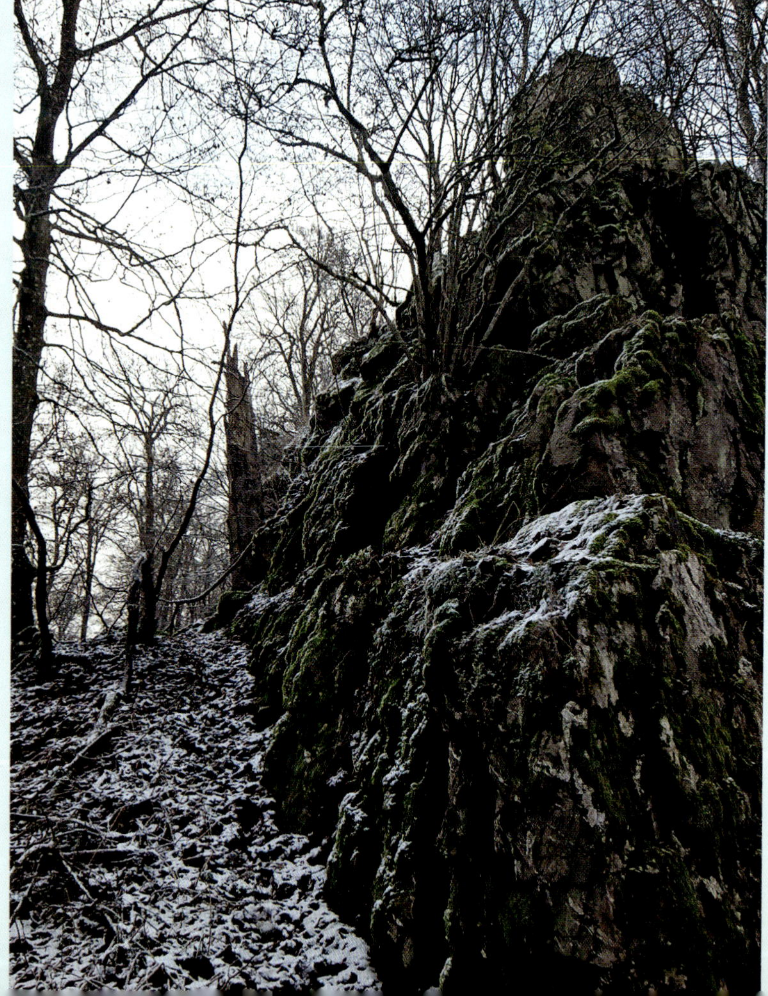

Die Wiltburger waren viele Jahre auf der Burg präsent. Aufgrund zahlreicher Verwandter und Heiraten entwickelte sich die Burg langsam zur Ganerbenburg. Darüber berichtet ein Burgfrieden aus dem Jahr 1323. Allzu friedlich scheint das Zusammenleben dennoch nicht gewesen zu sein. So hatte auch der Trierer Erzbischof Balduin seine Hände im Spiel. Die Wiltburger mussten ihm das Öffnungsrecht ihrer Burg erteilen.

Als Öffnungsrecht wurde das Recht eines Lehnsherrn bezeichnet, das ihm im Kriegsfall oder bei einer Fehde die Nutzung der Burg und die Unterstützung der Bewohner zusicherte. Denn der Trierer Erzbischof war ein kämpferischer Herrscher. Er stammte aus dem Geschlecht der Luxemburger, das waren Fürsten, die nach den Staufern das Reich regierten. Nicht nur Könige und Kaiser stammten aus diesem Geschlecht, auch der einflussreiche und machtvolle Erzbischof von Trier. Er lebte von 1285 bis 1354.

Der letzte Besitzer der Burg, Cronebaum von Wiltburg, verkaufte seinen Besitz 1386 an Pfalzgraf Ruprecht I. (1309–1390), der seinen Sitz in Heidelberg hatte und dort die Universität gründete. Der Pfalzgraf wiederum verkaufte die Wildburg an die Herzöge von Simmern, die fortan die Burg als Jagdschloss nutzten. Das bedeutete den allmählichen Verfall der Burg. Im 18. Jahrhundert war sie bereits eine Ruine.

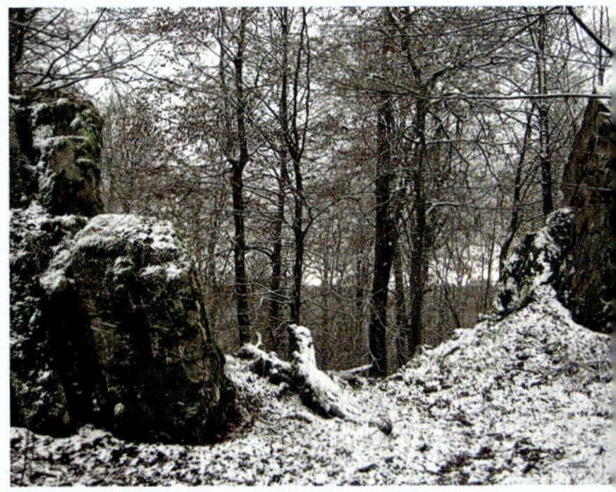

Die Burg liegt auf einem Felsenkamm. Zu erkennen sind noch Reste des runden Bergfrieds, einer Schildmauer, von Grundmauern ehemaliger Gebäude und des Wallgrabens. Zu sehen sind auch Steinwälle um den Felsen, von denen vermutet wird, dass es sich dabei um eine frühgeschichtliche Ringwallanlage handelt.

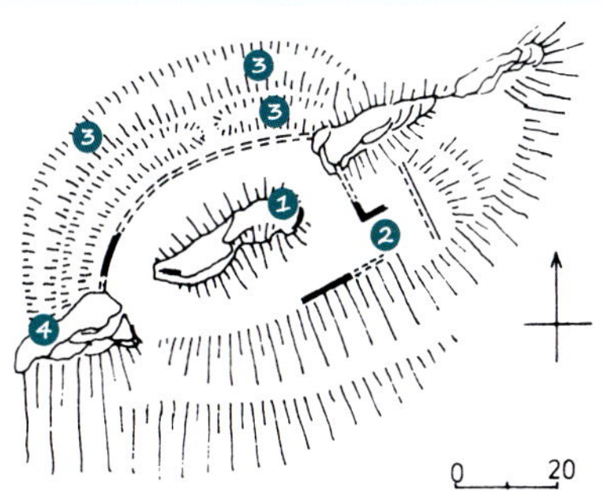

WILDBURG
1 Turm
2 Mauerrest
3 Graben
4 Felsen

Kyrburg und Burg Steinkallenfels 16

Wandern an der Nahe und im Hunsrück – das geht nun mal nicht ohne den Besuch der Kyrburg und dem Steinkallenfels. Unterschiedlicher können Burgen kaum sein. Die Kyrburg ist gut renoviert, und mit einer großen Wandtafel wird der Bau und die Geschichte der Burg erklärt. Zudem lädt ein Restaurant mit Whiskymuseum zum Verweilen ein. Steinkallenfels dagegen kann nicht mehr besucht werden, zu verfallen ist die Burg auf dem steilen Felsen, der Zugang ist zumindest bis zum Fuß des Felsens durch Bäume und Gestrüpp auch nicht mehr möglich. Aber der Blick auf die beiden einst bebauten Felsen lohnen den recht steilen Anstieg über den Burgweg dieser Wanderung. Da die Burgen rechts und links des Hahnenbaches und oberhalb der Stadt Kirn gelegen sind, ist es unvermeidlich, bei dieser Wanderung auch über Straßen zu laufen. Aber in diesem Burgenwanderbuch dürfen die beiden Burgen einfach nicht fehlen, zumal sich die Wanderung wirklich lohnt. Einkehrmöglichkeiten bestehen auf der Kyrburg und in Kirn.

Wanderdauer	Gut 3 Stunden für 11 km
Höchster Punkt	380 m ü. N. N. (Burgen)
Etappen	Vom Parkplatz zur Kyrburg: 45 Minuten Von der Kyrburg zu Burg Stein: gut 2 Stunden Von der Burg Stein zum Parkplatz: 30 Minuten
Einkehren	**Kyrburg**, Auf der Kyrburg 1, 55606 Kirn, Tel.: (0 67 52) 9 11 90, Öffnungszeiten: Mi–Fr ab 11 Uhr, am Wochenende ab 10 Uhr. Die Küche ist von 11.30–13.30 Uhr und ab 17.30 Uhr geöffnet. Ab Freitag gibt es Kaffee und Kuchen
Wanderkarte	Naturpark Soonwald-Nahe/Kirn, Blatt 2, 1:25000 des Landesamtes für Vermessung Rheinland-Pfalz
Anfahrt	Sie fahren über die B41 nach Kirn, dort in das Hahnenbachtal Richtung Rhaunen und Bundenbach. Von dieser Durchgangsstraße in Kirn biegen Sie nach rechts ab Richtung Oberhausen, Hennweiler in die Dhauner Straße. Dann kommen Sie in die Josef-Görres-Straße und biegen nach links in den Alten Oberhauser Weg ein. Sie kommen an die Kreuzung Jahnstraße und Steinenbergstraße und sehen auf der rechten Seite den Parkplatz. Dort sind auch Wanderkarten angebracht.

Wegbeschreibung

Vom Parkplatz aus gehen Sie zunächst durch die Stadt Kirn die Jahnstraße hinunter mit den Zeichen **H** für den Hunsrück-Höhenweg, dem **K** für den Keltenweg und dem **K 3**, einem lokalen Wanderweg. Dieses Zeichen **K 3** wird Sie fast die gesamte Strecke begleiten. Im Tal angekommen, folgen Sie weiter dem **H** und der **K 3** durch den Mühlenweg und dann biegen Sie nach rechts in die Schulstraße ein und folgen ihr am Hahnenbach entlang. Es gibt dort auch Bänke. Sie erreichen eine Brücke an der Amthofstraße und überqueren diese, folgen anschließend der Markierung **K 3**. In der Amthofstraße erinnert eine Gedenkstätte an die ermordeten Juden von Kirn und die Zerstörung der Synagoge am 10. November 1938. Sie überqueren den Steinweg durch einen Weg unter dem Haus hindurch, das direkt neben der Kallenfelserstraße liegt. Über den Fußgängerweg erreichen Sie die andere Seite der Straße und gehen dort nach rechts die Straße »Auf der Schanze« den Berg hinauf bis zum Friedhof. An dem Blumengeschäft auf der linken Seite geht es nun über einen Wiesenweg mit dem Zeichen der **Vitaltour 3 Burgenweg** zur Burg hoch, vorbei an einem Riesensitz. Sie erreichen die Parkplätze für das Restaurant und die Kyrburg. In der Gaststätte können Sie im Freien sitzen und haben

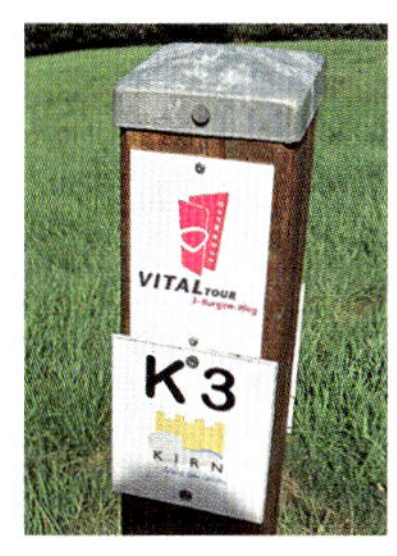

Neue Wanderzeichen

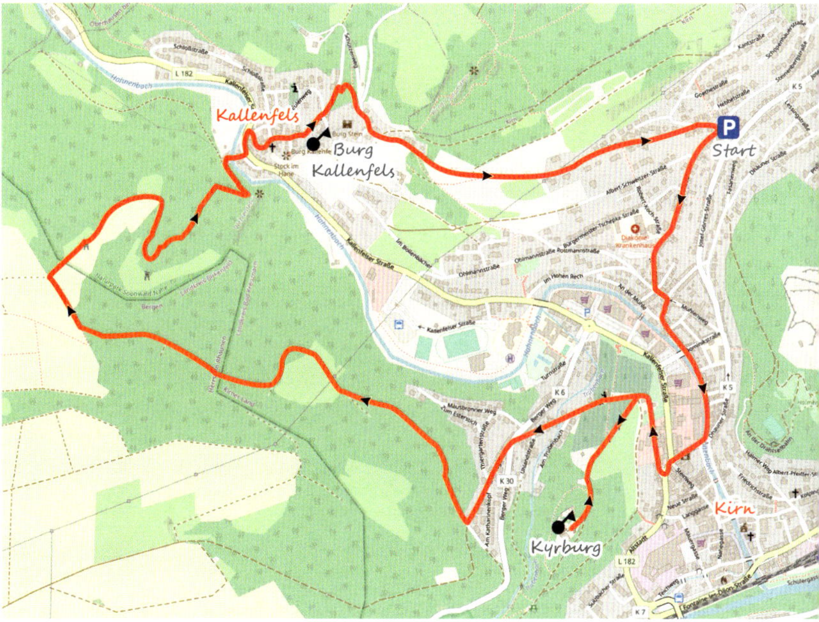

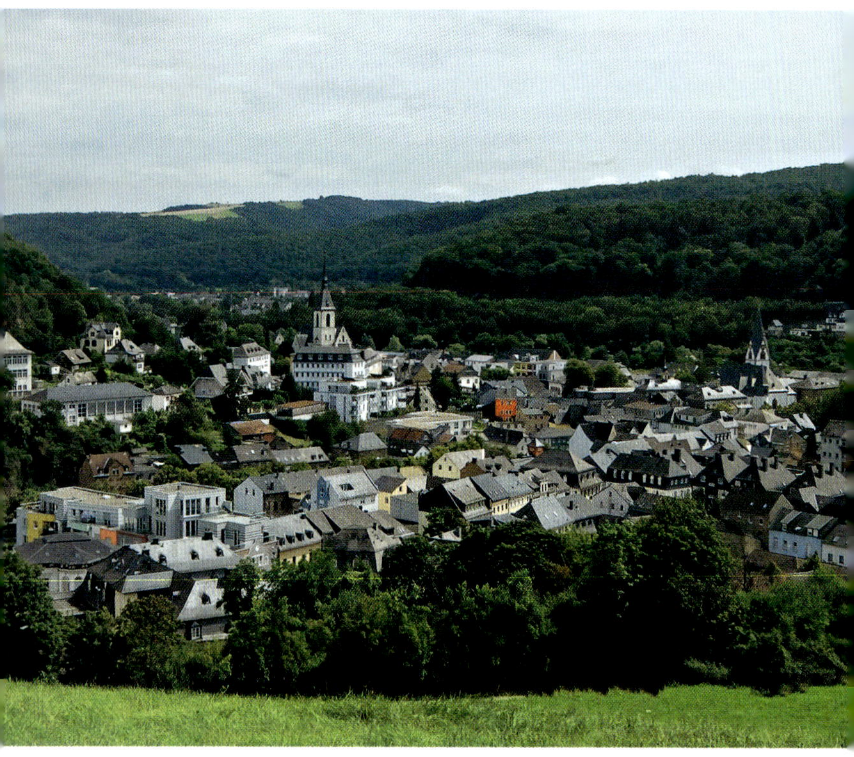

Blick auf die Stadt Kirn von der Kyrburg aus

von dort einen schönen Blick auf Kirn und seine Umgebung. Nach dem Besuch der einst mächtigen Burg gehen Sie denselben Weg wieder zurück bis zum Friedhof und dort nach links weiter die Straße »Auf der Schanze« mit dem Zeichen **K 3** entlang, das Sie auf dem gesamten Weg immer wieder sehen können. Sie gehen nun den Berg hinunter, über einen kleinen Bach, dann wieder den Berg hoch über den Alten Berger Weg. Sie kommen an eine Kreuzung, bleiben aber auf dem Alten Berger Weg. Der asphaltierte Weg hört auf, Sie gehen nach rechts am Waldrand entlang. Sie laufen eine ganze Weile den Berg hinauf, bis Sie letztlich oben angekommen sind. Auf der gesamten Strecke gibt es keine Bank zum Ausruhen. Oben erreichen Sie Felder, das Zeichen **K 3** weist nach rechts. Sie kommen an Feldern vorbei und sehen vor sich Schilder. Das Zeichen **K 3** weist nach rechts, nun geht es an Wiesen vorbei den Berg hinunter. Sie sehen die Felsen von Burg Steinkallenfels und dort steht auch auf Ihrer linken Seite eine Bank. Vor hier aus geht es durch den Wald weiter den Berg hinunter durch ein verwunschenes, uriges Tal. Dann überqueren Sie den Hahnenbach und gehen weiter, bis links der Alte Kirner Weg abbiegt und in die Kallenfelser Straße mündet. Von dort biegt nach rechts der Burgweg mit der **K 3** und dem **Zeichen des Soonwald-Steigs** ab, dem Sie auf recht steilem Weg nach oben folgen. An der Straße steht auf der rechten Seite eine Bank, hier können Sie die asphaltierte Straße nach rechts verlassen und mit dem **Zeichen des Soonwald-Steigs** über einen schmalen Pfad und einigen Treppen weiter nach oben steigen. Sie erreichen ein Haus, an dem ein Schild steht, welches das Betreten des Burggeländes wegen Steinschlags untersagt. So haben Sie nur die Möglichkeit, die alten Mauern während Ihres Aufstiegs von Weitem zu sehen. Sie erreichen die Straße »Zum Kallenfelser Hof« und sehen dort ein Haus mit einem Wappen über der Kellertür. Dort hatte auch der Hunsrücker Räuber Schinderhannes zeitweise ein Quartier. Sie gehen nun nach rechts die Straße »Zum Kallenfelser Hof« entlang, diese mündet in den Alten Oberhauser Weg, und von dort geht es zu Ihrem Parkplatz.

Die Geschichte der Kyrburg

Wann genau die Kyrburg erbaut wurde, ist nicht bekannt. In einer Urkunde von 1128 des Mainzer Erzbischofs Adalbert I. werden die Brüder Emich und Gerlach von Kyrburg genannt. Ob damit die Kyrburg oberhalb von Kirn gemeint ist, lässt sich nicht mit Sicherheit sagen. Zuverlässige Belege von der Existenz der Burg stammen aus dem Jahr 1239. Zu diesem Zeitpunkt wurde die Burg als Mitgift von Wildgraf Konrad II. und seiner Ehefrau Gisela ihrem Sohn Emich und dessen Braut, Gräfin Elisabeth von Saarwerden, übergeben. Aus weiteren Unterlagen geht hervor, dass Wildgraf II. die Kyrburg dem Mainzer Erzbischof Siegfried III. zu Lehen gab, obwohl die Burg zuvor seinem Sohn als Mitgift übergeben worden war. Sie blieb anscheinend Eigentum des Mainzer Erzbistums, war aber seit 1258 der Stammsitz der Wildgrafen von der Kyrburg. Diese Linie erlosch 1409. Erben waren die Rheingrafen, die sich nun Wild- und Rheingrafen von Dhaun nannten. Viele Jahrhunderte blieb die Burg im Besitz dieser an der Nahe so bedeutenden Grafen. Nach dem Aussterben der Wild- und Rheingrafen erbten die Fürsten von Salm-Kyrburg 1743 die Burg über der Nahe. Zuvor aber hatte die Burg unter den Kriegswirren das 17. Jahrhunderts bereits sehr gelitten. 1620 eroberten die Spanier im Dreißigjährigen Krieg die Burg, 1632 die Schweden. Zehn Jahre später, 1642, besetzten die Soldaten des Kaisers Ferdinand aus dem Hause Habsburg die Burg. 1681 kamen während des Pfälzischen Erbfolge- oder Reunionskriegs die Franzosen und

Mächtige Mauern sind auf der Kyrburg noch erhalten.

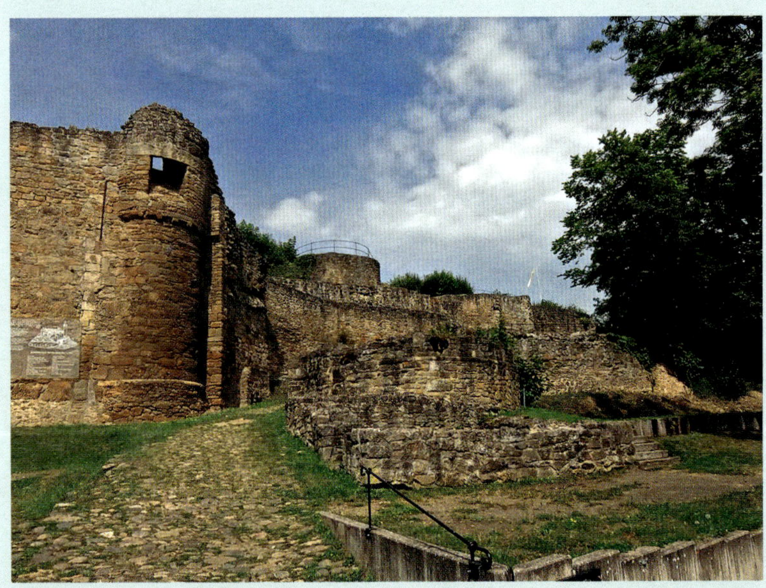

bauten sie zunächst weiter aus. Aber schließlich zerstörten sie die Festung im Jahr 1734 endgültig.

Die Ruine der Kyrburg erstreckt sich über eine Länge von 120 Metern und über eine Breite von 80 Metern. In dem 1764 von Fürst Johann Dominik von Salm-Kyrburg erbauten Garnisonshaus ist heute ein Restaurant und im Keller ein Whiskymuseum. Die Burg ist saniert, innerhalb der Ruinen befindet sich auch ein Hochzeitszimmer. Der Blick nach Kirn und in die benachbarten Berge lohnt sich.

Die Geschichte von Steinkallenfels

Ja, der Name »Stein«, den viele Burgen tragen, macht es den Historikern bisweilen schwer zu unterscheiden, welche Burg gemeint ist. Die Burgen Rheingrafenstein, Steinkallenfels und Oberstein sind dafür nur Beispiele. Sie wurden in früherer Zeit einfach nur »Stein« genannt. Steinkallenfels bestand eigentlich aus drei Burgen: Stein, Kallenfels und Stock im Hane. Von der letzten ist so gut wie nichts erhalten.

Die Ursprünge der beiden anderen Burgen sind, wie gesagt, wegen des Namens Stein unklar. Zwar wurden ein Hugo von Stein (1150) und ein Anselm von Stein (1195) in Schriften genannt, es konnte aber nicht eindeutig geklärt werden, ob diese beiden Adeligen auch tatsächlich dem Burgenensemble zugeordnet werden können. Unklarheiten ergeben sich außerdem aus einer Schrift von 1212, aus der hervorgeht, dass Friedrich und Ulrich von Stein die beiden Burgen erbten. Aus dem Jahr 1241 ist bekannt, dass ein Friedrich von Ockenheim seinem Schwager Anselm seinen Anteil an der Burg Stein verkaufte.

Weitere Informationen über die Burgen von Steinkallenfels sind aufgrund von Fehden wie der »Eltzer Fehde« bekannt. Dabei ging es meist um territoriale Vergrößerungen, der sich der Trierer Erzbischof und Kurfürst Balduin

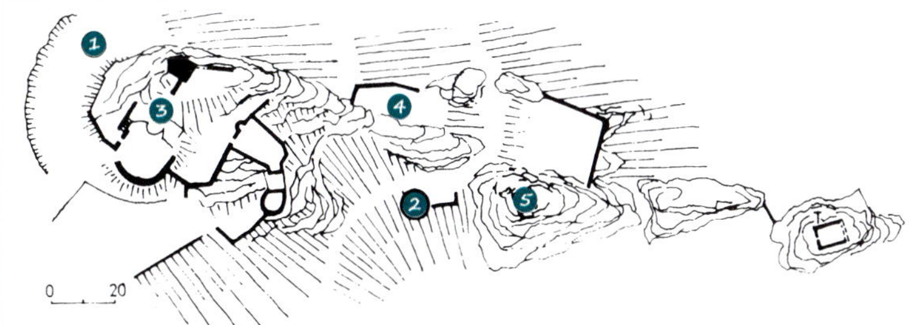

STEINKALLENFELS

1 Turm
2 Turm
3 Burg Stein
4 Burg Kallenfels
5 Bergfried

von Luxemburg verschrieben hatte. 1335 kam es auch zu kriegerischen Auseinandersetzungen mit Johann von Eltz, der Gemeiner von Steinkallenfels war. Denn zu diesem Zeitpunkt hatte sich die Burg bereits zu einer Ganerbenburg entwickelt, in der sich 25 Eigentümer, eben Gemeiner, die Burg teilten. Ob bei diesen Streitigkeiten die Burg belagert und zum Teil auch zerstört wurde, ist nicht bekannt. Die Eltzer Fehde wurde mit dem Burgfrieden 1337 beigelegt, das bedeutete aber nicht, dass damit auch für die Zukunft die Streitigkeiten ein Ende hatten. Es gab weiterhin Streit mit den Verbündeten, dem Erzbischof Johann II. von Mainz, dem Erzbischof Werder III. von Trier, dem Pfalzgraf Ruprecht III. und den Herren von Steinkallenfels. Nach den Streitereien wurden in den Jahren 1414, 1492 und 1514 jeweils Burgfrieden geschlossen.

Auch der bekannte und als der »letzte Ritter« bezeichnete Franz von Sickingen (er wurde auf der Ebernburg bei Bad Münster am Stein 1481 geboren) besaß Anteile an dieser Burg. Er bekriegte den Trierer Erzbischof und dessen Verbündeten. Der Streit mit dem Erzbischof und Kurfürsten Richard von Greiffenklau endete letztlich 1523 mit dem Tod von Franz von Sickingen auf der Burg Nanstein bei Landstuhl. In dieser Zeit ging es auch mit den drei Burgen über Kirn langsam zu Ende. Stock im Hane war damals schon verfallen, die Bewohner von Steinkallenfels dagegen bemühten sich um den Erhalt der Burg Steinkallenfels. Den Angriff der Franzosen im Pfälzischen Erbfolgekrieg, den Ludwig XIV. anzettelte, konnten sie nicht abwehren. Die Burg wurde 1680 gesprengt und ist seitdem eine Ruine, die immer weiter verfällt

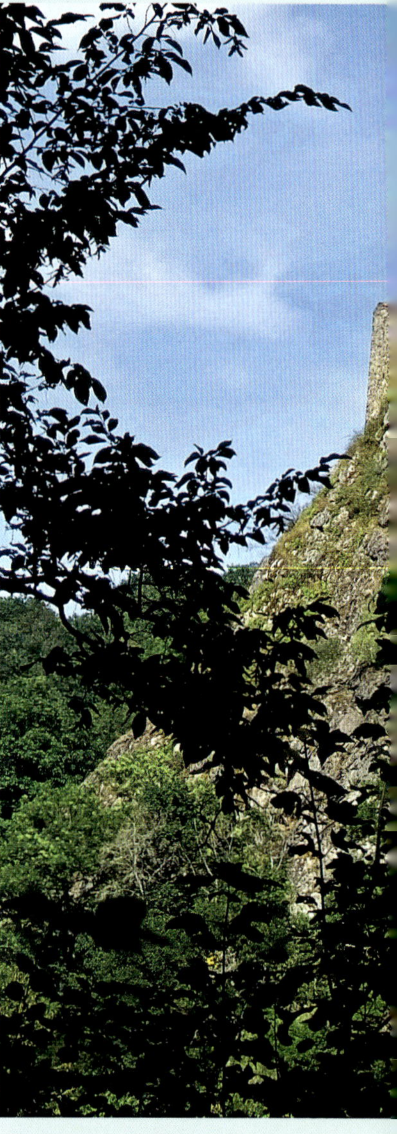

und deshalb nicht mehr besucht werden kann. Sie ist heute in Privatbesitz.

Von Weitem zu erkennen ist der Kallenfels mit seinem quadratischen Bergfried auf dem steilen Felsen unterhalb der Burg Stein. Von der Burg Stein

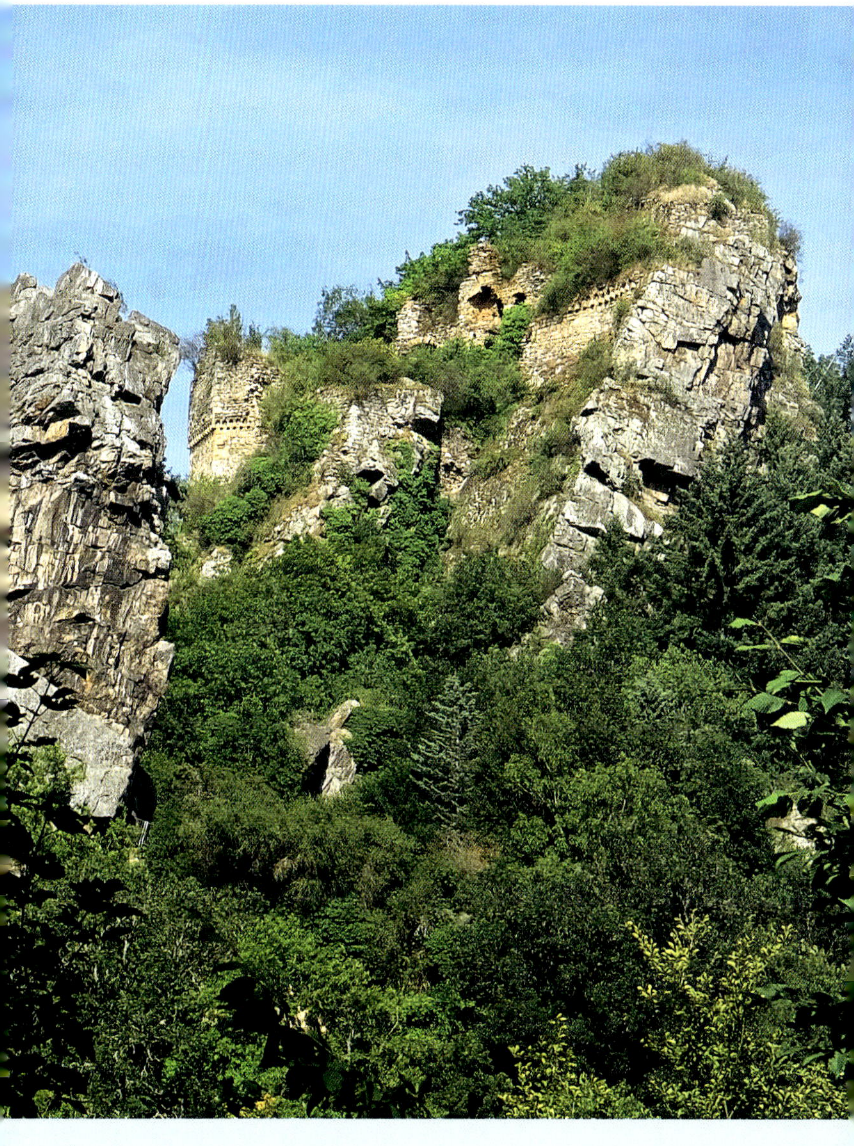

sind noch ein Torturm, einige Bastionen und ein fünfeckiger Bergfried zu sehen. Die drei Burgen waren durch Mauern miteinander verbunden, von denen nur noch einige wenige Reste zu sehen sind.

Nicht mehr erreichbar: Steinkallenfels

Burg Dill

17

Über die Steine einer alten Römerstraße, an Wiesen und Feldern vorbei führt der Weg zur Burg Dill, die auf einem Felsen oberhalb des idyllischen, kleinen Ortes Dill liegt. Es ist eine schöne Wanderung. Der Weg ist sehr angenehm, es gibt keine nennenswerten Steigungen oder Abstiege. Einkehrmöglichkeiten gibt es in Gaststätten in Sohren zu Beginn oder am Ende der Wanderung.

Wanderdauer	Gut 3 Stunden 30 Minuten für 12 km
Höchster Punkt	365 m (Burg) und 396 m ü. N. N. (Römerturm)
Etappen	Von Sohren zum Römerturm: 1 Stunde 30 Minuten Vom Römerturm zur Burg Dill: 45 Minuten Vom Römerturm über Niedersohren nach Sohren: 1 Stunde 30 Minuten
Einkehren	Unterwegs keine, zu Beginn und am Ende der Wanderung in Sohren
Wanderkarte	Naturpark Soonwald-Nahe/Simmern und Kirchberg, Blatt 1, 1:25 000 des Landesamtes für Vermessung Rheinland-Pfalz
Anfahrt	Sohren liegt nördlich von Idar-Oberstein und Kirn, zwischen Morbach und Kirchberg nahe der Hunsrückhöhenstraße, der B 50. Sie erreichen den Ort von der Hunsrückhöhenstraße aus, Abfahrt Sohren, oder Sie nehmen die Abfahrt zwischen Büchenbeuren und Sohren. Sie fahren in Sohren durch die Hauptstraße und biegen in die Winterbachstraße ein, ausgeschildert mit »Bürgerhalle«. Dort ist ein großer Parkplatz.

Wegbeschreibung

Sie gehen wieder zur Hauptstraße zurück, dort nach links und folgen zunächst der **Römerrunde Sohren**, mit einem Bild des **Römerturms**. Sie laufen auf der Hauptstraße durch den Ort, zunächst auf die Kirche zu, dann wechseln Sie zur Eichenstraße. Auf der linken Seite ist ein Friedhof. Dann kommen Sie durch ein Neubaugebiet und biegen zunächst von der Eichenstraße nach links in die Slijpestraße und anschließend in

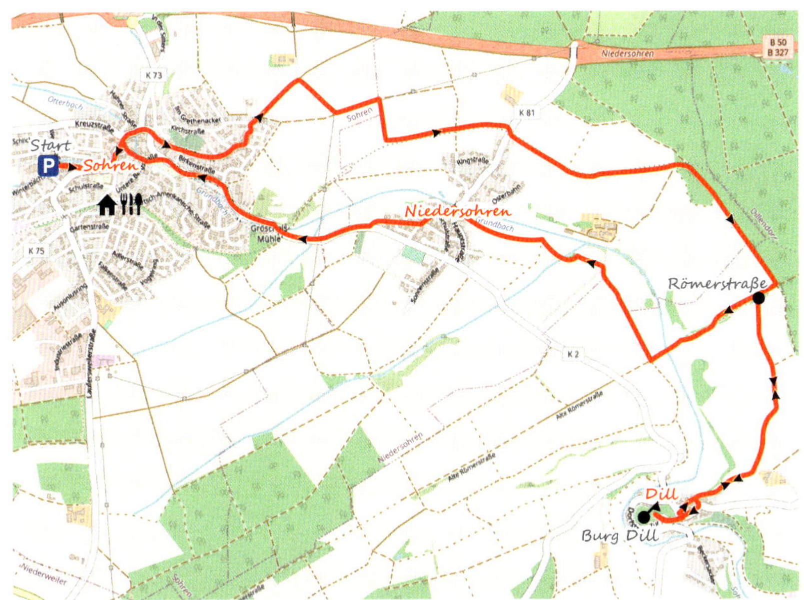

die Erlenstraße ab. Nun verlassen Sie das Neubaugebiet und wandern auf die Höhe. Fast oben angekommen, weist das Schild »Zum Römerturm: 3,2 km, nach Dill: 4,5 km« nach rechts. Sie folgen nun dem **Traumschleifenweg Saar-Hunsrücksteig**. Sie laufen an Feldern vorbei, bis Sie wieder einen unter Hochspannungsleitungen gelegenen asphaltierten Feldweg erreichen und gehen dort nach links. Sie folgen dem **Saar-Hunsrücksteig** und wandern an Eisenbahnschienen entlang. Sie überqueren eine Straße und gehen den Gleisen nach weiter geradeaus. Sie erreichen die K 81, gehen dort nach rechts über die Bahngleise, auf denen 1976 der Personenverkehr auf der Strecke Simmern-Hermeskeil eingestellt wurde. Direkt hinter den Gleisen befinden sich auf der linken Seite Informationstafeln. Sie wandern nun nach links zunächst über einen Wiesenweg. Die Bahngleise sind jetzt linkerhand. Zum Römerturm sind es noch 1,9 Kilometer, nach Dill 3,1 Kilometer. Auf diesem Weg laden Bänke zum Ausruhen ein. Dann wandern Sie ein kurzes Stück durch einen Wald mit der bekannten Markierung **Saar-Hunsrück-Steig**. Nun kommt auch wieder der **Römerrundweg** hinzu. Wenn Sie aus dem Wald kommen, sehen Sie bereits den Römerturm. Sie erreichen eine Kreuzung, dort geht es nach rechts zum Römerturm. Achten Sie auf die Markierung und laufen Sie parallel zum Feldweg auf schmalem Pfad auf den Turm zu. Dort angekommen, wird Ihnen auf Hinweisschildern

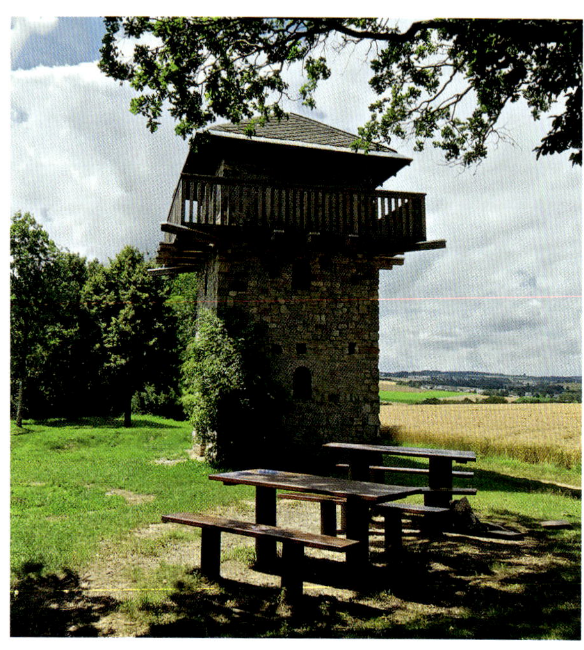

Ein nachgebauter Römerturm

erklärt, dass dieser Turm ein Nachbau aus dem Jahr 1985 ist, der sich an den Türmen orientiert, die entlang des Limes standen. Es soll 900 solcher Wachtürme gegeben haben. Hier im Hunsrück führte der Limes nicht vorbei. Neben dem Turm stehen ein Tisch und Bänke, die zur Rast einladen. Weiter gehen Sie unter Bäumen neben der Straße den Berg hinunter. Anschließend überqueren Sie den Feldweg und gehen über die alten Pflastersteine der Römerstraße. Schauen Sie auf den Boden – es sind wirklich noch die Originalsteine aus der römischen Zeit, Steine also, die fast 2000 Jahre alt sind. Sie erreichen das Tal, das Schild zeigt nach links und Sie gehen über eine Wiese auf das Dorf zu. Sie bleiben auf diesem Feldweg, kommen an einer Koppel vorbei und gehen in einem Bogen auf Dill zu. Sie erreichen eine asphaltierte Straße und gehen nach rechts. Im Dorf laufen Sie zunächst geradeaus, folgen dem Zeichen des **Saar-Hunsrück-Steigs** den Johannisberg hoch und dann nach rechts an schönen Fachwerkhäusern vorbei. Sie kommen über eine Überführung und dort weist ein Schild zur Burg und zur Kirche. Sie erreichen ein Getränkehäuschen, dem ehemaligen Wiehe-Häusje, in dem Sie sich mit kalten Getränken versorgen können. Eine schöne Idee, gerade weil es ansonsten keine Einkehrmöglichkeit gibt. Sie laufen weiter den Berg hinauf bis zur Kirche, in der Sie schöne Malereien aus dem 18. Jahrhundert und eine alte Bibel unter dem Altar von 1650 sehen können. Dann erreichen Sie die Burg.

Sie gehen denselben Weg von der Burg wieder zurück, dann aber nach links und biegen nach rechts in die Dorfstraße ein. Sie stoßen wieder auf die Johannisbergstraße und gehen dort geradeaus am Rand der Wiesen am Bach entlang. Achten Sie auf das Hinweisschild, das Ihnen den Weg nach rechts über den Bach zeigt. Sie erreichen das gegenüberliegende Ufer und gehen nach links, nun auf demselben Weg, den Sie zuvor nach Dill gelaufen sind. Sie erreichen den Weg, den Sie von der Römerstraße aus gekommen sind und wandern nun nach links den **Sponheimer Weg** entlang mit dem **weißen S auf grünem Grund**. Sie kommen zu Hinweisschildern, die über die Gegend und die Burg berichten, dort steht auch ein Schild »Abkürzung nach Sohren«. Sie folgen diesem Hinweis nach rechts und kommen dabei an schönen Wiesen vorbei. Sie erreichen am Annahof einen Obelisken, überqueren die Straße und gehen weiter geradeaus über eine Wiese durch das Grundbachtal. Anschließend erreichen Sie Niedersohren und gehen die Schulstraße entlang vorbei an dem Gemeindehaus, dahinter halten Sie sich zuerst links und dann rechts und biegen in den Mühlenweg ab. Hier ist ein weiteres Schild mit der Aufschrift »Abkürzung nach Sohren«. Sie bleiben nicht lange in bebautem Gebiet und laufen dann einen schmaleren Weg an einem Friedhof Richtung Sohren entlang. Sie erreichen eine nicht mehr genutzte Eisenbahnbrücke – die Schienen sollten Ihnen indes bereits bekannt vorkommen, da Sie zu Beginn Ihrer Wanderung an ihnen entlanggelaufen sind. Im Anschluss überqueren Sie den Grundbach neben der Autostraße. Sie sehen das Schild »Sohren«, hier geht es nach links über eine Brücke und danach gleich wieder nach rechts über einen Spazierweg am Bach entlang zur Stadtmitte von Sohren. Sie überqueren die Untere Bergstraße und gehen geradeaus auf die Kirche zu. Über ein paar Treppen erreichen Sie die Hauptstraße und dort halten Sie sich links – nun wieder auf demselben Weg, den Sie vom Parkplatz aus zu Beginn gelaufen sind – und biegen in die Winterbachstraße zum Parkplatz ab, auf dem Sie das Auto abgestellt haben.

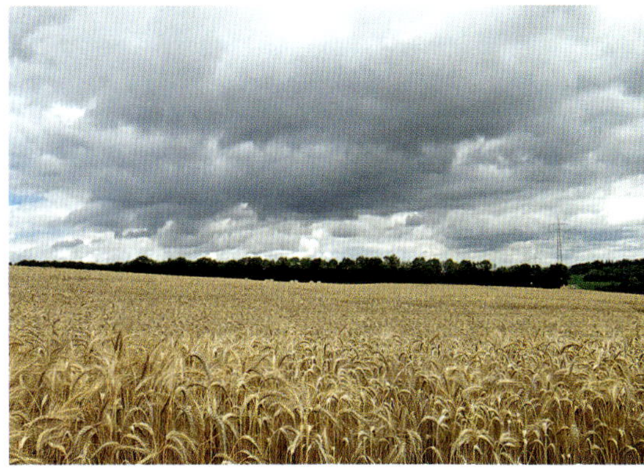

Wolken verstärken oft das Landschaftsbild.

Die Geschichte der Römerstraßen

Auf rund 100 000 Kilometern durchzogen die Straßen das römische Reich, sowohl in Italien als auch in den von ihnen eroberten und besetzten Gebieten nördlich der Alpen. So zum Beispiel im Hunsrück, an der Mosel und an der Nahe. Von dem Verkehrsknotenpunkt Trier aus verliefen die Straßen in alle Richtungen: an den Rhein sowie nach Köln und Mainz, nach Luxemburg und in die Pfalz. Trier wurde vor mehr als 2000 Jahren unter dem Namen Augusta Treverorum gegründet. Sie ist die älteste Stadt Deutschlands. Die bekannteste Strecke von Trier aus führt nach Köln über die Via Agrippina. Die vielen anderen Strecken sind meist namenlos. Römerstraßen selbst waren direkte Verbindungen zu den wichtigsten römischen Militärstandorten. Die römischen Straßen wurden meistens auf den langgezogenen Höhenrücken der Eifel, dem Hunsrück, dem Saargau, dem Pfälzer Bergland und dem Pfälzerwald angelegt. Inzwischen sind kaum noch ursprüngliche Römerstraßen zu sehen. Im Laufe der Jahrhunderte wurden sie von Feld- und Waldwegen, von Kreis-, Landes-, Bundesstraßen, aber auch von Autobahnen überdeckt. Aber es gibt noch vereinzelte Strecken, in denen die römischen Straßen noch vorhanden sind. Ein Beispiel hierfür ist der Weg nach Dill.

Eine Original-Römerstraße

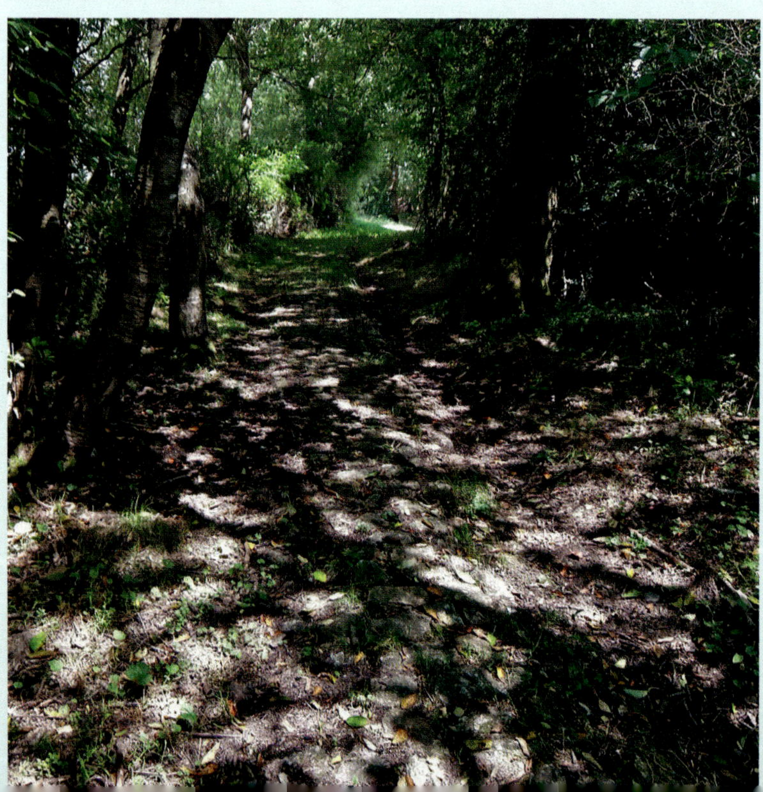

Die Geschichte der Burg Dill

Burg Dill ist eine der ältesten Burgen im Gebiet der Nahe, sie thront über dem reizenden Ort Dill mit seinen alten Häusern aus dem 18. und 19. Jahrhundert. Es wird angenommen, dass auf dem Bergsporn oberhalb des Dillerbaches zuvor Gebäude der Kelten oder Römer standen.

Bereits 1130 wurde in einer Urkunde erwähnt, dass der Erzbischof Adalbert I. von Mainz den Grafen Meginhard von Sponheim zum Vogt des Augustiner-Chorherrenstifts Schwabenheim ernannte. Zur Information: Ein Vogt regierte und richtete als Vertreter eines Feudalherrschers. Sein Aufgabenbereich bezog sich auf weltliche oder kirchliche Güter. Ein Vogt war oft auch ein Burgherr.

Ferner wurde in dem Dokument festgelegt, dass demjenigen der Söhne, dem das Erbe zugesprochen wurde, auch das Amt des Vogtes zufallen sollte. Das betraf auch seine Nachfolger, also weitere Söhne und Enkel.

Die Grafen von Sponheim entwickelten sich seit dem frühen 12. Jahrhundert zu einem großen und einflussreichen Geschlecht im Hunsrück. Sie vergrößerten in all der Zeit ihr Gebiet zunehmend. Letztlich teilten sich die Geschwister das Erbe von Land und Burgen in der sogenannten »Sponheimischen Teilung«. Die Besitztümer wurden 1265 in eine vordere und hintere Grafschaft gegliedert. Die vordere Grafschaft war näher an Mainz gelegen, die hintere befand sich hauptsächlich im Hunsrück.

Die Burgen Sponheim und Dill gehörten beiden Linien. In der Folgezeit kam es zu einigen Zugewinnen, aber auch zu Verlusten. Seit dem 14. Jahrhundert verlor die Anlage ihre strategische Bedeutung und wurde zum Wohnsitz umgebaut.

Graf Johann V. von Sponheim-Starkenburg und seine Ehefrau Walpurga von Leiningen stellten 1427 den Bürgern von Dill einen Freiheitsbrief aus, das bedeutete, dass die Bauern aus der Leibeigenschaft entlassen wurden.

Im Dreißigjährigen Krieg wurde das Dach von der Burg durch einen Brand zerstört. Ein Gedenkstein innerhalb des Burggeländes erinnert an den Pfarrer Christoph Besold, der so lange verhandelte, bis der Ort Dill von den kämpfenden Soldaten in diesem Krieg verschont blieb.

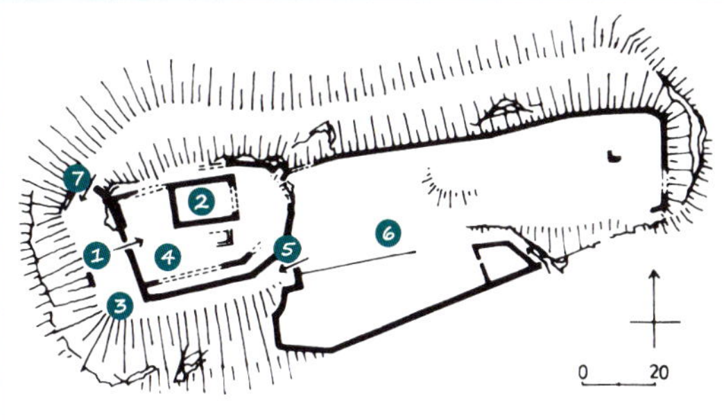

BURG DILL

1 Eingang
2 Palas
3 Zwinger
4 Hof
5 Turm
6 Vorburg
7 Turm

Die Burg Dill mitsamt ihrem Umland fiel an die aus der Markgrafschaft Baden und der Grafschaft Veldenz bestehende Erbengemeinschaft und wurde weiter aufgeteilt an Pfalz-Zweibrücken und Pfalzgraf Friedrich I.

Erst 1776 gelang es Markgraf Karl Friedrich nach langen Verhandlungen mit Herzog Karl III. August von der Pfalz das Amt des Vogtes und Burg Dill zu übernehmen. Die Burg wurde 1698 von den Franzosen zerstört und ist seither eine Ruine. Steine und Mauerwerk dienten vor allem im 19. Jahrhundert zum Aufbau von Häusern und Wirtschaftsgebäuden im Dorf. Dill selbst war bis zum ausgehenden 18. Jahrhundert Sitz eines sponheimischen Amtes, der Ort hatte bereits 1427 Stadtrechte erhalten.

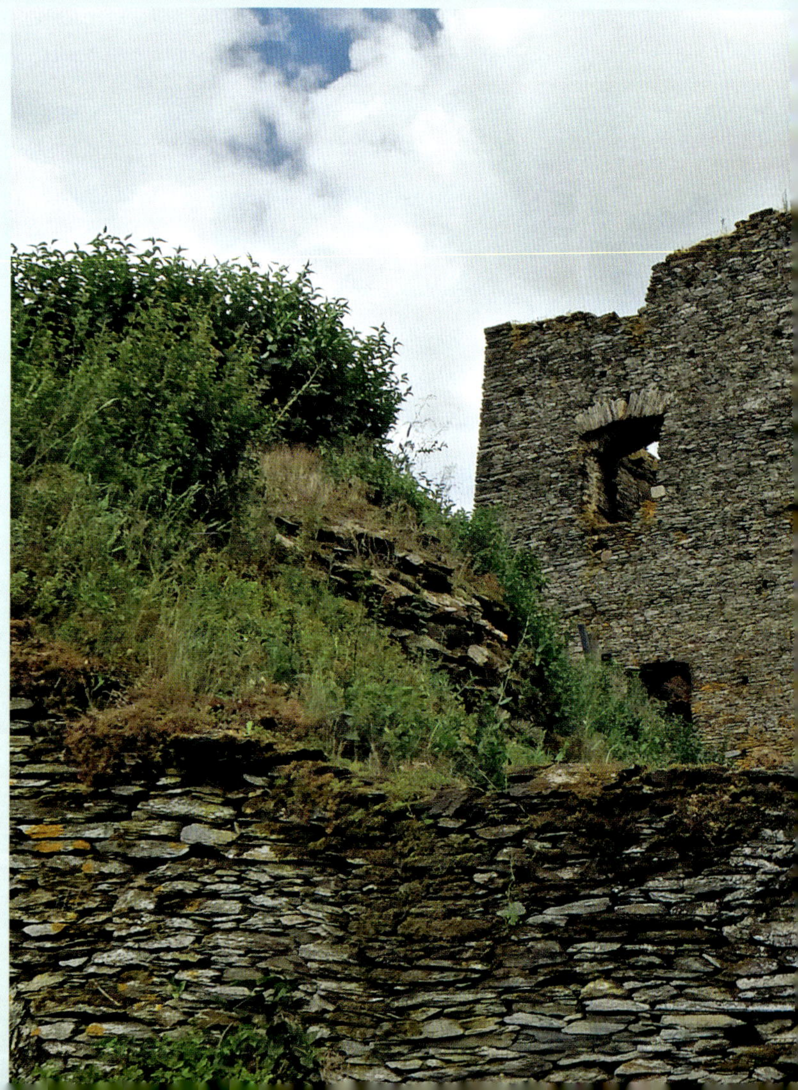

Bis 2020 war die Burg in Privatbesitz der Eheleute Castendyck. Dann hat die Gemeinde Dill die Anlage erworben.

Die Burg besteht aus der fast rechteckigen Kernburg, von der noch die bis zu 18 Meter hohen Mauern erhalten sind. Teile der Kellergewölbe sind auch noch zu sehen, da die Ostwand nicht mehr existiert. Dort, wo einst die Burgkapelle stand, ist nun die evangelische Kirche, die 1701 erbaute wurde. Der Barockbau ist wegen der Gemälde von Johann Georg Engisch (1668–1741) in der Emporenvertäfelung und im Chor eine kunsthistorische Kostbarkeit. Um die Burg herum ist eine Wiese angelegt.

Imposant: die Ruinen der Burg Dill

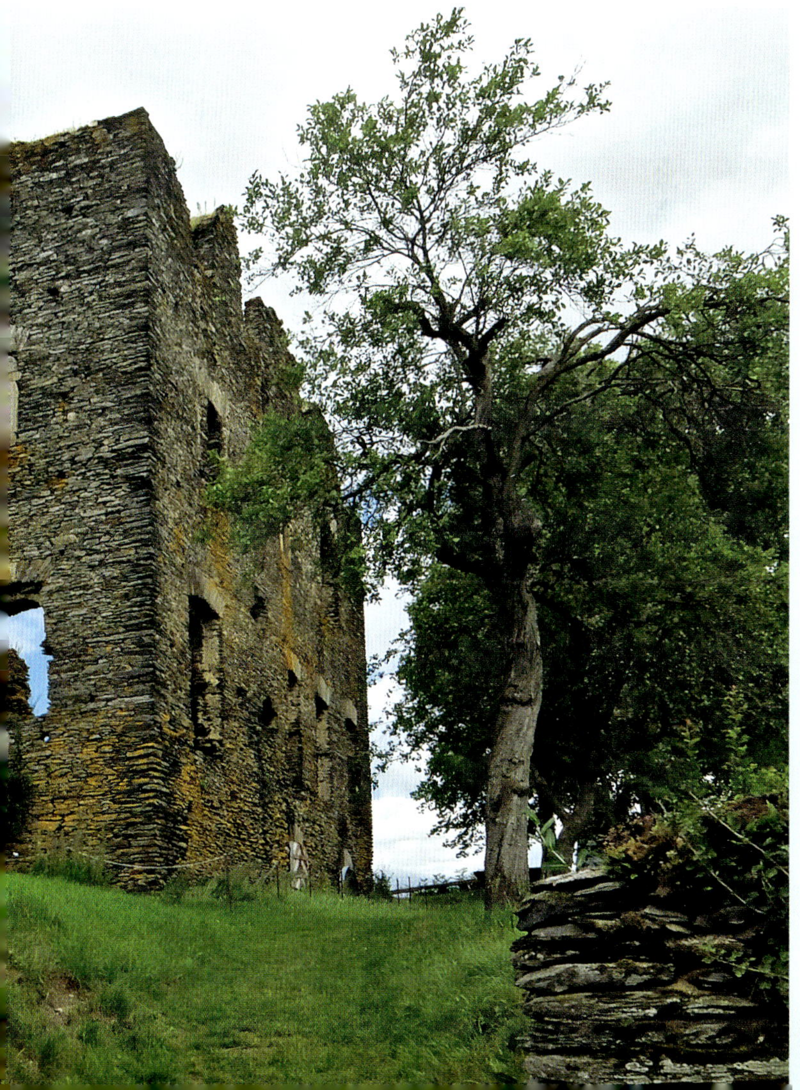

Schmidtburg, das Keltendorf Altburg und Hellkirch

18

Als Deutschlands schönster Wanderweg wurde die »Hahnenbachtour« aus dem Traumschleifenprogramm ausgezeichnet. Er zählt zu den Top Ten der besten Wanderwege Deutschlands. Es ist wirklich eine ganz besondere Wanderung mit entsprechenden Highlights. Allen voran natürlich die Schmidtburg, einst die größte Burg im Hunsrück. Im Anschluss besuchen Sie bei der Wanderung die Altburg, ein Keltendorf, das an Originalplätzen wieder aufgebaut wurde und über Hellkirch erreichen Sie das Hahnenbachtal, dessen Schönheit nur zu Fuß zu erleben ist. Viele Schautafeln machen auf Besonderheiten dieses Landstrichs aufmerksam. Also, machen Sie sich auf den Weg. Eine Einkehrmöglichkeit besteht nach etwa 1 Stunde 30 Minuten.

Wanderdauer
Etwa 4 Stunden für 11 km

Höchster Punkt
390 m (Schmidtburg), 343 m ü. N. N. (Hellkirch)

Etappen
Vom Parkplatz bei Schneppenbach zur Schmidtburg: knapp 30 Minuten
Von der Schmidtburg zu Altburg (Keltensiedlung): 1 Stunde
Von der Altburg zur Ruine Hellkirch: 1 Stunde
Von der Ruine Hellkirch bis zur Schmidtburg durch das Hahnenbachtal: 1 Stunde
Von der Schmidtburg zurück zum Parkplatz: 30 Minuten

Einkehren
Schiefergrube Herrenberg, direkt neben dem Museum gelegen, Ringstraße 1, 55626 Bundenbach, Tel.: (0 65 44) 92 72, Öffnungszeiten: von April bis Oktober von 11–17 Uhr. Im Winter ist wohl auch am Wochenende geöffnet. Tel. von Pächterin Hedi Henzel: (0 67 85) 9 94 80 65

Wanderkarte
Naturpark Soonwald-Nahe/Kirn, Blatt 2, 1:25 000 des Landesamtes für Vermessung Rheinland-Pfalz

Anfahrt
Die Wanderung beginnt in Schneppenbach. Der Ort liegt zwischen Kirn und Bundenbach. Sie fahren von Kirn aus über die Landstraße 182 das Hahenbachtal Richtung Rhaunen. Nach Hennweiler biegen Sie rechts ab Richtung Burschied. Der nächste Ort nach Burschied ist Schneppenbach. Dort fahren Sie von der Soonwaldstraße nach links in die Hauptstraße. Ein Schild weist auf das Bürgerhaus und zum Parkplatz Ruine

Schmidtburg hin. Dann fahren Sie nach rechts bis zum ersten Wanderparkplatz am Ende der Straße, daneben ist ein Kinderspielplatz. Nun biegen Sie nach links ab und fahren eine kleine Straße immer geradeaus, bis Sie im Wald den Wanderparkplatz erreichen. Dort laden auch Bänke und Tische am Anfahrtspunkt für Rettungsfahrzeuge 6110-481 zu einer Pause ein.

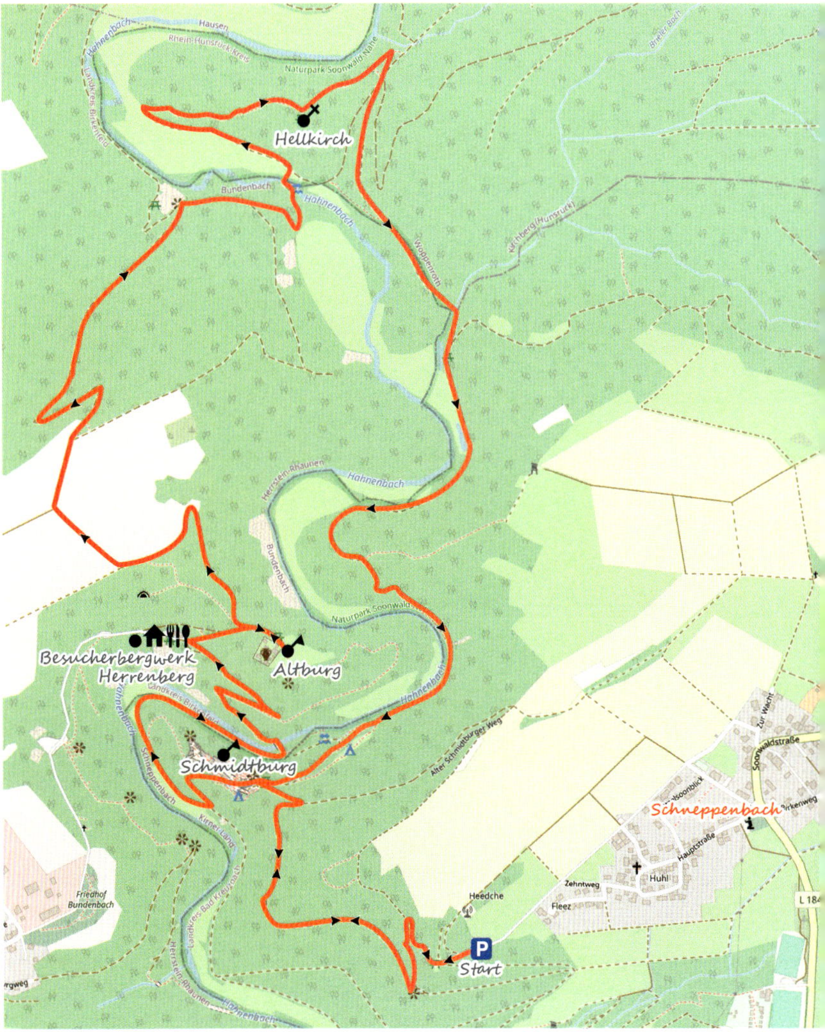

Wegbeschreibung

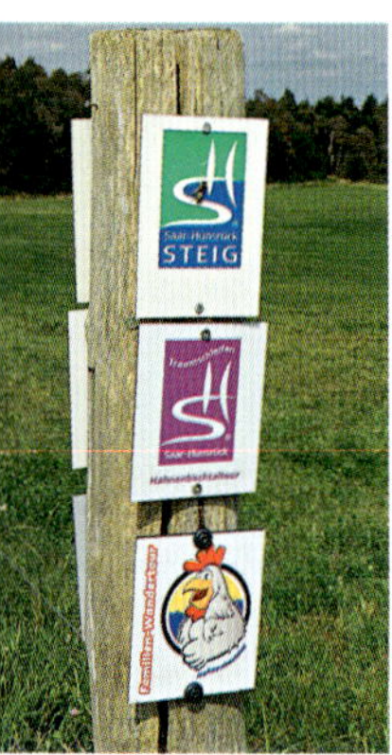

Zeichen der Traumschleifentouren

Vom Parkplatz aus gehen Sie weiter die Straße entlang, die Asphaltierung hört schon bald auf. Sie laufen nun gemächlich den Berg zur Schmidtburg hinunter, immer wieder wird der Weg dabei felsig. Das Zeichen, dem Sie folgen, heißt **Zuweg** und das **weiße H auf grünem Grund** steht für den Hunsrückhöhenweg. Vor der Schmidtburg gehen Sie links hinauf, dann über eine Brücke in die Burg hinein. Die Schmidtburg ist eine große Burg, für die Sie sich Zeit nehmen sollten. Im Gelände ist eine Liege, von der Sie in Ruhe die Landschaft genießen können, und von dort geht die Wanderung auch weiter. Das Zeichen der **Traumschleife Saar-Hunsrück** ist angebracht. Dieser Markierung folgen Sie. Zuerst geht es um die Burg herum, dann den Berg hinunter. Im Tal angekommen, gehen Sie nach rechts einen Feldweg entlang, links fließt der Hahnenbach. Sie machen einen großen Bogen, dann sehen Sie Furten, durch die früher der Bach durchquert werden konnte. Heute nutzen diesen Weg Reiter mit ihren Pferden. Sie aber gehen über eine Brücke auf die andere Seite und dort dann nach links. Dabei orientieren Sie sich am Zeichen **Soonwaldsteig**. Ein Zeichen des **Hahns für die Familienwandertour** kommt hinzu. Nun geht es bergaufwärts zur Altburg. Kurz vor Erreichen der Altburg kommen Sie an dem Fossilienmuseum und einem Gasthaus vorbei, dort können Sie auch einkehren. Und hier sollten Sie sich auch die Eintrittskarten für die Altburg kaufen, sonst kommen Sie nicht auf das Gelände zur Keltensiedlung. Sie gehen von dem Museum bei der Schiefergrube aus den Berg hinauf und wenn sich der Weg gabelt, nach rechts. Nach dem Besuch der Altburg folgen Sie dem Zeichen, wie zuvor, der **Traumschleife Saar-Hunsrück** und gehen den Berg erst eine ganze Weile hinauf, dann wieder hinunter, bis Sie unten im Tal angekommen sind. Sie erreichen eine stählerne Brücke, gehen auf die andere Seite und dort nach links über eine Wiese. Achten Sie auf die Wegmarkierung, sie zeigt bald nach rechts in den Wald. Direkt im Wald gabelt sich der Weg, ein Zeichen fehlt hier, Sie halten sich rechts, und folgen dem Weg, der nun wieder den Berg hinaufführt. Sie erreichen die Ruine Hellkirch, die früher wohl keine Burg, sondern eine Kirche war. Eine Informationstafel klärt Sie über die Ruine auf. Danach laufen Sie den Weg weiter, nach einem recht steilen Aufstieg geht es steil wieder hinunter ins Tal. Unten gehen Sie nach rechts. Kurz bevor Sie das Hahnenbachtal erreichen, geht es nach links wieder im Wald den Berg hinauf. Der Weg führt Sie ab und zu weg von dem dortigen Wirtschaftsweg, auf dem Sie noch Wagenspurrillen erkennen können und manchmal ein bisschen den Berg hinunter, dann wieder hinauf auf schmalem Pfad. Wieder unten im Tal überqueren Sie den schmalen Bach über eine kleine Steige, auf der anderen Seite geht es wieder den Berg hinauf. Sie erreichen einen Wirtschaftsweg, dort geht es nach rechts dem Zeichen der **Hahnenbach-Tour** nach. Nun wandern Sie durch das Tal, bisweilen recht nahe am Hahnenbach auf dem Wassererlebnispfad entlang. Viele Schilder informieren über Besonderheiten, wie zum Beispiel den Hochwasserpegel vergangener Jahre. An der Stelle, an der ein großes Hörrohr angebracht ist, mit dem Sie den Bach noch besser hören können, führt der Weg nach rechts und nahe am Hahnenbach entlang. Dann geht es nochmal den Berg zur Schmidtburg hinauf. Von dort nehmen Sie denselben Weg zurück zum Parkplatz, wo Sie zu Beginn der Wanderung gestartet sind.

Die Geschichte der Schmidtburg

Etwa 200 Jahre war es recht friedlich auf der Schmidtburg, in der damals größten Burganlage des Hunsrücks. Das änderte sich im 13. Jahrhundert: Familienstreitigkeiten waren die Ursache, eine Fehde folgte der anderen.

Erbaut wurde die Burg wohl im 11. Jahrhundert. Andere Quellen gehen davon aus, dass die Burg bereits 926 zum Schutz gegen die Ungarneinfälle gebaut wurde. Die Ungarn überfielen seit 899 immer wieder ihre benachbarten Länder. Erst mit der Schlacht auf dem Lechfeld im Jahr 955 machte der ostfränkische König Otto I. dem Treiben ein Ende. Erste Nachweise zur Burg beziehen sich auf eine Urkunde des Erzbischofs Eglibert von Trier aus dem Jahr 1084. Darin ist von einem Burkard von Schmidtburg die Rede. 1107 taucht dann der Name Emich von Schmidtburg aus dem Geschlecht der Emichonen auf.

1258 wird der Besitz geteilt: einen Teil erhalten die Wildgrafen von Schmidtburg, einen anderen die Wildgrafen von Dhaun. In der Folge kam es zum Streit zwischen den Verwandten.

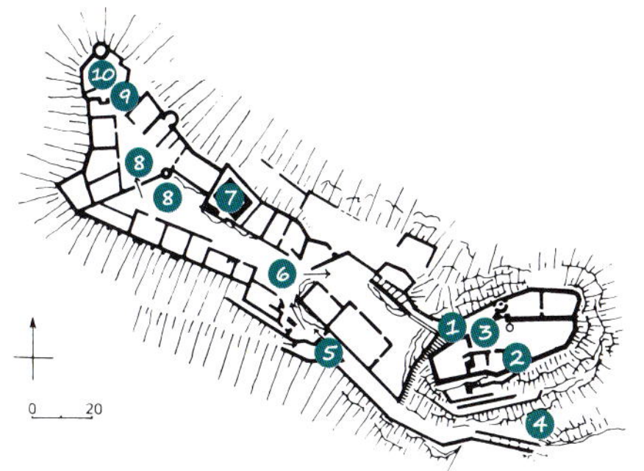

SCHMIDTBURG
1 Oberburg
2 Bergfried
3 Hof
4 Graben
5 Eingang
6 Vorburg
7 Wohnturm
8 Hof
9 Brunnen
10 Unterburg

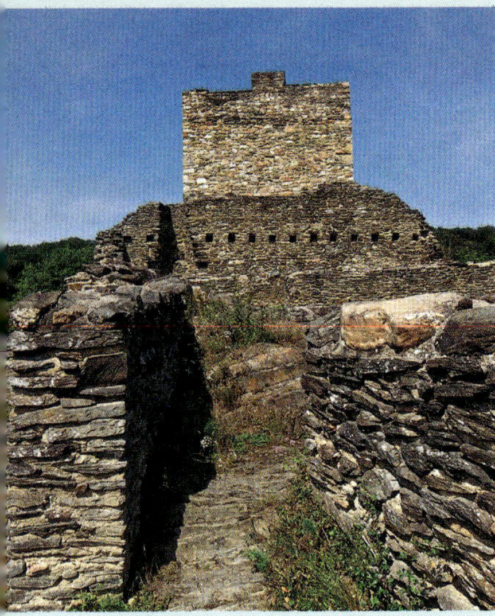

Die Oberburg

Wohl aus Ärgernis trug der Wildgraf Heinrich die Burg dem Trierer Erzbischof Balduin zu Lehen auf. Das verminderte den Streit zwischen den Verwandten selbst nach dem Tod von Heinrich nicht. 1329 kam es zum Krieg zwischen den Schmidtburgern und dem Trierer Erzbischof. Wildgraf Friedrich wollte im Jahr 1330 letztlich dann doch auf die Schmidtburg verzichten, aber seine Verwandten auf Burg Dhaun ließen sich nicht darauf ein. Auf die Schmidtburger Fehde von 1329 folgte 1340 die Dhauner Fehde, an der viele Adelige des Hunsrücks und der Nahe auf beiden Seiten beteiligt waren. Die Schmidtburg war bei diesen Kämpfen von 1340 bis 1342 das Hauptquartier des Erzbischofs Balduin. Dieser Erzbischof war ein sehr kämpferischer kirchlicher Herrscher, der unbedingt seinen Einfluss und sein Territorium vergrößern wollte. Er stammte aus einer sehr einflussreichen Familie, einer seiner Brüder war als Heinrich VII. Kaiser des Heiligen Römischen Reiches.

In der Folge gehörte die Schmidtburg bis zum Ende des Heiligen Römischen Reiches Deutscher Nation, also bis 1806 dem Erzstift Trier. Sie wurde eine Verwaltungsstelle und von Amtsleuten und Burgmannen betreut. Während des Dreißigjährigen Krieges besetzten die Schweden die Burg und letztendlich zerstörten 1688 die Franzosen sie im Reunionskrieg. Trotzdem bewohnte die Ruine bis 1798 ein Trierer Amtmann weiter. Auch der berühmt-berüchtigte Räuber Johann Bückler, Schinderhannes genannt, wohnte mit seinem Julchen und seinen Gesellen zeitweise auf der Burg.

Mit einer Länge von 200 Metern und einer Breite von 80 Metern gilt sie noch heute als die größte mittelalterliche Anlage im Hunsrück. Sie besteht aus einer Oberburg, die von der Mittelburg durch einen Graben getrennt ist, und einer Unterburg.

Heute gehört die Schmidtburg der Gemeinde Schneppenbach, die sie zwischen 1972 und 1975 und noch einmal ab 1980 sanierte.

Die Geschichte der Keltensiedlung Altburg

Die Kelten besiedelten vor den Römern den Hunsrücker Raum. Als gesichert gilt, dass die Kelten nie ein einheitliches Volk oder gar eine Nation bildeten, allenfalls kann von zahlreichen unterschiedlichen ethnischen Gruppen mit ähnlicher Kultur gesprochen werden. Es handelte sich um verwandte Volksstämme, die kulturelle Gemeinsamkeiten besaßen und sich dadurch von den Nachbarvölkern unterschieden, was beispielsweise auch von Caesar in »Vom Gallischen Krieg« beschrieben wurde.

Der Name der ältesten Stadt Deutschlands, Trier, geht auf den keltischen Stamm der Treverer zurück, die diesen Raum besiedelten. Die befestigten Orte der Treverer befanden sich meist auf Hochplateaus, wie es auch bei der Altburg der Fall ist. Sie liegt auf einem etwa einen Hektar großen Plateau hoch über dem Hahnenbachtal. Das Territorium wurde von Bewohnern des keltischen Volks der Treverer genutzt. Die Häuser und Wälle wurden um 170 v. Chr. aus Holz gebaut und erst später mit Mauern aus Stein versehen.

Das Rheinische Landesmuseum Trier führte von 1971 bis 1974 Ausgrabungen durch. Dabei wurde ein Teil der Altburg wie sie im 1. Jahrhundert wohl ausgesehen haben mag, wieder errichtet und zu einem frühgeschichtlichen Freilichtmuseum ausgebaut. Die Rekonstruktion war deshalb möglich, weil die Ausmaße der Siedlung und die Innenbebauung durch die Gräben und die Löcher der über 3000 Pfosten im weichen Schieferfels auch nach 2000 Jahren sichtbar geblieben waren. 1988 wurde das Freilichtmuseum eingeweiht und zur Besichtigung freigegeben.

Die Geschichte der Ruine Hellkirch

Die Ruine liegt an steil abfallenden Hängen 60 Meter über dem Hahnenbachtal. Daher rührt wahrscheinlich auch der Name. Denn Helde bedeutete im Mittelalter »steil« und bezeichnet in diesem Falle wohl ein Gebäude auf einem steil abfallenden Gelände.

Die Ruine hat einen quadratischen Grundriss von rund 7,5 Metern Seitenlänge. Die innere Seitenlänge beläuft sich auf 4,5 Meter, die Fläche beträgt 20,25 Quadratmeter. Das Mauerwerk ist ca. 1,5 Meter stark.

Am besten erhalten ist die halbwegs wettergeschützte Ostseite, wo die Mauer noch eine Höhe von ca. 5 Metern erreicht. Hier befindet sich auch das einzige noch erhaltene Rundbogenfenster mit rund 2,70 Metern Höhe und 1,50 Metern Breite. Das restliche Mauerwerk ist weitgehend zerfallen.

Die Geschichte der Hellkirch ist weitgehend unbekannt. Es wird allerdings angenommen, dass es sich um einen alten Sakralbau, eine Kirche oder eine Kapelle handelt. Andere Wissenschaftler meinen, dass sie vielleicht zur nicht weit entfernten Schmidtburg gehörte. Mehr als Vermutungen gibt es nicht.

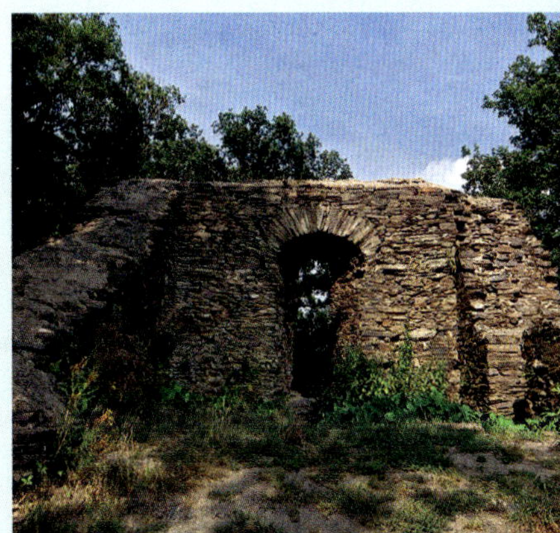

Beeindruckend ist das Rundbogenfenster.

Naumburg 19

An der Nahe und im Hunsrück gibt es zahlreiche neue Wanderwege. Das sind die sogenannten Kultur-Landschaftswege, die Traumschleifen- und Vitaltouren. Diese Routen sind gut markiert und mit Tischen, Bänken und Liegen ausgestattet. Informationstafeln machen auf Besonderheiten aufmerksam. So ist das auch bei der Vitaltour Bärenroute, die zur Naumburg bei Bärenbach über eine Römerstraße, durch Wald und über die Höhe mit wunderbaren Ausblicken in die weite Landschaft führt. Es besteht keine Einkehrmöglichkeit.

Wanderdauer	Knapp 3 Stunden für 9 km, Erweiterung: 4 Stunden 30 Minuten für 13 km
Höchster Punkt	333 m ü. N. N.
Etappen	Vom Parkplatz bis zur Naumburg: 15 Minuten Von der Burg bis zur Römerstraße: gut 1 Stunde 30 Minuten Von der Römerstraße zurück zum Parkplatz: 1 Stunde
Einkehren	Keine Einkehrmöglichkeit
Wanderkarte	Naturpark Soonwald-Nahe/Kirn, Blatt 2, 1:25 000 des Landesamtes für Vermessung Rheinland-Pfalz
Anfahrt	Bärenbach liegt an der B 41 zwischen Idar-Oberstein und Kirn, dabei näher bei Kirn. Die Abfahrt nach Bärenbach ist ausgeschildert. Sie fahren Richtung Bärenbach, direkt nach dem Ortsschild geht die Straße »Am Schlossberg« nach links ab. Sie biegen sofort wieder links ab, dort ist der ausgeschilderte Wanderparkplatz. Hier sind Karten angebracht und Prospekte ausgelegt: zum Anreiz für weitere Wanderungen in der Gegend, aber auch Flyer für die Bärenroute.

Wegbeschreibung

Sie gehen zur Straße zurück, nach rechts Richtung B 41 auf einem Bürgersteig und nach wirklich wenigen Metern zeigt das Hinweisschild für die **Vitaltour Bärenroute** nach rechts. Nun wird es zunächst anstrengend. Ziemlich steil geht es auf schmalem Pfad zum Felsen hoch. An schwierigen Strecken ist ein Handlauf angebracht. Danach geht es auf einem schmalen Pfad und nicht mehr so steil im Wald weiter, bis Sie auf der Höhe am Fuß der Burg einen Platz erreichen. Dort gehen Sie nach rechts zur Burg.

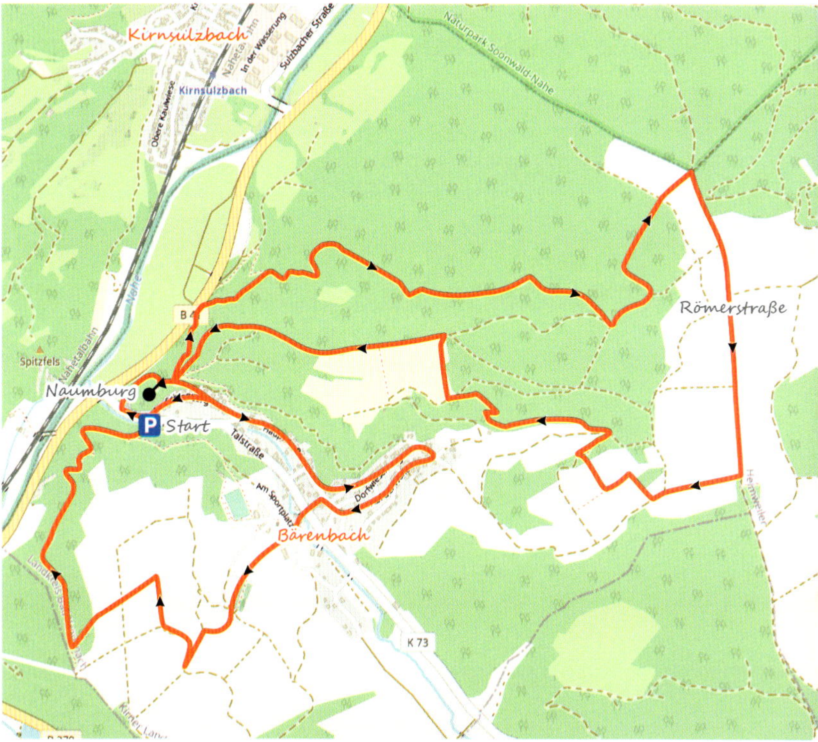

Nach dem Besuch kommen Sie wieder an die Kreuzung, an den Platz zurück, wo Sie zuvor beim Aufstieg angekommen sind. Auf dieser Tour gibt es viele Hinweisschilder. Sie nehmen den schmalen Weg ganz links Richtung Römerstraße und wandern durch den Wald den Berg hinunter, bis Sie eine Parallelstraße zur B 41 erreichen. Aber gleich geht es nach rechts auf schmalem Pfad den Berg hinauf. Vor sich sehen Sie den Dietersfels, den Sie ersteigen. Auf einer Tafel ist geschrieben, warum der Felsen diesen Namen trägt: Nach einer Sauferei auf der Naumburg prahlte Ritter Dieter, dass er mit seinem Pferd den Sprung von diesem Felsen in die Tiefe wagen würde. Nur der Knappe überlebte das Ereignis. Nach dem schmalen Pfad durch den Wald stoßen Sie auf einen breiteren Weg und gehen dort nach links. Der Weg gabelt sich, an einem Baum direkt gegenüber zeigt die **Bärenroute** nach rechts. Es geht auf einem

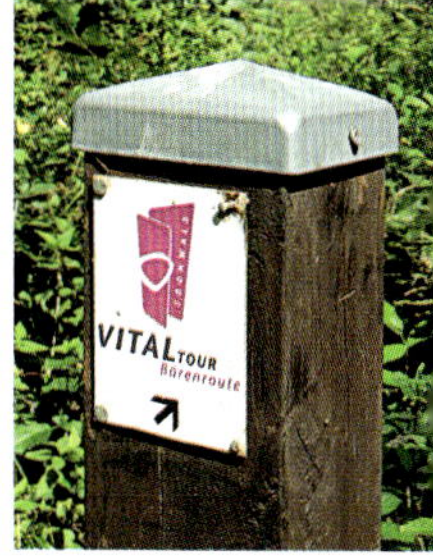

Gut gekennzeichnet ist die Bärenroute.

lichten Waldweg den Berg hoch. Sie erreichen eine Bank und dort gehen Sie nach links, Richtung Römerstraße. Sie kommen nun den Berg hinunter und stoßen bald auf einen Wirtschaftsweg, gegenüber ist ein freies, eingezäuntes Gelände. Dort gehen Sie nach rechts. Sie erreichen einen weiteren Wirtschaftsweg und laufen nach links zur Römerstraße. Der Weg gabelt sich an dem Anfahrtspunkt für Rettungsfahrzeuge 6210-812. Sie wandern nun nach links. Sie können sicher sein, immer wenn sich der Weg gabelt, sind Zeichen angebracht. Das ist nicht bei allen in diesem Buch beschriebenen Wanderungen der Fall. Sie verlassen den Wald, gehen an Feldern vorbei und zu Beginn des Waldes – dort stehen zwei Bänke – dann am Waldrand nach rechts den Berg weiter hinauf. Sie sind nun »in freier Natur« und laufen an Feldern auf der Höhe vorbei. Das ist die Römerstraße. Zwischendurch steht auch eine Bank, an der Sie in Ruhe den Blick über die Landschaft genießen können. Wenn Sie ganz auf der Höhe angekommen sind, sehen Sie auf der linken Seite am Waldrand eine Bank stehen, davor sind Tafeln angebracht. Von dort aus können Sie bis zum Donnersberg in der Pfalz sehen. Sie gehen denselben Weg wieder zurück und biegen dann nach links ab Richtung Schinderhanneshütte. Nun geht es eine geraume Zeit den Berg hinunter, zunächst über einen Wirtschaftsweg, dann biegen Sie wieder nach rechts ab und gehen unter Stromleitungen hindurch. Auf der rechten Seite ist ein Platz zum Ausruhen. Der Weg macht eine Kurve, Sie gehen nach rechts in den Wald hinein, Sie wandern nun durch ein recht uriges Tal weiter den Berg hinunter. Dann gabelt sich der Weg, nun laufen Sie nach rechts wieder ein Stück den Berg hinauf. Oben angekommen, weist ein Schild nach rechts zur Schlossbergquelle und zur Schinderhanneshütte (4 Kilometer). Sie kommen an einer weiteren Bank vorbei, dort geht es nach links in den Wald hinein. Wieder teilt sich der Weg, Sie gehen nach links den Berg hinunter. An der nächsten Kreuzung lau-

Durch lichten Wald führt die Bärenroute.

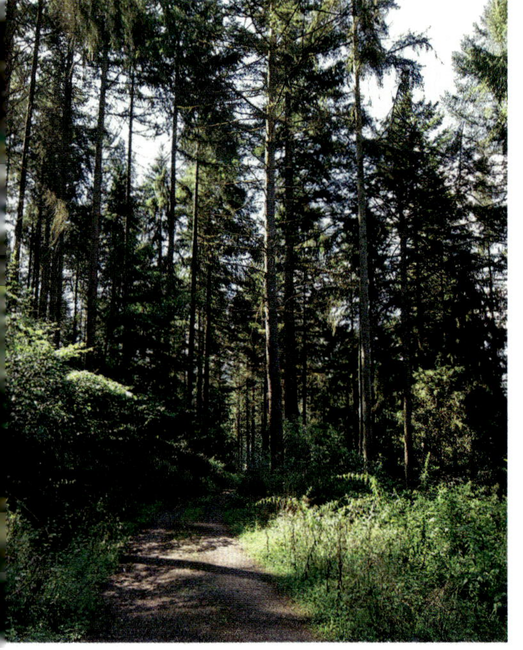

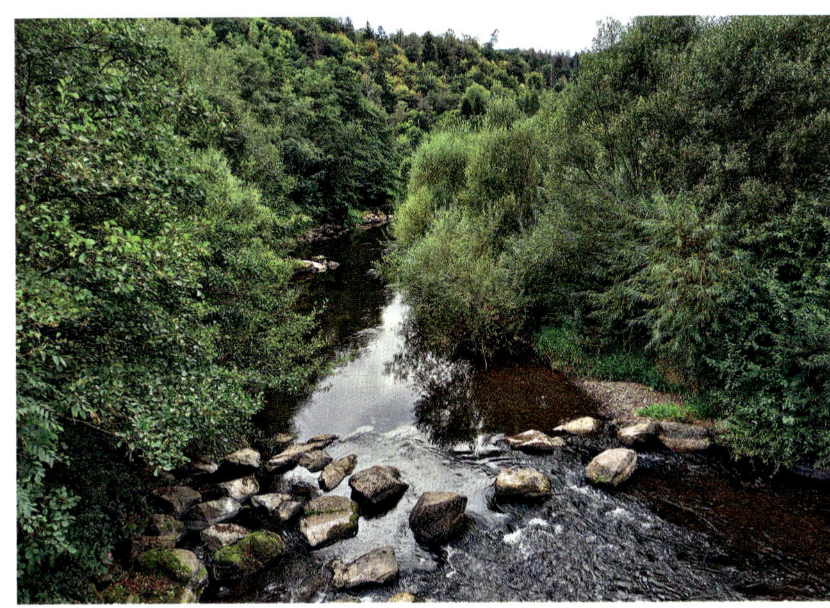

Nicht weit von Bärenbach entfernt fließt die Nahe.

fen Sie geradeaus am Waldrand entlang, dann kommen Sie erneut in den Wald. Sie folgen dem Zeichen der **Bärenroute**. Nun hören Sie wieder wie zu Beginn der Wanderung die Geräusche der Autos auf der B 42. Es ist also nicht mehr weit bis zur Naumburg. Sie kommen zu der Stelle, an der Sie links in den Wald hineingegangen sind, eine Bank steht dort.

Nun können Sie entscheiden, ob Sie hier die Wanderung (9 Kilometer) beenden oder doch weiter dem Zeichen der **Bärenroute** über die Schinderhanneshütte folgen wollen. Die Strecke ist so gut ausgeschildert, dass Sie hier nun nicht weiter beschrieben werden muss. Wenn Sie die gesamte Route laufen wollen, geht es nun auf schmalem Pfad über Felsen den Berg hoch zur Schlossbergquelle. Dann durch Bärenbach, an der Schinderhanneshütte vorbei wieder zurück zum Parkplatz. Schilder weisen Ihnen den Weg.

Wenn Sie nicht die gesamte Strecke erwandern wollen, gehen Sie nun die Straße »Am Schlossberg« hinunter, dann nach rechts immer geradeaus. Unten angekommen, ist auf der rechten Seite der Wanderparkplatz.

Eine Einkehrmöglichkeit besteht bei dieser Wanderung nicht. Die angegebene Achatschleiferei auf der anderen Seite der Nahe, nur 500 Meter vom Parkplatz entfernt, ist geschlossen. Das Lokal in Bärenbach – dort hat einst Johann Bückler eine Lehre begonnen – ist nur abends geöffnet. Es ist eine Musikkneipe.

Die Geschichte der Naumburg

Der Turm der Naumburg wurde in den Jahren 1986 bis 1994 wieder aufgebaut. Aber schon 1934 begannen erste Aufräumungsarbeiten. Ansonsten sind noch einige freigelegte Grundmauern zu sehen.

Die erste Erwähnung stammte aus dem Jahr 1146. Raugraf Emicho nannte sich in der Urkunde »Graf von Nuenburc«. Das Geschlecht der Raugrafen stammte aus einer Teilung der Wildgrafen um das Jahr 1148. Sie waren Erben der Emichonen aus dem Rheingau. Erster Raugraf war Emich I. (ca. 1128–1172), zweiter Sohn des Wildgrafen Emich VI. und Bruder des Wildgrafen Konrad. Die Stammburg der Raugrafen war Altenbaumburg (→ Tour 3). Allerdings nannte sich Emich I. 1146 in einer Urkunde auch »Graf von Nuenburc«, also Naumburg. Dieser Version stimmen die Autoren in ihrem Buch »Burgen im Hunsrück und an der Nahe« nicht so ganz zu. Die Quellen seien unklar. Konkret bestätigen sie aber den Nachweis aus den Jahren 1189 und 1193. Aus dem Lehnsverzeichnis von Werner II. von Bolanden geht hervor, dass er die Burg als Lehen von den Staufern von Herzog Konrad von Schwaben erhalten habe. Konrad war der fünfte Sohn von Kaiser Friedrich I., genannt Barbarossa. Danach war allerdings von den Staufern im Zusammenhang mit der Burg nicht mehr die Rede. Sie war in den folgenden Jahren wohl in den Händen der Raugrafen. Denn 1323 trug Raugraf Konrad d.J. die Burg, die er als sein Eigentum, also sein Allod betrachtete, an den Erzbischof Balduin von Trier zu Lehen auf. Dieser Erzbischof aus dem Geschlecht der Luxemburger (sein Bruder war als Heinrich VII. Kaiser des Heiligen Römischen Reiches) war ein sehr gewaltiger Herrscher, der viele Burgen an Nahe und im Hunsrück einnahm. Seit 1323 war das Erzstift Trier Eigentümer der Naumburg und gab die Burg wiederum zu Lehen an die Raugrafen. Die Raugrafen befanden sich oft in Geldnöten. So kam es zu

Der wieder aufgebaute Turm der Naumburg

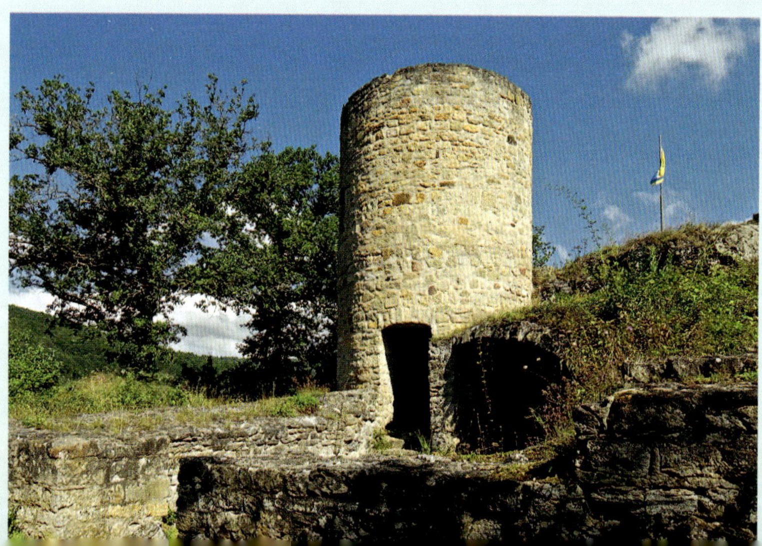

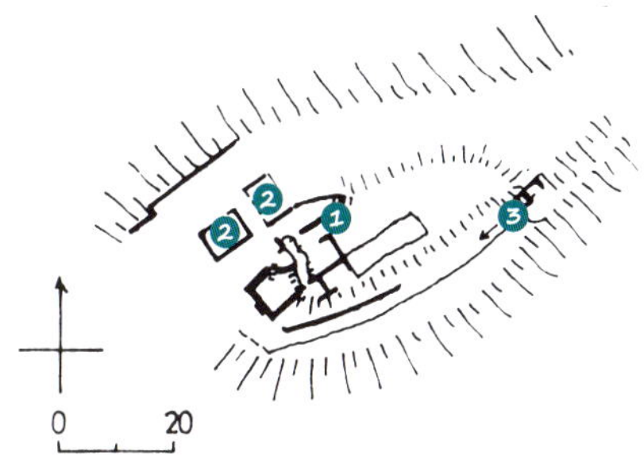

NAUMBURG
1 Turm
2 Mauerreste Gebäude
3 Eingang

mehreren Verpfändungen. Nutznießer waren die Grafen von Sponheim, auch ein begütertes Geschlecht im Hunsrück (der Hauptsitz war die Burg Sponheim, → Tour 11). Letztlich gehörte am Ende des 14. Jahrhunderts den Sponheimern die gesamte Burg. Nach dem Aussterben der Grafen von Sponheim kam die Naumburg 1443 als Lehen der Trierer Erzbischöfe an die Markgrafen von Baden und die Pfalzgrafen. Das blieb so bis ins 18. Jahrhundert. Die Burg wurde weder im Dreißigjährigen Krieg noch durch die einfallenden Franzosen im 17. Jahrhundert zerstört. Sie wurde als Verwaltungssitz genutzt. Aber 1803 oder 1804 sprengten Franzosen die Burg, sie wurde danach als Steinbruch genutzt.

Noch ein Wort zu Johannes Bückler, genannt Schinderhannes

Viele Geschlechter im Hunsrück und an der Nahe, wie die Rhein-, Rau- und Wildgrafen, oder die Grafen von Sponheim sind weithin gut bekannt. Am berühmtesten ist allerdings im Hunsrück und an der Nahe nur einer: Schinderhannes, Johannes Bückler mit bürgerlichem Namen. Er wurde im Prozess in Mainz wegen Landstreicherei, Nötigung, Einbruch und Diebstahl, Erpressung, Hehlerei, schwerer Körperverletzung mit Todesfolge, Raubmord und Mord verurteilt und 1803 mit der Guillotine in Mainz zusammen mit seinen ebenfalls angeklagten Gesellen hingerichtet.

Der Name Schinderhannes verweist auf seine Lehre im Jahr 1796 bei dem Abdecker Johann Matthias Nagel in Bärenbach. Abdecker wurden auch als Schinder bezeichnet. Das war jahrhundertelang die Berufsbezeichnung für Personen, die für die Beseitigung von Tierkadavern und die Tierkörperverwertung zuständig waren. Dies war kein ehrenwerter Beruf. Johannes Bückler wurde damals vorgeworfen, Kalbfelle und eine Kuhhaut gestohlen zu haben. Das brachte ihm öffentliche Rutenschläge ein und war der Beginn seines Räuberlebens, das eben 1803 unter der Guillotine in Mainz endete. Teile des Hauses, in dem Schinderhannes seine Lehre begann, stehen noch, und auch die alten Pflastersteine davor sind aus der damaligen Zeit erhalten. In dem Haus ist heute eine Musikkneipe. Ein Schild in der Hauptstraße 14 weist auf den Schinderhannes hin.

Herrstein 20

Die neu angelegten Traumschleifenwege sind bisweilen schon etwas Besonderes. Zu ihnen zählt auch der Mittelalterpfad zu dem schönen Städtchen Herrstein mit seinen schiefergedeckten Fachwerkhäusern und den Türmen der ehemaligen Burg. Dieser Pfad wurde 2010 vom deutschen Wanderinstitut zu Deutschlands schönstem Wanderweg gekürt. Er ist wirklich spannend, und der Besuch von Herrstein ist schon etwas Besonderes. Viele renovierte Häuser aus dem 17. und 18. Jahrhundert laden zum Stadtrundgang ein. In der Zehntscheune ist eine Gaststätte, die den ganzen Tag geöffnet ist. Leider kann der historische Turm, nach Schinderhannes benannt, weil Johannes Bückler dort festgehalten wurde, nur an zwei Tagen (Donnerstag und Samstag) mit einer Führung besucht werden. Einkehrmöglichkeit in Herrstein nach knapp 2 Stunden.

Wanderdauer	Gut 3 Stunden für 10 km
Höchster Punkt	426 m ü. N. N. (Hosenberg)
Etappen	Von der Jammereiche nach Herrstein: 1 Stunde 45 Minuten Zurück zur Jammereiche: 1 Stunde 15 Minuten
Einkehren	**Café und Restaurant Zehntscheune**, Schlossweg 13, 55756 Herrstein, Tel.: (0 67 85) 16 58, Öffnungszeiten: durchgehend warme Küche, kein Ruhetag. Öffnungszeiten: 10–21 Uhr (die Zeiten können abweichen)
Wanderkarte	Naturpark Soonwald-Nahe/Kirn, Blatt 2, 1:25000 des Landesamtes für Vermessung Rheinland-Pfalz
Anfahrt	Sie starten von Breitenthal aus, das liegt nördlich von Idar-Oberstein und Fischbach Richtung Rhaunen. Sie fahren von Süden kommend an Herrstein vorbei über die L 160 und biegen dann in die L 180 ab. Die Burgenstraße fahren Sie bis nach Breitenthal. Dort halten Sie sich Richtung Niederhosenbach und biegen in Breitenbach gleich nach rechts in die Hauptstraße ab. Auf der linken Seite sehen Sie auf der Strecke einen Sportplatz mit hohen Flutlichtlampen. Sie fahren immer geradeaus auf einen kleinen Wald zu. Auf der Höhe ist links eine große Eiche, die »Jammereiche«. Dort parken Sie. Der Parkplatz ist nicht als solcher ausgewiesen.

Wegbeschreibung

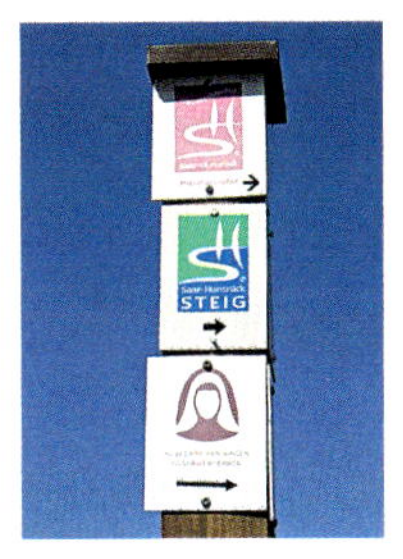

Von dem Parkplatz an der Jammereiche gehen Sie an der Jammereiche vorbei geradeaus in den Wald hinein. Ein Schild erklärt die Geschichte des Baumes. Der Weg ist sehr gut ausgeschildert, folgen Sie dem Zeichen **Traumschleifen Saar-Hunsrück Mittelalterpfad**. An der nächsten Kreuzung geht es leicht den Berg hoch immer am Waldrand entlang, Sie haben dort schöne Ausblicke in die Landschaft. Ein weiteres Schild macht Sie auf den Platz »Am Galgen« aufmerksam. Dort geht es nach rechts. Sie laufen an jungen Eichen vorbei wie überhaupt häufig bei dieser Wanderung. Dann kommt ein ziemlich steiler Abstieg zur Rabenkanzel. Bisher sind Sie 2,2 Kilometer gewandert. Auf einem weiteren Schild wird Ihnen die Geschichte

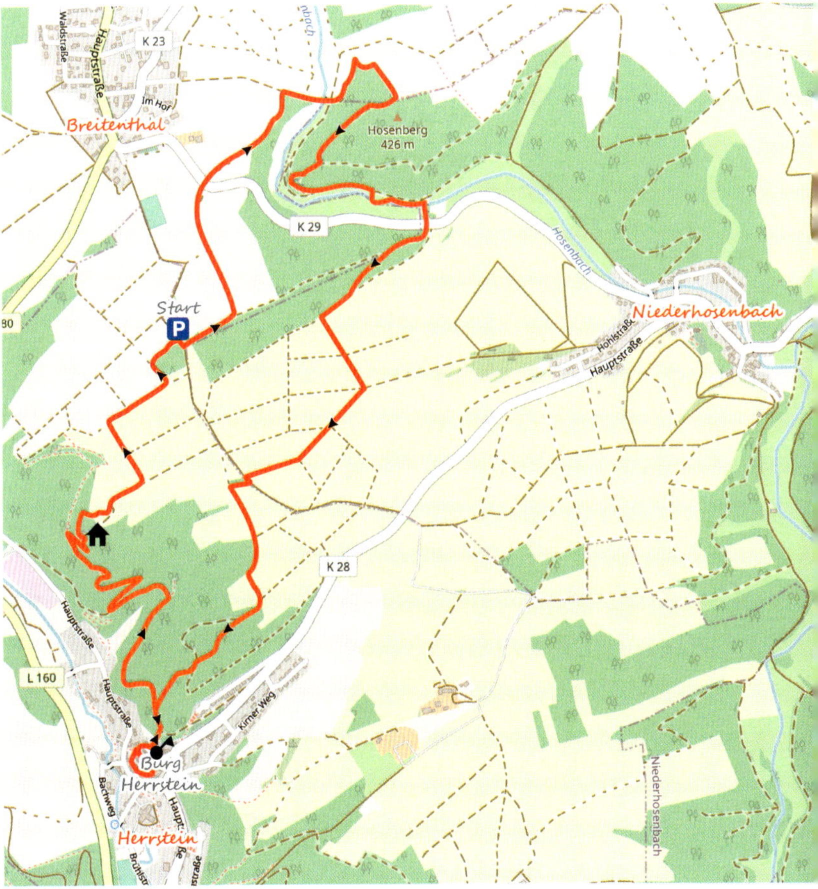

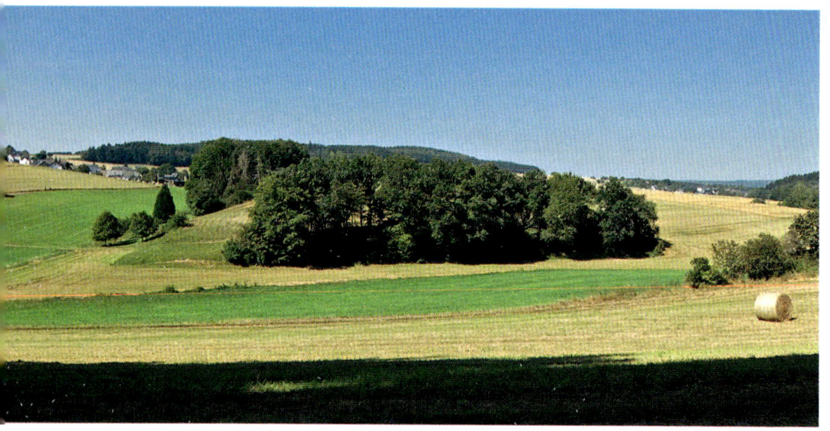

Bilderbuchlandschaften auf dem Weg nach Herrstein

von Hildegard von Bingen erzählt, die hier in der Nähe wohl geboren worden sei soll. Dort gehen Sie nach rechts auf den Bach zu und kurz davor nach links über die Wiese. Sie erreichen eine kleine Brücke und überqueren dort den Hosenbach. Der **Mittelalterpfad** zeigt an, dass es noch 2,8 Kilometer nach Herrstein sind. Sie laufen ein Stück nach oben, überqueren die Kreisstraße, gegenüber ist das Zeichen für den **Mittelalterpfad** und gehen bergauf durch einen Eichenwald. Dann endet der Wald, Sie wandern ein kurzes Stück nach rechts bis zu einer Bank, danach geht es nach links an Feldern vorbei den Berg hinauf, oben dann nach rechts. Der **Mittelalterpfad** führt Sie wieder am Waldrand entlang, kurze Stücke führen auch durch den Wald. Nun geht es weitgehend den Berg hinunter bis nach Herrstein. Über eine Treppe erreichen Sie den Glockenturm und die Schlosskirche und gehen weiter zum Ortskern. Nun erkunden Sie die kleine Stadt mit ihren Fachwerkhäusern und können in der ehemaligen Zehntscheune eine Pause einlegen.

Zurück zum Parkplatz gehen Sie wieder so, wie Sie nach Herrstein gekommen sind, an der Kirche vorbei, die Treppe hoch und nach links. Dann gabelt sich der Weg nach einer Schranke, Sie gehen nach links leicht den Berg hinunter und folgen nun nicht mehr dem Zeichen des Mittelalterpfades. Der Weg gabelt sich, Sie gehen nach links und kommen an einer völlig überwucherten Schutzhütte vorbei. Sie wandern eine ganze Weile auf einem bequemen Wirtschaftsweg durch den Wald, bis Sie zu Ihrer Linken einen Tisch und Bänke stehen sehen, hier sind rechts viele Markierungen angebracht. Nun folgen Sie wieder dem **Mittelalterpfad** und gehen nach rechts durch den Wald Richtung Jammereiche. Auf Serpentinen geht es auf sehr schmalem Pfad durch einen Eichenwald immer den Berg hinauf. Dann erreichen Sie einen großen Platz mit Hütten, vielen Bänken und Tischen und einem Aussichtsturm – einem »Verschnaufplatz«. Sie gehen rechts an dem Turm vorbei in den Wald und kommen dann auf die Höhe mit einem fast 360°-Rundblick. Dort ist ein Plateau auf 450 Metern Höhe, von dem Sie bis zum Erbeskopf schauen können. Von dieser Aussichtsplattform geht es nach links weiter über die Höhe an einem Waldrand vorbei. Vor sich sehen Sie nun eine Straße, davor geht es aber nach links am Waldrand entlang und dann nach rechts wieder in den Wald. Folgen Sie einfach der Ausschilderung. In Kürze erreichen Sie die Straße, die Sie zuvor zur Jammereiche gefahren sind und gehen nach rechts zu Ihrem abgestellten Auto.

Die Geschichte von Herrstein und seiner Burg

Herrstein hat Glück gehabt. Einmal waren es die beherzten Bürger der kleinen Stadt, die vor einem bevorstehenden Angriff der französischen Truppen im Pfälzischen Erbfolgekrieg 1674 ihre Stadtmauer selbst niedergerissen haben, um so den Soldaten zu signalisieren: »Hier gibt es nichts zu holen.« Herrstein wurde nicht zerstört. Genau 300 Jahre später wurde eine weitere Zerstörung aufgehalten. Die Gemeinde unter dem Bürgermeister Wolfgang Hey beschloss, den alten Stadtkern mit seinen historischen Gebäuden zu sanieren. Und damit war das »alte« Herrstein zum zweiten Mal gerettet. Private Hausbesitzer schlossen sich an, schlugen den Verputz an ihren Häusern hinunter, das alte Fachwerk kam wieder zum Vorschein. Herrstein hatte sich herausgeputzt und wagt nun den Vergleich mit Rothenburg, will »Herrstein ob des Fischbaches« sein.

Von der einstigen Burg Herrstein sind lediglich der Schinderhannesturm, der allerdings nicht immer besucht werden kann, und der Glockenturm, wohl der ehemalige Bergfried der Burg, noch

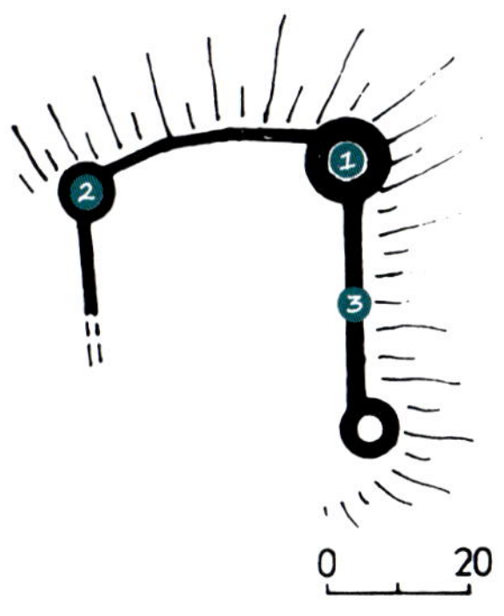

HERRSTEIN

1 Bergfried
Schinderhannesturm
2 Turm
3 Schildmauer

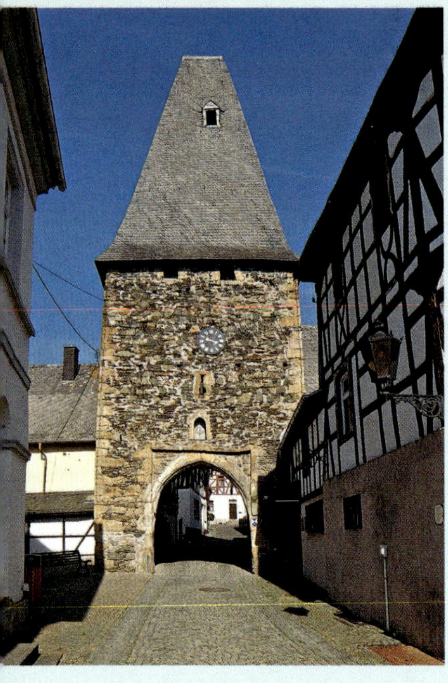

Der Stadtmauerturm in Herrstein

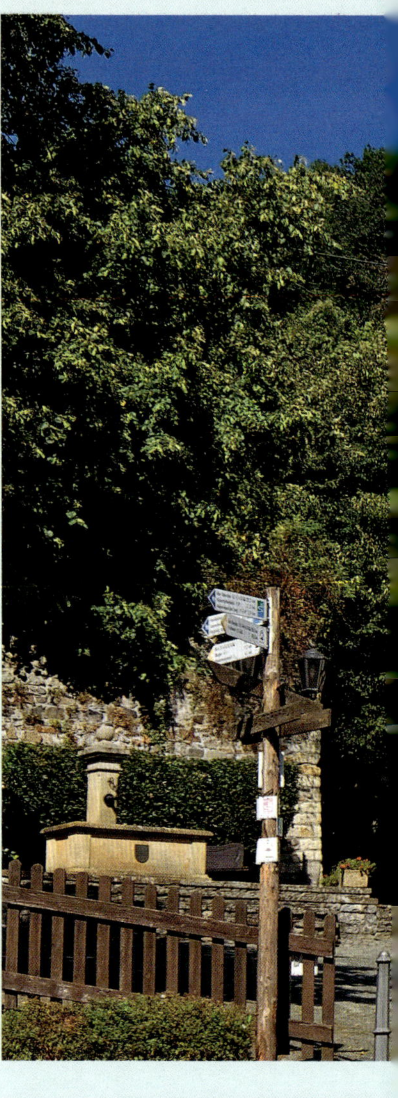

Der »Schinderhannesturm« in dem mittelalterlichen Städtchen

erhalten. Aber die kleine Stadt Herrstein wirkt insgesamt wie eine Burg.

Gesichert ist, dass es die Burg bereits 1314 gab. Damals vermachte Graf Heinrich II. von Sponheim-Starkenburg seiner Ehefrau Loretta von Salm 400 Pfund und verpfändete dafür sein »Hus zu Hersteyn« (→ Tour 22 zur Frauenburg). Die Grafen von Sponheim der hinteren Grafschaft Sponheim im Hunsrück, die vordere Grafschaft war näher an Mainz gelegen, hatten häufig Geldsorgen. So machte sich Johann III. von Sponheim, der Sohn von Heinrich, 1343 von dem Trierer Erzbischof Balduin abhängig, konnte aber die Burg

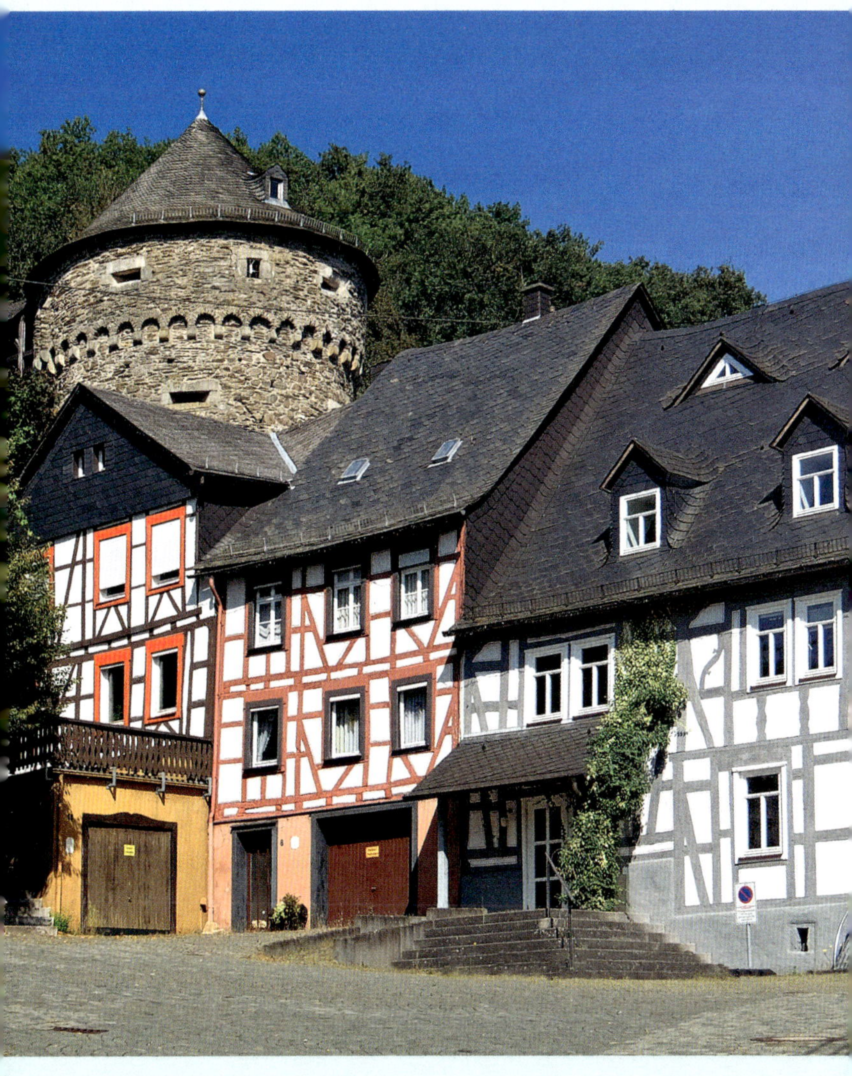

behalten. Diese Probleme schienen wohl 1421 ausgestanden zu sein. Damals gehörte die Burg zu einem Viertel Johann von Sponheim. Diesen Anteil verpfändete er zusammen mit anderen Besitztümern an den Markgrafen Bernhard I. von Baden. Weitere Teile der Burg vermachte Johann V., der Enkel von Johann III., seiner Ehefrau Walpurga als Witwensitz. Nach dem Tod ihres Mannes 1437 lebte Walpurga bis 1456 in Herrstein. Nach ihrem Tod wurde Herrstein Teil der Erbengemeinschaft Baden und Pfalz-Zweibrücken, 1776 dann ausschließlich von Baden. Wann die Burg zerstört wurde, ist nicht bekannt.

Das Neue Schloss und Burg Bosselstein

21

Das ist keine typische Burgenwanderung. Aber dieser Ausflug hat seinen Reiz, selbst wenn die Burg Bosselstein und die Felsenkapelle oberhalb von Idar-Oberstein nicht besucht werden können. Wann die Burg Bosselstein und die Kapelle wieder erreichbar sein werden, war zum Zeitpunkt der Drucklegung des Buches unklar. Das Neue Schloss dagegen ist nicht mehr so richtig als mittelalterliche Burg zu erkennen, selbst wenn die sehr imposanten und an den Felsen geklebten Mauern beim Abstieg nach Oberstein gut zu sehen sind. Der Marktplatz von Oberstein mit seinem Brunnen und den umliegenden Restaurants und Cafés ist einen Besuch wert. Ein schöner Platz, um sich auszuruhen. Bei der Wanderung geht es in den Wald, in Täler hinunter und Berge hinauf. Sie kommen sicher »auf Ihre Kosten«. Einkehrmöglichkeiten in Restaurants in Idar-Oberstein.

Wanderdauer	3 Stunden und 30 Minuten für etwa 9 km
Höchster Punkt	470 m ü. N. N. (Burgen und Felsen)
Etappen	Vom Parkplatz bis zum Neuen Schloss: etwa 45 Minuten Vom Neuen Schloss zum Marktplatz in Oberstein: etwa 20 Minuten Vom Marktplatz zum Schlosssee: 1 Stunde Vom Schlosssee zurück zum Parkplatz: etwa 1 Stunde
Einkehren	Gaststätten und Cafés rund um den Marktplatz in Idar-Oberstein
Wanderkarte	Naturpark Soonwald-Nahe/Kirn, Blatt 2, 1:25 000 des Landesamtes für Vermessung Rheinland-Pfalz
Anfahrt	Sie fahren von Idar-Oberstein aus zu dem Ortsteil Göttschied, dort die Göttschieder Straße entlang bis zu einem Gebäude mit einem Turm. Direkt dahinter führt die Obersteiner Straße nach rechts. Sie befahren diese Straße bis zu ihrem Ende. Am Waldrand befindet sich der ausgeschilderte Parkplatz mit dem Anfahrtspunkt für Rettungsfahrzeuge 6210-826.

Wegbeschreibung

Sie gehen bis zu dem Schild »Anfahrtsweg für Rettungsfahrzeuge« und dort nach links in den Wald hinein. Auf asphaltierter Straße wandern Sie leicht den Berg hinunter. Die Straße gabelt sich, Sie gehen links weiter. Dann sehen Sie die Zeichen für den **Nahe-Felsen-Weg** und gehen nach rechts auf schmalem Pfad weiter den Berg hinunter durch den Wald. Sie erreichen wieder die Straße, von der Sie zuvor abgebogen sind und kommen an den Schlossweiher, dort sind auch Parkplätze. Rechts steht ein Haus, wohl ein ehemaliges Forsthaus. Dort gehen Sie nach rechts, nun wieder eine Autostraße entlang.

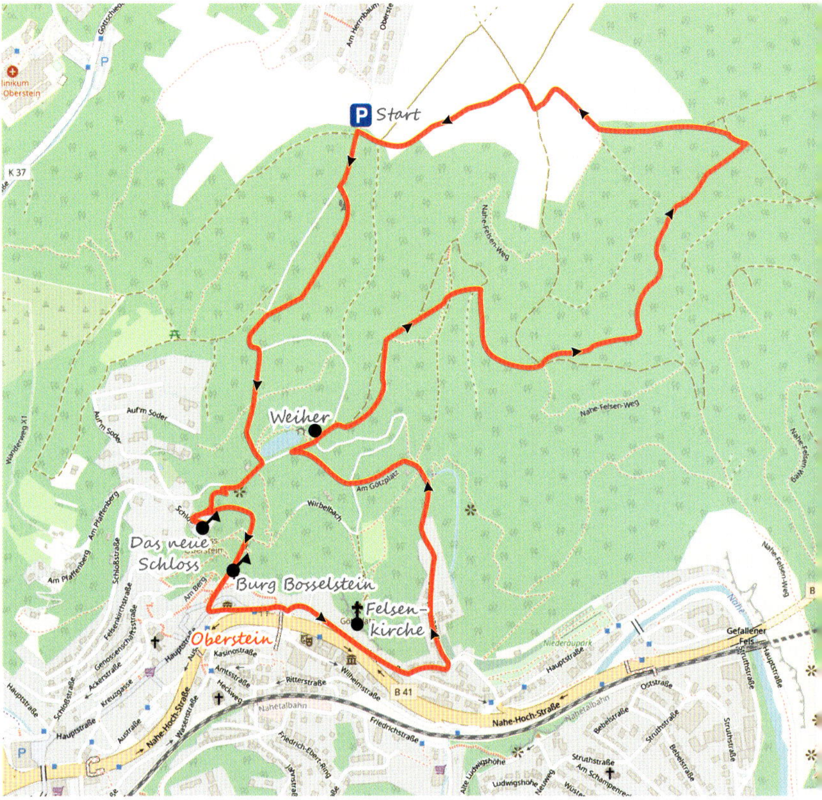

Achtung: Die Burg Bosselstein kann, wie zuvor bereits angemerkt, wegen Bauarbeiten eventuell nicht besucht werden, genauso wie die berühmte Felsenkapelle.

Sie gehen also weiter die Straße entlang, vor sich sehen Sie das geschlossene Schlosshotel, dort gehen Sie nach links auf das Neue Schloss zu. Heute ist dort das Standesamt untergebracht. Das Schloss wurde zum Teil umgebaut, aber es gibt auch noch alte Mauern. Von hier oben aus haben Sie einen schönen Blick auf die unterhalb gelegene Stadt Oberstein. Sie gehen nun

Neue Wanderzeichen wie für die Hildegard von Bingen Tour weisen den Weg.

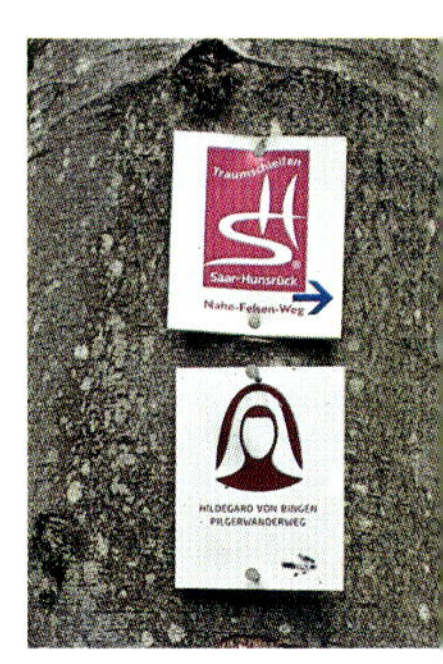

wieder ein kurzes Stück denselben Weg zurück und dann zunächst nach links. Von diesem Weg aus können Sie die Burg mit ihren hohen mittelalterlichen Mauern wunderbar sehen. Dann geht es weiter über die kleinen Gassen ins Tal hinunter zum Marktplatz von Oberstein mit vielen Möglichkeiten zur Einkehr. Von dort gehen Sie nach links, an einer Eisverkäufer-Skulptur und an der Erinnerungsstätte für die Obersteiner Juden vorbei, gegenüber ist das Deutsche Mineralmuseum. Sie laufen die verkehrsberuhigte Straße unterhalb des Felsens entlang, auf dem die berühmte Kapelle gebaut wurde. Sie erreichen die B 41, die über die Nahe gebaut wurde, folgen der Hauptstraße, bis Sie nach links in die Seitzenbachstraße abbiegen. Sie bleiben auf dieser Straße, die dann nach rechts abbiegt, Sie kommen an einem jüdischen Friedhof, der rechts liegt, vorbei. Sie erreichen das letzte Haus mit der Nr. 27, dort geht es links auf einem schmalen Pfad weiter den Berg hoch. Sie wandern entlang des Seitzenbachs. Nun stoßen Sie auf den **Nahe-Felsen-Weg**, der rechts über eine Brücke führt, Sie aber gehen weiter geradeaus und erreichen eine große Wiese mit einem Steinhaufen, dessen Bedeutung auf einer Tafel beschrieben ist. Das ist der Götzplatz. Hinter dem Graben auf der anderen Seite sehen Sie eine Liege, das Zeichen für den **Nahe-Felsen-Weg** ist angebracht. Sie gehen am Rand der Wiese entlang, sehen eine weitere Bank und genießen von hier oben den Blick auf Oberstein. Von der Bank aus gehen Sie nach rechts durch den Wald, immer der Kennung nach, bis Sie wieder einen Wirtschaftsweg erreichen, rechts davon ist eine asphaltierte Straße, dazwischen führt der Wanderweg weiter in den Wald hinein. Dann erreichen Sie erneut den Schlossweiher wie zuvor, nur dieses Mal auf der anderen Seite. Sie gehen nach rechts über den Parkplatz mit dem Zeichen des Anfahrtspunktes für Rettungsfahrzeuge 6209-657 und einem Hinweisschild: u.a. »Nach Nahbollenbach: 3,9 km« und folgen durch ein Holztor weiter den Zeichen des **Nahe-Felsen-Wegs**, auch des **Saar-Hunsrück-Steigs**, und nun kommt auch noch der **Wanderweg der Heiligen Hildegard** hinzu. Es ist ein schmaler Pfad. Etwa 2 Kilometer geht es hinauf und hinunter, Sie klettern eine Baumstammtreppe hoch und erreichen einen Höhenweg. Hier geht der Saar-Hunsrück-Steig nach rechts, Sie folgen dem **Hildegardweg** nach links, bis Sie den Wald verlassen. Nun liegt eine schöne Höhenlandschaft vor Ihnen. Sie folgen der **Hildgard-Markierung**, bis der gekennzeichnete Weg nach rechts abbiegt, Sie gehen aber gerade aus, auf der linken Seite steht eine Bank. Sie bleiben auf dem Weg, und dort, wo Sendemasten stehen, biegen Sie nach links ab. Nun können Sie Ihr geparktes Auto schon von Weitem sehen.

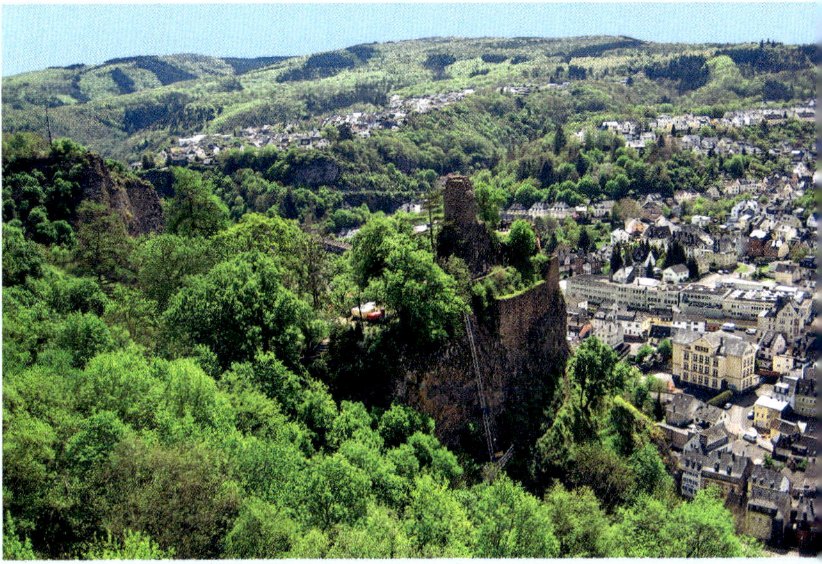

Burg Bosselstein und Blick auf Oberstein

Die Geschichte der Burg Bosselstein und des Neuen Schlosses

Am Flusslauf der Nahe entlang erheben sich steile Felsen, die bisweilen mit einer Burg gekrönt sind. Deshalb nannten Adelige ihre Burgen oft einfach »Stein«, wie eben Bosselstein, Steinkallenfels oder Rheingrafenstein. Diese erweiterten Namen wurden den Burgen erst viele Jahre später gegeben, zunächst wurden sie lediglich in Urkunden und Dokumenten als »Stein« bezeichnet. Welche Burg nun mit Stein gemeint ist, das verursacht den Historikern bisweilen Kopfschmerzen. Verwechslungen können auftreten.

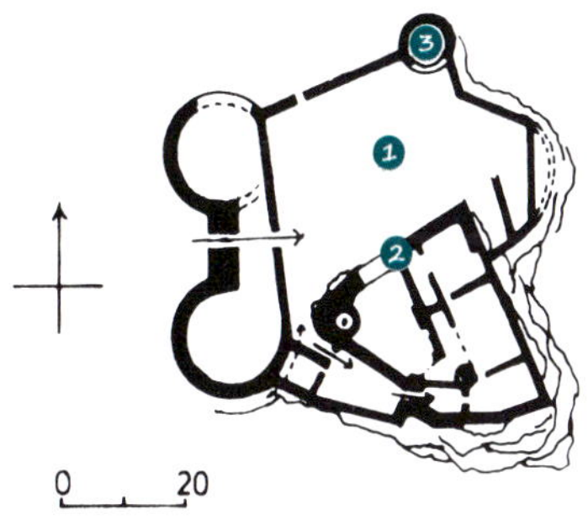

BURG BOSSELSTEIN

1 Hof
2 Schildmauer
3 Turm

So ist es auch nicht so einfach, die Ursprünge von Bosselstein zu ergründen. Es wird angenommen, dass die Burg Erzbischof Johann I. von Trier von den Rittern Eberhard und Werner von Stein 1212 erworben und sie den Herren von Stein zu Lehen wieder zurückgegeben hatte. Ob diese Brüder allerdings die Stammväter der Burg waren, ist nicht gesichert. 1280 befand sich die Burg im Besitz der Familie vom Stein und Wirichs von Daun, der 1250 eine Tochter von Oberstein (vom Stein) geheiratet hatte. Das Zusammenleben der Familien gestaltete sich allerdings schwierig. Ein Streit gipfelte letztlich darin, dass Wirich von Daun 1330 mit dem Bau einer neuen Burg oberhalb der alten Burg begann. Wohl zu diesem Zeitpunkt änderte die Familie vom Stein ihren Namen in Oberstein, ihre Burg nannten sie Bosselstein. Ihren Besitz verkauften sie in der Zeit von 1335 bis 1337 an den Erzbischof Balduin von Trier, erhielten das Anwesen allerdings als Lehen wieder zurück.

Für die darauffolgende Zeit gibt es nur spärliche Informationen. Jedenfalls blieb die Familie Oberstein auf der Burg Bosselstein, die Familie Daun-Oberstein zog auf die neue Burg, das Neue Schloss. Im Jahr 1654 soll die Burg Bosselstein in gutem Zustand gewesen sein, allerdings verfiel sie im Laufe des 18. Jahrhunderts.

Über das Neue Schloss gibt es nur wenige Informationen. Es wird weitgehend davon ausgegangen, dass es weiter ein Lehen der Erzbischöfe von Trier war und von den Herren von Daun-Oberstein bewohnt wurde, die allerdings noch einen Anspruch auf einen Teil der unteren Burg Bosselstein hatten. In den Jahren nach seiner Gründung wurde das Neue Schloss immer wieder umgebaut und erweitert. Französische Soldaten zerstörten einen Teil der Burg 1697 im Zuge des Pfälzischen Erbfolgekriegs, 1855 brannten die Gebäude. 1981 wurde die Anlage restauriert. Heute ist hier das Standesamt von Oberstein untergebracht.

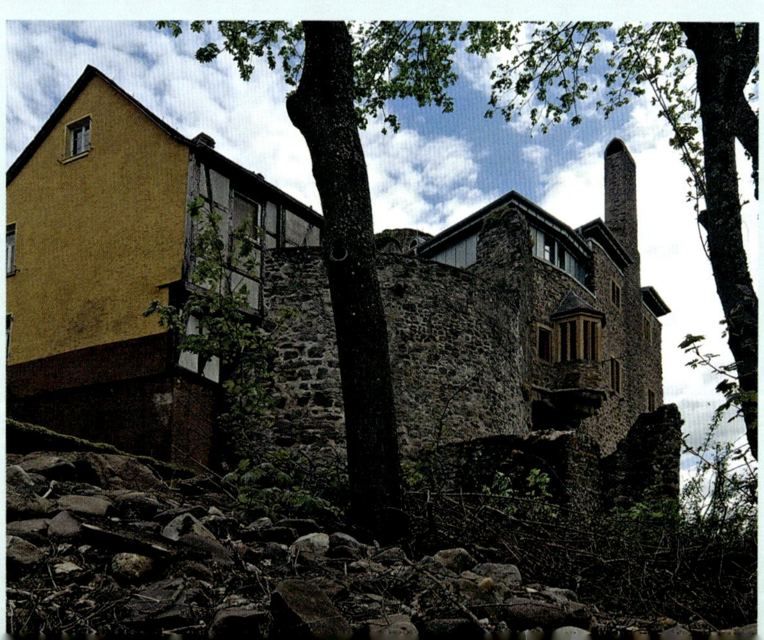

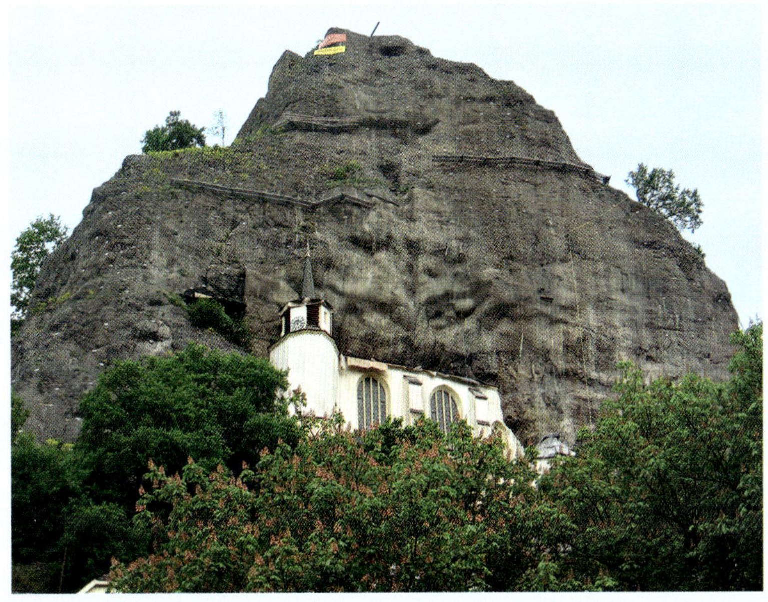

Das Wahrzeichen von Idar-Oberstein: die Felsenkapelle

Ein Wort zur Felsenkirche

Auf den Fundamenten einer älteren Höhenburg ließ Wirich IV. von Daun-Oberstein zwischen 1482 und 1484 die Felsenkirche, das Wahrzeichen von Idar-Oberstein errichten. Um das Innere der Kirche zu erreichen, muss der Interessierte durch einen 1980/81 in den Felsen geschlagenen Tunnel laufen. Durch Steinschlag wurde die Kirche häufig beschädigt und musste mehrmals renoviert werden. So auch 2022. Wann die Arbeiten abgeschlossen sein werden, ist nicht bekannt.

Es gibt auch eine Sage zur Felsenkirche: Im 11. Jahrhundert lebten die Brüder Wyrich und Emich auf der Burg Bosselstein. Beide waren in Bertha von Lichtenburg verliebt, aber Emich gewann ihr Herz. Als sein Bruder Wyrich von der Verlobung der beiden erfuhr, warf er Emich aus dem Fenster der Burg Bosselstein. Der Bruder überlebte den Sturz nicht, sein Bruder empfand danach aber große Reue und beichtete seine Sünde. Zur Strafe sollte er mit eigenen Händen an der Stelle eine Kapelle bauen, an der sein Bruder zu Tode kam. Er baute die Kapelle und bat danach Gott um ein Zeichen der Vergebung. Eine Quelle entsprang dem Felsen, so wie bei dem Jungfernsprung bei Dahn, und sie fließt bis heute.

◂ *Steil auf Felsen gebaut: Das Neue Schloss*

Frauenburg 22

Bei manchen Traumschleifen-Wegen haben sich die Initiatoren wirklich Mühe gegeben, passende Wanderwege auszusuchen. Da geht es bei dem Gräfin-Loretta-Weg so gut wie überhaupt nicht über bequeme Wege, schon gar nicht über asphaltierte. Wenn einmal eine Straße in die gleiche Richtung führt, dann ist der Wanderweg, versteht sich, nebenan im Wald. Dieser Wanderweg zur Frauenburg ist recht lang und anstrengend, aber auch sehr abwechslungsreich. 13 Kilometer geht es den Berg hinauf und den Berg hinunter, das kann müde machen, zumal am Ende der Wanderung ein recht steiler Aufstieg ansteht. An vielen Wegepunkten machen Hinweistafeln auf Besonderheiten aufmerksam, es gibt viele Bänke mit Tischen, damit Sie Picknicken können. Es gibt keine Einkehrmöglichkeit.

Wanderdauer	4 Stunden 30 Minuten für 13 km
Höchster Punkt	240 m ü. N. N.
Etappen	Vom Parkplatz bis zur Burg: 2 Stunden 30 Minuten Zurück zum Parkplatz: 2 Stunden
Einkehren	Keine Möglichkeit
Wanderkarte	Wandergebiet Baumholder Birkenfeld mit oberer Nahe, 1:25000 des Landesamtes für Vermessung Rheinland-Pfalz
Anfahrt	Hammerstein bei Idar-Oberstein erreichen Sie über die B41, Abfahrt Hammerstein. Sie fahren in den Ort, danach rechts in die Straße »Zum Radeberg«, wieder nach einer Rechtskurve die Höhenstraße hoch immer geradeaus. Wenn sich die Straße gabelt, fahren Sie weiter geradeaus. Oben auf der rechten Seite ist der Wanderparkplatz auf einer Wiese. Ein Schild kennzeichnet den Parkplatz bei Hammerstein mit dem Schild: Anfahrtspunkt für Rettungsfahrzeuge 6309-010.

Wegbeschreibung

Sie laufen die ganze Wegstrecke mit dem Zeichen **Traumschleifen Gräfin Loretta** und häufig ist das **N** für den **Nahe-Höhenweg** dabei. Bei der ganzen Wanderung finden Sie viele

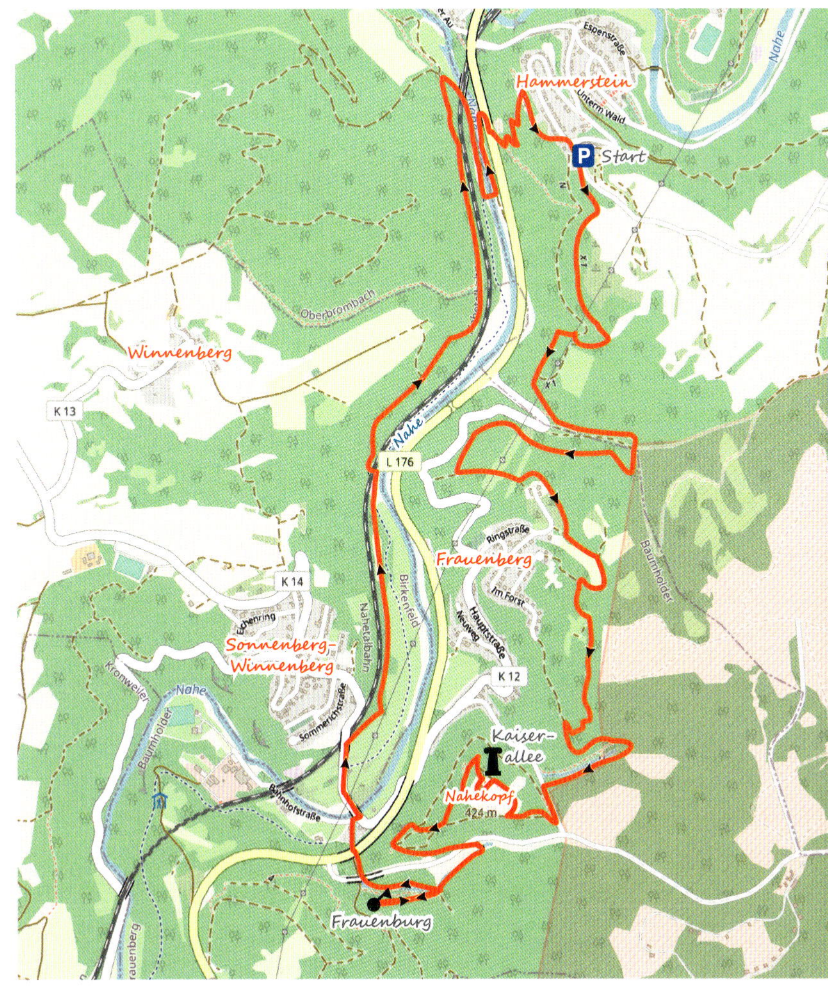

Hinweisschilder. Bänke, Tische und Liegen laden zum Ausruhen und Picknicken ein, denn es gibt ja keine Einkehrmöglichkeit. Achten Sie auf die Hinweise zum Abbiegen, immer wenn der Weg recht bequem ist, weisen die Schilder auf schmalere, unbequemere Pfade hin.

Zunächst geht es von dem Parkplatz nach rechts und gleich wieder den nächsten Weg nach rechts. Etwa zehn Minuten bleiben Sie auf dem Waldweg, dann geht es nach rechts auf einen schmalen Pfad. Es geht den Berg bisweilen recht steil hinunter. Über eine Treppe erreichen Sie wieder einen Wirtschaftsweg, den Sie nach links gehen: Nach nun etwa 20 Minuten

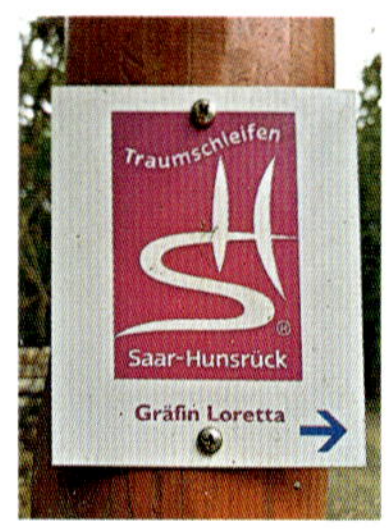

Dieses Traumschleifenzeichen führt zur Frauenburg.

erreichen Sie den einladenden Platz Hammerstein mit einer Schutzhütte. Von dort geht es wieder über eine Treppe auf schmalem Pfad weiter den Berg hinunter, ein breiterer Weg geht nach oben. Rechts ist ein kleiner Bach. Sie erreichen den Klausgraben, gehen dort trockenen Fußes auf die andere Seite neben dem militärischen Bereich vorbei. Sie erreichen einen großen Holzabfuhrweg und gehen dort nach links der Markierung nach. Sie erreichen die ersten Häuser von Frauenberg, hier wandern Sie nach links in den Wald hinein und umlaufen den Ort durch den Wald. Zunächst geht es dabei den Berg hinunter, unten angekommen dann wieder nach links den Berg hinauf. Es fehlt das Hinweisschild, aber Sie sehen es bald an einem Baum auf der rechten Seite weiter oben. Hier befindet Sie auch ein Aufklärungsschild über dieses militärische Sperrgebiet. Der 12000 Hektar große Truppenübungsplatz wurde 1938 eingerichtet. Nach dem Krieg übernahmen zunächst die Franzosen, dann die Amerikaner das Gelände, seit 1960 übte die Bundeswehr auf diesem Platz. Sie erreichen einen Aussichtsplatz: »Dirks Ruh«, von dem Sie bis zum Erbeskopf – mit 816 Metern der höchste Berg von Rheinland-Pfalz – sehen können und auf den Ort Sonnenberg. Von dort aus geht es wieder auf schmalem Pfad den Berg hinunter. Das ist jetzt der Trollenweg. Danach kommen Sie durch ein Holztor, dort geht es nach links nun wieder bequemer. Sie erreichen das Tal mit einer Schutzhütte und einem Platz, der zum Grillen eingerichtet ist. Über eine Brücke kommen Sie auf die andere Talseite und gehen dort nach rechts, wieder neben dem militärischen Sicherheitsbereich entlang. Sie überqueren eine asphaltierte Straße und gehen auf der anderen Seite die Treppe hinauf. Sie erreichen die Heidenquelle, die nicht versiegt. Hier wird ein heiliger Ort vermutet. Sie gehen nach links die Treppe hinauf und folgen dem Waldweg, der parallel zur Straße führt. Sie sind nun den Weg »Zur geheimnisvollen Quelle« gegangen, sehen vor sich eine Straße und wandern durch eine Schranke nach rechts. Von dort sind es noch 2 Kilometer zur Frauenburg. Jetzt befinden Sie sich auf den Spuren der Vergangenheit: Auf dem Nahekopf »begegnen« Ihnen Kelten und Römer. Keltisches wird wohl noch ausgegraben und angelegt, dafür gibt es römische Säulen in der Kaiserallee. Informationstafeln machen auf die Besonderheiten der Anlage aufmerksam. Von der Höhe geht es wieder hinunter, oftmals auf schmalem, steilem Pfad. Sie erreichen die Stelle »Zum Burgblick«, von hier können Sie die Frauenburg sehen. Sie erreichen wieder ein Holztor und gehen links hinunter. Sie kommen an eine befahrene Straße, überqueren diese und gehen auf der anderen Seite die dortige Straße entlang, die nach rechts abbiegt.

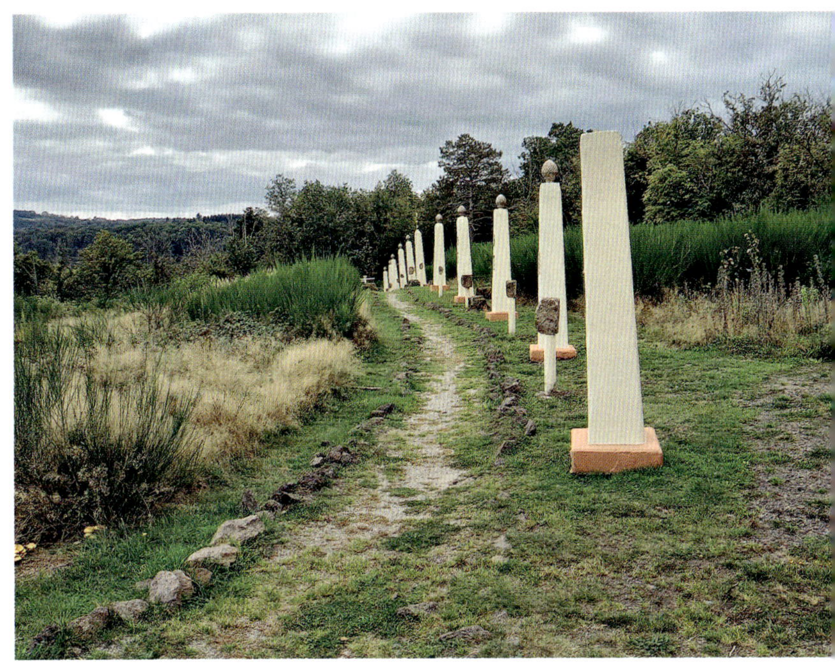

Auf dem Nahekopf: die Kaiserallee

Sie laufen an einem Schlagbaum vorbei und weiter geradeaus. Unten ist der Ellenbach, der eingefasst wurde und quasi über Terrassen fließt. Sie überqueren eine Brücke und gehen weiter geradeaus am Bach entlang. Sie kommen an eine Wegkreuzung und gehen dort links die Treppe zur Burg hoch.

Nachdem Sie die Burg besucht haben, steigen Sie die Treppe hinunter und wandern dann nach rechts, folgen dem schmalen Pfad um die Burg mit ihrer hohen Mauer herum. Wenn Sie unten im Tal angekommen sind, gehen Sie nach links. Ein Schild macht Sie auf die Reste einer Burgkapelle aufmerksam, diese Ruinen sind aber kaum zu erkennen. Von dem unteren Burghaus, an dem Sie vorbeikommen, stehen noch ein paar Mauern. Sie erreichen eine Brücke, gehen nach rechts unter den hohen Pfählen der Autostraßen hindurch. Nun sind Sie, 700 Meter von der Frauenburg entfernt, an der Nahe angekommen. Hier gibt es ein Lokal »Zur Burgschänke«, das wohl geschlossen ist. Zumindest war das 2021 so. Sie gehen nach rechts, dann nach links über die Nahebrücke und laufen – nicht allzu weit – die Straße entlang. Nach etwa 100 Metern geht ein Weg nach rechts, und gleich links ist das Zeichen des **Gräfin Loretta-Weges**, der Sie über Wiesen und durch den Wald führt. Zu Beginn des Weges ist ein Schild: »Verbot der Einfahrt. Dienstweg«. Sie laufen auf

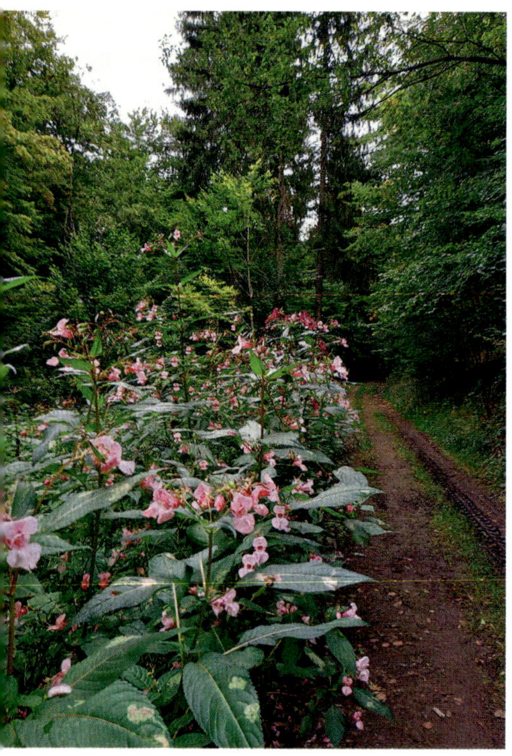

Blumen begrenzen den Wanderweg.

schmalem Pfad mal hinauf, mal hinunter, kommen dann auf den geschotterten Fahrradweg, den Sie bald nach links verlassen. Sie gehen durch eine Bahnunterführung hindurch, dann rechts, oberhalb des Tales, einen Weg den Berg hinauf. Oben angekommen befinden Sie sich auf dem Aussichtspunkt »Weibersprung« und können den gegenüberliegenden Klausfelsen sehen. Ihre nächste Station auf dem Wanderweg ist der Teufelsgraben. Überall sind Schilder angebracht, die über die Namen informieren. Dann geht es ein Stück weiter nach oben, dann nach rechts. Sie verlassen den Wald und wandern nach rechts, Sie sehen viele Brücken oberhalb, und nachdem Sie die Eisenbahnbrücke hinter sich haben, wandern Sie neben der Nahe entlang. Es ist ein bequemer Wiesenweg, der auf eine Brücke über die Nahe zuführt. Sie gehen über diese Brücke, anschließend nach links, kurz auf dem Radweg, dann führt der Wanderweg links davon wieder ganz nahe am Wasser entlang. Am Ende des Weges geht eine Treppe nach oben, danach gehen Sie nach rechts unter der Autobrücke hindurch und nun wird es anstrengend, da Sie über Serpentinen immer und immer den Berg hinauflaufen müssen. Aber eine Bank auf dem Weg lädt zum Ausruhen ein. Oben angekommen, können Sie nach links zum »Nahe-Panorama« gehen, dann wieder zurück oder gleich nach rechts an dem Haus des Verschönerungsvereins Hammerstein vorbei. Sie laufen die Straße hinunter, Markierungen sind angebracht. Sie erreichen die Höhenstraße und gehen nach rechts leicht den Berg hinauf, so, wie Sie zuvor zum Parkplatz gefahren sind und laufen den Weg bis zu Ihrem Auto.

Die Geschichte der Frauenburg

Es ist die Geschichte, die diese Burg so spannend macht. Denn es ist die Geschichte einer Frau, die sich dem Erzbischof Balduin von Trier widersetzte. Und es ist eine Burg, die eine Frau errichten ließ und ihr auch ihren Namen gab.

Loretta wurde um 1300 als Tochter von Johann I. von Salm und Jeanne von Joinville in den Vogesen geboren. 1315 fand ihre Vermählung mit Heinrich II. von Sponheim-Starkenburg, dem Sohn von Johann II. von Sponheim, statt. In den acht Jahren ihrer Ehe bekam sie drei Söhne. Nachdem ihr Ehemann 1323 starb, verlegte sie ihren Wohnsitz von Wolfstein an der Lauter zur Starkenburg an der Mosel. Ihr Schwiegervater Johann II. starb 1324, so dass die junge 24-jährige Witwe fortan die Geschicke der Grafschaft allein lenken musste.

In dieser Zeit, die von territorialen Konflikten, Landflucht und Missernten geprägt war, stellten Armut und Geldmangel große Probleme dar. Aus dieser Notlage heraus ließ sich Loretta auf eine Machtprobe mit dem einflussreichen Kurfürsten Balduin, Erzbischof von Trier (1285–1354) ein. Balduin entstammte aus dem Haus Luxemburg, einem Fürstengeschlecht, das zwischen 1308 und 1437 vier römisch-deutsche Könige des Spätmittelalters stellte, drei davon wurden zu Kaisern gekrönt. Vier Luxemburger waren zugleich böhmische Könige. Heinrich, der Bruder von Balduin, war ab 1312 als Heinrich VII. Kaiser des Heiligen Römischen Reiches, sein Neffe war Johann König von Böhmen. Sein Großneffe erließ als Kaiser Karl IV. die Goldene Bulle. Die Goldene Bulle war ein kaiserliches Gesetzbuch, das von 1356 an das wichtigste der »Grundgesetze« des Heiligen Römischen Reiches war. Dieser Erzbischof war ein wahrlich mächtiger Herrscher im gesamten Hunsrück und

Blick auf die Frauenburg

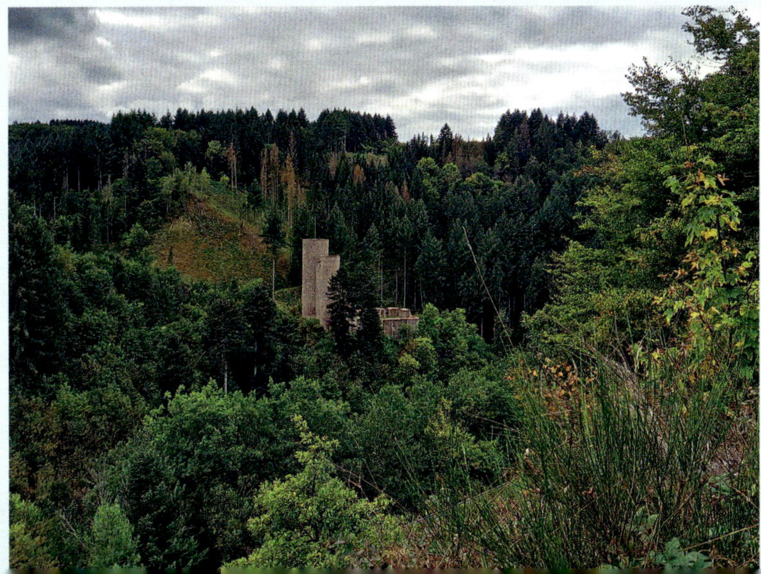

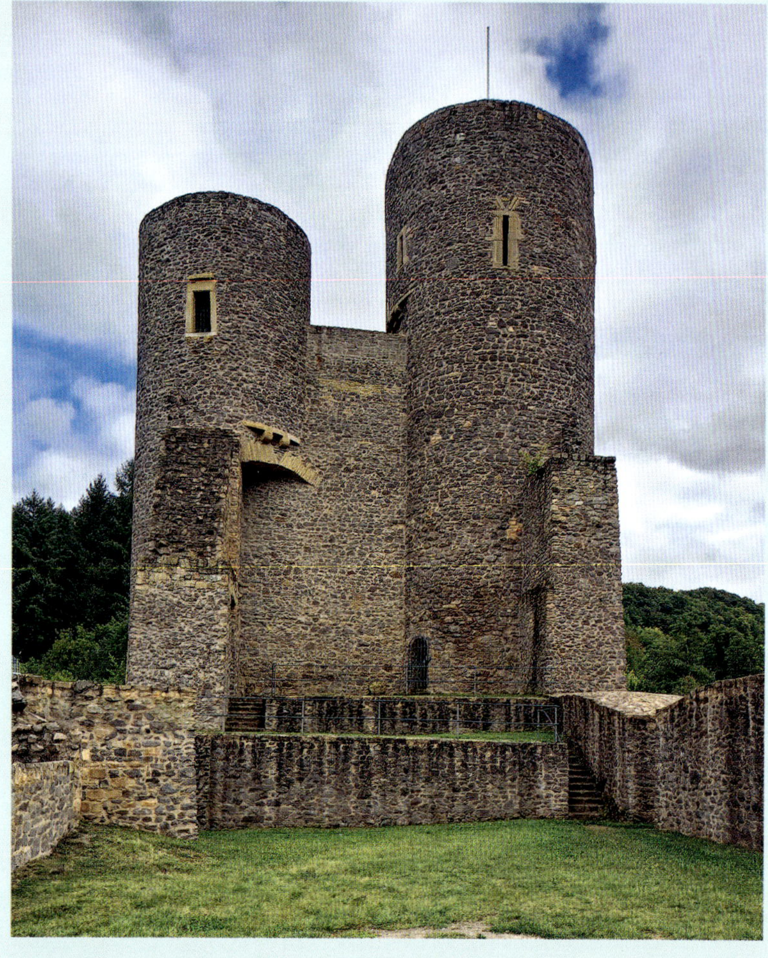

Mächtige Türme überragen die Frauenburg.

dem Gebiet der Nahe. Er besaß sehr viele Burgen und übte auch bei anderen Burgbesitzern oft Druck aus. Er war an ihrem Besitz derart interessiert, dass es deshalb mehrmals zum Kampf kam. Auch er drückte dieser Gegend seinen Stempel auf und wird in diesem Buch häufig beschrieben.

Es gibt viele Bilder und Statuen von Balduin. Eines zeigt den Erzbischof hoch zu Ross und mit geschwungenem Schwert. Balduin scheute sich als Kirchenmann nicht vor militärischer Gewalt, wenn er seine Interessen gefährdet sah.

Die Bischöfe von Trier besaßen zu Balduins Amtsantritt rund 20 eigene Burgen. Balduin kaufte, baute aus und vor allem eroberte er 16 weitere. Noch umfangreicher war sein Netz von mehr

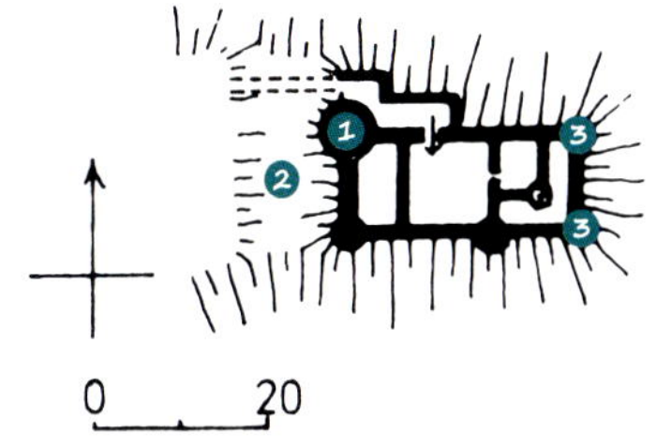

FRAUENBURG
1 Bergfried
2 Graben
3 Turm

als 90 Burgen, deren Besitzer durch einen Lehensvertrag in Abhängigkeit zu dem Erzstift standen und damit die Landesherrschaft Balduins sicherten. In Konflikt stand der Erzbischof mit den Wildgrafen und vielen Adelsgeschlechtern des Hunsrück-Nahe-Raums. Höhepunkt seiner Auseinandersetzungen war die sogenannte Dhauner Fehde (1337–1342), bei der die meisten Adeligen der Region beteiligt waren. Zentrum der Kämpfe war die wildgräfliche Burg Dhaun (→ Tour 13). Auch mit den Sponheimern, die nun durch Loretta vertreten waren, herrschten lange Streitereien, bis sie zunächst gelöst schienen. Trotz des Stillhalteabkommens griff Loretta im Mai 1328 zu einer drastischen Maßnahme: Sie überraschte mit ihrem Gefolge den ahnungslosen Kurfürsten Balduin von Luxemburg bei einer Schiffsfahrt und kerkerte ihn auf der Starkenburg an der Mosel ein. Sie soll eine Kette unter der Wasseroberfläche der Mosel angebracht haben, um das Schiff, auf dem Balduin nach Koblenz reisen wollte, zu entern. Sie setzte den mächtigen Balduin von Luxemburg fest und erzwang Lösegeld und die Erfüllung politischer Forderungen. Später entwickelte sich wohl eine Art Freundschaft zwischen den beiden.

Die Behauptung, dass die Frauenburg mit dem Lösegeld, das Loretta von Balduin erhielt, erbaut wurde, stimmt aller Wahrscheinlichkeit nach nicht. Denn die Burg wurde bereits zu einem früheren Zeitpunkt von der Gräfin gebaut, allerdings auf Gelände, das eigentlich der Ehefrau von Graf Friedrich von Veldenz zustand. Deshalb musste Loretta die Burg 1327 zunächst den Brüdern ihres Schwiegervaters, Heinrich und Gottfried von Sponheim überlassen. Vier Jahre später übernahm Loretta die Burg nach entsprechenden Zahlungen.

Johann III. von Sponheim, der erste Sohn von Loretta, der zwei Brüder namens Heinrich und Gottfried hatte, heiratete 1331 Mechthild von der Pfalz. Durch Erbrecht endete damit die Verfügungsgewalt Lorettas über ihre Burgen, aber die Frauenburg wurde ihr auf Lebenszeit zugewiesen. Sie lebte dort bis zu ihrem Tod 1346.

Nach dem Aussterben der Grafen von Sponheim 1437 kam die Burg an Markgraf Jakob I. von Baden und Graf Friedrich III. von Veldenz. Wann die Burg zerstört wurde, ist unklar.

Bereits in den 1970er Jahren wurden die Zwingermauern erneuert, von 1985 bis 1988 und noch einmal 2012 weitere Sanierungsarbeiten vorgenommen.

Bildnachweis

Alle Fotos: Margaret Ruthmann
Grundrisse der Burgen: Friedrich-Wilhelm Krahe
Umschlagbild: Moschellandsburg
Innentitelbild: Burg Rheingrafenstein

Titel:	BURGENWANDERN AN NAHE, GLAN UND ALSENZ, IM PFÄLZER BERGLAND UND IM HUNSRÜCK
Untertitel:	22 Rundwege zu Ruinen und historischen Sehenswürdigkeiten
Autorin:	Margaret Ruthmann
Herstellung:	verlag regionalkultur
Satz:	post scriptum, Hüfingen
Umschlaggestaltung:	verlag regionalkultur
Lektorat:	Tamara Klarić, vr
Kartengrundlage:	OpenStreetMap

ISBN 978-3-95505-988-0

Bibliografische Information der Deutschen Bibliothek:
Die Deutsche Bibliothek verzeichnet diese Publikation in der Deutschen Nationalbibliografie; detaillierte Daten sind im Internet über http://dnb.de abrufbar.

Diese Publikation ist entsprechend den Frankfurter Forderungen auf alterungsbeständigem und säurefreiem Papier (TCF nach ISO 9706) gedruckt.

verlag regionalkultur
Ubstadt-Weiher · Heidelberg · Speyer · Stuttgart · Basel
Verlag Regionalkultur GmbH & Co. KG
Bahnhofstraße 2 · D-76698 Ubstadt-Weiher
Tel 07251 36703-0 · Fax 07251 36703-29
E-Mail kontakt@verlag-regionalkultur.de · www.verlag-regionalkultur.de